FEU, FOURRURES,
FLÉAUX ET FOI
FOUDROYÈRENT LES MONTAGNAIS

Nelson-Martin Dawson

FEU, FOURRURES, FLÉAUX ET FOI FOUDROYÈRENT LES MONTAGNAIS

Histoire et destin de ces tribus nomades
d'après les archives de l'époque coloniale

SEPTENTRION

Les éditions du Septentrion remercient le Conseil des Arts du Canada et la Société de développement des entreprises culturelles du Québec (SODEC) pour le soutien accordé à leur programme d'édition, ainsi que le gouvernement du Québec pour son Programme de crédit d'impôt pour l'édition de livres. Nous reconnaissons également l'aide financière du gouvernement du Canada par l'entremise du Programme d'aide au développement de l'industrie de l'édition (PADIÉ) pour nos activités d'édition.

Illustration de la couverture : *Montagnais Lodge at Mingan*, Canada East (Quebec), ca. 1862, Bibliothèque et Archives Canada, Acc., n° 1967-97-7, c-033685.

Chargée de projet : Sophie Imbeault

Correction d'épreuves : Manon Perron

Mise en pages : Folio infographie

Maquette de la couverture : Gilles Herman

Si vous désirez être tenu au courant des publications
des ÉDITIONS DU SEPTENTRION
vous pouvez nous écrire au
1300, av. Maguire, Sillery (Québec) G1T 1Z3
ou par télécopieur (418) 527-4978
ou consulter notre catalogue sur Internet :
www.septentrion.qc.ca

© Les éditions du Septentrion
1300, av. Maguire
Sillery (Québec)
G1T 1Z3

Dépôt légal – 4e trimestre 2005
Bibliothèque nationale du Québec
ISBN 2-89448-441-0
Imprimé au Canada

Diffusion au Canada :
Diffusion Dimedia
539, boul. Lebeau
Saint-Laurent (Québec)
H4N 1S2

Ventes en Europe :
Distribution du Nouveau Monde
30, rue Gay-Lussac
75005 Paris

À Eric,
Vicomte de Fort-sur-Fjord
Descendant de l'un des 21 pairs du Royaume du Saguenay

LISTE DES SIGLES

AFM	*Apparat français-montagnais*, de Pierre-Michel Laure, édition de Cooter
ANF	Archives nationales de France
BNF-R	Bibliothèque nationale de France, site Richelieu
C^{11}A	Archives coloniales, correspondance entre les officiers de la Nouvelle-France et les instances parisiennes, déposées aux Archives nationales de France avec copies microfilmées aux Archives nationales du Québec et aux Archives nationales du Canada
CDJC	*A Collection of Documents relating to Jacques Cartier and the Sieur de Roberval*, édition de Biggar
CMRNF	*Collection de manuscrits contenant lettres, mémoires et autres documents historiques relatifs à la Nouvelle-France*
DBC	*Dictionnaire biographique du Canada*
DWP	*Discourse of Western Planting*, de Richard Hakluyt, édition de Taylor
EPC	État présent du Canada, dressé sur nombre de mémoires et connaissances acquises sur les lieux, de Nicolas-Gaspard Boucault, publié dans le *RAPQ, 1920-1921*
EPECN	État des postes établis sur la coste du Nord, concédés par brevet de la cour, et qui sont exploités actuellement, et leurs productions, de Jean-Guillaume Plantavit de Margon, chevalier de Lapause, publié dans le *RAPQ, 1933-1934*
EPER	*The Explorations of Pierre Esprit Radisson*, édition d'Adams
HAS	*Histoire de l'Amérique septentrionale*, de Claude-Charles Bacqueville de La Potherie
HDGNF	*Histoire et description générale de la Nouvelle-France avec le journal historique d'un voyage fait par ordre du Roi dans l'Amérique Septentrionale*, de Pierre-François-Xavier de Charlevoix
HNIO	*Histoire naturelle des Indes occidentales*, manuscrit de Louis Nicolas
JES	*Journal d'exploration*, de Joseph-Laurent Normandin, édition de Bouchard

JLJL	Journal de Louis Jolliet allant à la découverte de Labrador, publié dans le *RAPQ, 1943-1944*
JVAS	*Journal d'un voyage fait par ordre du roi dans l'Amérique septentrionale*, de Pierre-François-Xavier de Charlevoix, édition de Berthiaume
KP	*The King's Posts*, de James McKenzie, édition de Masson
MAP	Fonds Marine : cartes et plans
MBIL	*In the Matter of the Boundary between the Dominion of Canada and the Colony of Newfoundland in Labrador Peninsula*, par le Privy Council
MCL	Mémoire sur ce qui s'est passé à la Côte de Labrador, de François Martel de Brouague, publié dans le *RAPQ, 1922-1923*
MNF	*Monumenta Novae Franciae*, dont les *Relations* des jésuites, édition de Campeau
Mss fr.	Collection Manuscrits français, section des manuscrits (BNF-R)
NAF	Collection Nouvelles acquisitions françaises, section des manuscrits, (BNF-R)
NRG	*Nouvelle relation de la Gaspésie*, de Chrestien Le Clercq, édition de Ganong
OCBL	*Œuvres complètes*, de Louis-Armand de Lom d'Arce, baron de Lahontan, édition de Ouellet et Beaulieu
PEF	*Premier établissement de la foy dans la Nouvelle-France*, de Chrestien Le Clercq
RAPC	*Rapport sur les archives publiques du Canada*
RAPQ	*Rapport de l'archiviste de la province de Québec*
RJ	*Relations* des jésuites, édition de Thwaites
RLAS	*Relation par lettres de l'Amérique septentrionalle (années 1709-1710)*, d'Antoine-Denis Raudot, édition de Rochemonteix
RM	*Racines montagnaises compilées à Tadoussac avant 1695*, de Bonaventure Fabvre, édition de McNulty
RMDQ	*Rapport sur les missions du diocèse de Québec*
RS	*Le Registre de Sillery (1638-1690)*, édition de Hébert
SRT	*Le Second registre de Tadoussac (1670-1700)*, édition de Larouche
TRT	*Le Troisième registre de Tadoussac. Miscellaneorum liber*, édition de Hébert
WSC	*The Works of Samuel de Champlain*, édition de Biggar

INTRODUCTION

Terre méconnue des Européens, continent encore à explorer à l'aube du xviie siècle, cette portion de sol conquise sur les étendues d'eau, déclarée Amérique, ouvrait tout grand ses bras rive nord et rive sud pour que glissent au plus profond d'elle-même, par Saint-Laurent le magnifique, ces barbus étrangers. Montés sur d'étranges et immenses canots à voile, pris tout d'abord pour des îles mouvantes, ces barbus étaient bien différents des hommes à la peau cuivrée qui la sillonnaient, et ce, depuis tant de lunes qu'elle n'arrivait plus bien à les compter, ni les hommes ni les lunes. Mais cette question de temps et de vies cumulés avait-elle une quelconque importance dans un monde qui vivait au rythme du cycle des saisons, raccrochant le présent aux mythes fondateurs du Grand Lièvre ? Lui aussi, dans son temps, aurait été perçu comme un bien insolite canot, alors qu'il portait sur son dos les premiers hommes et les premières femmes, ancêtres de ceux que les visages pâles et barbus « d'au-delà du grand lac salé » allaient faire entrer dans l'histoire, en l'an de grâce 1534, après la naissance du fils de leur Grand Manitou.

Si elle avait su compter les lunes à la mode des Blancs, l'Amérique aurait pu informer Cabot, Cartier et Champlain que, plus de 12 000 ans auparavant, elle avait accueilli les ancêtres de ces « Sauvages » qui s'alimentaient alors à ses rivières et à ses forêts. Sans trop s'en apercevoir, ces hommes avaient marché vers elle ; sans trop qu'elle-même s'en aperçût… elle était tellement gelée à cette époque, sous la masse des glaciers qui la recouvraient, qu'elle se confondait avec sa voisine asiatique. La même confusion régnait aussi chez ces nomades qui, dans leur longue marche vers l'est, découvriraient peut-être, qui sait, le lieu où le soleil se levait. Tellement unie à sa voisine, l'Asiatique, par ce bras de glace qui les soudait l'une à l'autre, qu'elle ne prit conscience de son autonomie que bien longtemps après l'arrivée de ces premiers chasseurs de mammouths. Relativement tôt, cependant, ces nomades venus de l'ouest changèrent sa face et bousculèrent la mégafaune qui régnait alors en maîtresse sur ses grandes étendues. Pour se faire une place, l'étrange créature à deux pattes fit la chasse aux mammouths, aux glyptodontes, aux castors géants.

Étrangement, cette terre que l'on nomma bientôt Amérique fut soudain témoin de l'extinction massive de ces mégabêtes, les nouveaux venus faisaient, mine de rien, Terre nette, occupaient la place et se nourrissaient de la faune existante. Partis de la Béringie, ces chasseurs marchèrent graduellement en direction du sud toujours à la recherche d'une nourriture plus abondante, laissant sur leurs pas de multiples carcasses d'animaux morts (Meltzer : 108). On ne saurait toutefois parler de massacre inutile, il s'agissait d'un processus écologique naturel : quitter un habitat pour en occuper un autre, au fur et à mesure de la raréfaction des ressources alimentaires. Empruntant le corridor creusé entre la nappe glaciaire laurentidienne et celle de la Cordillère, les premiers Nord-Américains s'étendirent sur ce que les Européens appelèrent, plus tard, le Nouveau Monde. Au rythme du recul de la nappe glaciaire, qui laissait éclore une vie végétale et animale, les chasseurs avancèrent vers l'est et finirent par couvrir tout l'espace de l'actuel Bouclier canadien. Ces groupes culturels de l'Archaïque bouclérien, venus des Plaines, occupèrent bientôt l'intérieur des terres des Grands Lacs jusqu'aux environs de l'actuelle rivière Manicouagan, prenant possession des terres orientales qui surgissaient de la fonte des glaciers. Pour leur part, les peuples dits de l'Archaïque maritime, remontant depuis le sud des Grands Lacs et de la côte est américaine, occupèrent le littoral de Terre-Neuve, les actuelles provinces maritimes, le littoral nord de la vallée du Saint-Laurent et la pointe orientale du Labrador, soit des terres conquises de plus longue date sur la banquise. Cette mouvance, qui se poursuivit, conduisit des Iroquoiens dans l'étroite vallée du Saint-Laurent ; ils y étaient encore lorsque s'y pointèrent les premiers Européens.

La vallée laurentienne offrait alors un portrait assez net. Sur l'île de Montréal se dressait le village d'Hochelaga. À l'intérieur des palissades, une cinquantaine de maisons longues abritaient quelque 1 500 Iroquoiens. Grâce à leur position forte sur le fleuve, ils contrôlaient l'accès aux Grands Lacs. Des congénères avaient essaimé en aval et en amont. Sur la rive nord du Saint-Laurent, 5 000 à 10 000 Iroquoiens habitaient quelque sept petits villages entre Portneuf et le cap Tourmente, dont le principal et plus connu est Stadaconé. Les Stadaconéens et leurs voisins immédiats parcouraient le fleuve jusqu'à la péninsule gaspésienne et au détroit de Belle-Isle, où ils pratiquaient la pêche et le troc des fourrures avec les marins de passage. Au nord de ces groupes iroquoiens, les bandes nomades occupaient le Bouclier canadien, où elles chassaient, pêchaient et commerçaient avec leurs voisins. Nul doute que, dans leurs pérégrinations, ces nomades croisaient fréquemment les Stadaconéens qui remontaient et redescendaient le fleuve.

Entre les voyages d'exploration de Jacques Cartier et ceux de colonisation de Samuel de Champlain, le paysage humain de la vallée du Saint-Laurent se transforma : les Iroquoiens qui l'avaient jusqu'alors fréquentée s'étaient retirés en amont. Ravagés par les premiers méfaits de l'unification microbienne, ils furent plus vulnérables à la pression des autres bandes qui leur contestaient de plus en plus la maîtrise de ce territoire devenu hautement stratégique depuis l'accroissement du commerce au milieu du xvie siècle. Ainsi, lorsque s'amena Champlain, ce fut sur des terres nouvellement conquises sur leurs ennemis et concurrents que les Indiens rencontrés à l'embouchure du Saguenay l'invitèrent à s'installer, en le guidant vers le cap aux Diamants.

Qui étaient ces Indiens vainqueurs ? Quel était le territoire traditionnel ainsi agrandi ? Quel fut, sur eux et sur leurs terres, l'impact de cette rencontre avec les Européens ? Ces étrangers ne viendraient plus, désormais, échanger simplement quelques pacotilles contre quelques fourrures à l'occasion de voyages de pêche, mais ils allaient tenter de s'y établir de façon permanente, sortant de leurs malles un mode de vie différent pour le Nouveau Monde, une organisation économique qui allait transformer le rapport entre l'homme et la nature, une organisation politique qui allait cristalliser les animosités déjà existantes, et des lois codifiées qui introduiraient d'autres types de rapports entre les hommes. Sous ces nouveaux rapports, à quel rythme leurs communautés traditionnelles se désagrégeraient-elles ?

Ces questions guident le présent ouvrage sur le déplacement des groupes autochtones nomadisant sur les rives laurentiennes à l'arrivée de Champlain. Avis aux esprits inquiets, il s'agit d'une version réduite d'une étude plus volumineuse qui a, comme quasi toutes recherches universitaires, bénéficié de fonds pour sa réalisation. À la différence des subventions du FCAR ou du CRSH, les argents ont ici transité par les coffres d'Hydro-Québec. Faut-il s'en alarmer ? Oui, s'il s'agissait d'une commande qui imposait des conclusions arrêtées à l'avance. La déontologie pose à l'historien professionnel des balises qu'il ne saurait franchir. Dans le cas présent, il s'agissait simplement de retracer le contexte des premiers contacts entre Blancs et autochtones de la vallée du Saint-Laurent et leurs conséquences sur les populations qui y nomadisaient déjà. Ce serait chercher des puces là où il n'y en a pas, de soutenir que les pressions de l'organisme subventionnaire furent plus fortes sur le chercheur que celles exercées dans le cadre des subventions universitaires. Pour ces mêmes esprits inquiets, puisqu'elle avait été « commandée » et qu'elle se basait sur des sources fort connues, la présente étude devenait forcément suspecte. Certains auraient même préféré la voir mourir aux oubliettes pour ne retenir que les conclusions jugées plus neutres des travaux menés par des anthropologues commandités par des conseils de bande ou leurs avocats ! L'obnubilante rectitude politique voudrait de nos jours interdire la publication d'ouvrages historiques qui apportent un éclairage à l'abri de la « discrimination positive » à l'endroit des autochtones, dont il faudrait désormais forcément faire preuve lorsque l'on examine le passé. L'historien qui se plierait à une telle exigence porterait ombrage à sa profession : l'histoire doit se faire sans complaisance pour les acteurs du passé, que ceux-ci aient été bourreaux ou victimes. Si l'historiographie peut être réparatrice, l'histoire ne l'est pas, elle s'efforce d'être neutre.

De même, cette recherche ne se veut pas une synthèse discutant les thèses de tous les autres auteurs, francophones et anglophones, qui ont abordé l'un ou l'autre des aspects touchés ici. Ce sera le travail d'autres spécialistes ou de thésards de démontrer la concordance ou la différence entre la destinée des sédentaires peuples hurons et des nomades peuples montagnais, sous l'impact des épidémies et des incursions iroquoises, ou de confronter les hypothèses formulées ici à la lumière de données connexes puisées aux travaux archéologiques et ethnolinguistiques. La seule prétention de la présente recherche est de redonner à l'historien une voix dans la construction d'une véritable tranche d'histoire amérindienne, à côté de celle de l'anthropologue. Bien qu'elles s'entendent actuellement plus souvent en canon qu'à l'unisson, ces deux voix ne sont-elles pas nécessaires pour redonner à l'histoire un ton plus harmonieux et à la mesure des témoignages parvenus du passé ? Trop souvent au cours des dernières années a-t-on tenté de discréditer le discours historien sur les peuples indiens au profit d'images idylliques fondées sur une fragile tradition orale, forcément sélective et pas aussi infaillible qu'on voudrait parfois nous le faire entendre, sous prétexte que la documentation écrite laissée par les premiers observateurs était non seulement parfois ambiguë mais immanquablement partiale, donc fragmentaire et assurément biaisée. Comme le soulignait il y a quelques années l'éminent historien américain Francis Jennings, il est indubitable que les explorateurs, les colons, les missionnaires et les marchands venus chercher fortune et gloire dans le Nouveau Monde portaient sur les Indiens un regard bien différent de celui que nous posons aujourd'hui sur les peuples autochtones ; cependant ce serait une erreur de rejeter du revers de la main les évidences historiques que contiennent leurs témoignages sous prétexte que leur vision était forcément empreinte d'esprit impérialiste. Il n'appartient pas à l'historien de juger leur interprétation de ce qu'ils observaient, il est cependant du devoir de l'historien de s'efforcer à regarder le monde à travers leurs yeux et à tenter de le comprendre. C'est en s'astreignant à une lecture attentive des sources, c'est en tenant compte des règles de l'art de la pratique historienne, c'est en s'appliquant rigoureusement et avec méthodologie à la critique externe et à la critique interne des témoignages glanés consciencieusement dans les archives, que l'historien réussit le mieux cet exercice de la compréhension des témoignages du passé ; alors, la réalité historique perçue par les premiers observateurs se dessine en effet avec plus de clarté qu'on voudrait bien le croire.

C'est dans une telle perspective qui tend vers l'exhaustivité, que cet ouvrage prend assise sur une exploitation maximale des sources actuellement disponibles et qu'il chemine avec les observateurs dans leur compréhension du monde autochtone qu'ils fréquentaient. Aux traditionnelles *Relations* des jésuites se sont joints des récits de voyages ou d'exploration, au temps des régimes français et britannique, de même que des documents provenant d'autres fonds d'archives françaises. Son originalité réside cependant en sa large utilisation de la série $C^{11}A$ du fonds d'archives coloniales, série qui regroupe la correspondance en provenance de la colonie. Le traitement systématique de cette série est depuis quelques années rendu possible grâce à un index informatisé qui couvre l'ensemble des pièces contenues et qui en donne un résumé succinct mais fiable. Dans le même sens, le site Internet de *Notre mémoire en ligne*, où sont réunis une très grande partie des documents anciens connus parmi lesquels figurent notamment les *Relations* des jésuites, permet désormais une recherche par mot-clé qui conduit à des témoignages qui auraient pu échapper à une recherche conventionnelle.

L'analyse des données sur les Montagnais se consacre d'abord à deux aspects principaux : la délimitation du territoire sur lequel ils se déplaçaient et la fluctuation dans les données démographiques. Mais le traitement de ces deux aspects, qui forment la trame du premier chapitre, en fait rebondir un troisième qui porte sur l'appellation même du groupe étudié. Dans la foulée de l'historien saguenayen Russel Bouchard, qui évoque la disparition de ce peuple vers la fin du xviiᵉ siècle, il convient d'identifier les successeurs du *dernier des Montagnais* (Bouchard, 1995). Ces considérations circonscrivent la véritable interrogation au cœur de cette étude, que l'on pourrait formuler de la façon suivante : la communauté humaine qui, jusqu'à tout récemment, répondait à l'ethnonyme « Montagnais » et qui souhaite présentement être désignée sous le néologisme *Innu* est-elle formée de descendants directs de ces premiers Indiens dénommés « Montagnards » par les Européens ? Comme l'on parle aujourd'hui de manipulation génétique, ne peut-on pas parler pour hier de « manipulation linguistique » : les interventions répétées en pays « sauvage » portant un peu plus loin les connaissances des différents groupes autochtones, le terme montagnais ne devint-il pas un terme accordéon se gonflant au rythme de la marche missionnaire et exploratrice, tout au long de la période coloniale ?

L'exceptionnel historien américain Francis Jennings a déjà mis la table et convié les historiens à une telle « synethnicité ». Il y a vingt ans déjà, il rendait compte de la profonde transformation des groupes iroquois sous l'impact des adoptions et des naturalisations massives afin de colmater les brèches faites dans leurs effectifs à la suite des guerres et des maladies. Ces Indiens auraient en fait été rapidement biffés du nombre des peuples autochtones nord-américains, sans ces apports étrangers, tant indigènes qu'européens, intégrés à leur culture : « No one has the faintest idea of what proportion of the Iroquois gene pool today goes back to aboriginal Iroquois ancestors » (Jennings, 1984 : 37). Ce genre de constat appliqué à un des peuples autochtones des plus sédentaires et des mieux armés pour les guerres intertribales ne peut-il pas également expliquer l'évolution des groupes nomades montagnais ?

Répondre à cette délicate et complexe question d'identification du peuple montagnais soulevait forcément la question du sort des peuples limitrophes. En 1642, les Indiens de l'embouchure du Saguenay livraient aux jésuites une énumération des peuples de l'intérieur avec lesquels ils maintenaient des contacts commerciaux. Inspiré de cette liste et à partir des observations laissées par les témoins de l'époque, il s'agissait de reconstituer le sort des différentes communautés autochtones qui occupaient alors la Piékouagamie et la Côte-Nord. Une lecture chronologique des archives menait à un résultat plutôt troublant : pendant qu'on la peuplait de Français, la vallée laurentienne se dépeuplait d'une grande partie de ses autochtones. D'où venaient donc ces Indiens que les Blancs continuaient à croiser et à utiliser dans leurs voyages de commerce et d'exploration ? Fallait-il trouver significative la multiplication des mentions de peuples initialement étrangers à la vallée du Saint-Laurent ? C'est sur une évaluation de cette émigration que porte le dernier chapitre, en reconstituant le mouvement de pénétration de quelques groupes originaires des côtes de l'Atlantique et des Pays d'en Haut dans le bassin saguenayen et dans la zone arrosée par le réseau hydrographique de la Côte-Nord. Le portrait que le général James Murray esquissait de la présence indienne dans le pays laurentien, aux premières heures du Régime britannique, trouverait-il quelque ressemblance avec celui qu'aurait brossé Champlain lorsqu'il vint pétuner à Tadoussac en 1603 ?

CHAPITRE 1

DES MONTAGNAIS

C'EST SOUS LE NOM de Montagnards que les Indiens occupant l'embouchure du Saguenay firent leur apparition dans les écrits des missionnaires français venus avec Champlain. Comme le suggère son étymologie, cet ethnonyme, expliquait le père Barthélemy Vimont en 1643, faisait référence aux montagnes qui bordent les rives du fleuve Saint-Laurent et qui marquaient la topographie du territoire occupé par ceux ainsi désignés : « Les Montaignets sont ceux qui ont leur pays plus près de Kébec, et s'appellent ainsi, à raison de nos hautes montagnes » (*MNF*-5 : 656 et *RJ*-48 : 187).

Cette appellation, que leurs écrits devaient transmettre à la postérité, les missionnaires la devaient aux Basques qui avaient eu cette logique de dénomination (Bakker, 1994 : 22). Apparue au tournant du XVIe siècle, elle allait de soi pour ces marins qui découvraient un pays fort montagneux de part et d'autre de la *Grande Rivière de Canada*. Il suffit de lire les premières pages du récit de voyage de Champlain, en 1603, pour saisir l'impression que ces paysages hauts perchés formaient dans l'esprit de ces explorateurs d'outre-Atlantique. Décrivant son arrivée sur les côtes gaspésiennes, Champlain notait « Gachepé, terre fort haute ». De son trajet entre Gaspé et Matane et jusqu'à Tadoussac, il retint que « toutes cesdites terres [étaient] fort hautes eslevees ». La région du Saguenay frappa semblablement sa vue. Quant à la rivière elle-même, il la décrivit comme un fort courant d'eau « le long d'une petite montagne qui est presque coupee de la mer », le reste du pays n'était que « montagnes hautes eslevees, où il y a peu de terre, sinon rochers [... et] montaignes couvertes de bois ». Encore en 1608, Champlain s'émerveillait des hauteurs du Saguenay : « Toute la terre que j'y ay veuë ne sont que montaignes et promontoires de rochers » (*WSC*-1 : 95-97 et 2 : 17). Plus d'un demi-siècle plus tard, ces paysages insufflaient encore cette impression aux nouveaux voyageurs, et même aux habitués des lieux comme Pierre Boucher qui écrivait : «Depuis l'Isle Percée [...] jusques vis-à-vis de Tadoussac du costé du Sud, [...] toutes les terres paroissent hautes, & la pluspart grandes montagnes : c'est ce qui a donné le nom aux Monts Nostre-Dame» (Boucher : 28-29).

Quelle tribu le terme *Montañeses* désignait-il dans la langue des pêcheurs basques des dernières décennies du xvie siècle ? On ne saurait conclure trop rapidement qu'il identifiait les descendants de ceux que Cartier avait rencontrés moins d'un demi-siècle plus tôt. De récentes études mettant à profit tant la méthode historique que les recherches archéologiques montrent que les rives du Saint-Laurent étaient, au xvie siècle, parcourues par les Stadaconéens, Indiens vivant dans la région de l'île d'Orléans et du cap aux Diamants. Grâce aux lexiques laissés par Cartier, la filiation de ces Stadaconéens peut être retracée avec certitude. Bien que de nombreux aspects de leur mode de vie incitent à les inscrire parmi les nations algonquiennes, les linguistes, à l'unanimité, confirment que ces Stadaconéens parlaient une langue iroquoienne[1]. Pour leurs besoins de chasse et de pêche, ils se seraient déplacés tant vers Gaspé que vers la côte du Labrador et ils auraient rencontré Cartier dans la baie de Gaspé en 1534, puis l'armateur basque Clemente de Odeliça au détroit de Belle-Isle à l'été de 1542 (*CDJC* : 462-463). Empruntant alors le mot indien *canada* signifiant *village*, Cartier légua à la postérité un toponyme, *Canada*, pour désigner la région bordant les rives du fleuve en amont du Saguenay et en aval de Trois-Rivières, et un ethnonyme, Canadiens, pour identifier ses habitants.

Consécutive aux voyages de Cartier, l'intensification des échanges semble avoir accentué, voire fait éclore, la concurrence et l'animosité entre les Stadaconéens déjà en querelle avec les Micmacs de même qu'avec d'autres tribus de l'intérieur qui fréquentaient par intermittence le littoral. Les données manquent pour éclairer ce qui se joua alors sur les rives du Saint-Laurent (Carpin, 1996 : 102). À défaut de preuves, on retiendra le récit de Lope de Isasti qui rapportait que, dès 1580, le paysage s'était suffisamment transformé pour voir s'introduire dans la langue des

---

1. Les enjeux politiques ont fait surgir depuis peu de nouvelles théories (Carpin, 1995 : 30-32).

marins un nouvel ethnonyme. Les Espagnols qui s'amenèrent à la suite des Basques désignèrent en effet leurs partenaires commerciaux du nom de *Montañeses*, terme qui se juxtaposa aux *Canaleses* (Barkham: 51-53). Rédigeant sa relation en 1625, cet auteur emprunta-t-il une dénomination qui s'était imposée depuis peu dans le langage ou témoignait-il de son utilisation à l'époque des événements relatés, soit vers 1580? À cette même époque, Richard Hakluyt présentait les peuples rencontrés par ses compatriotes dans cette partie du monde. À l'instar de Cartier, il énumérait «ceux du Canada, du Saguenay et d'Hochelaga» (*DWP*: 269). La confrontation de ces témoignages porterait à croire que l'usage d'un ethnonyme dérivé du paysage montagneux pour désigner les Indiens vivant en amont sur le fleuve s'imposa vers la fin du xvie siècle. La juxtaposition des termes sous l'une et l'autre plumes tendrait à témoigner que le nouvel ethnonyme traduisait une réalité humaine différente: les marins ne cherchaient-ils pas à désigner ainsi la présence de partenaires commerciaux jusqu'alors inconnus, des partenaires qui n'étaient plus des Iroquoiens mais des membres de la grande famille algonquienne?

En guerre «ancienne et continuelle» avec ceux d'en amont du fleuve, les Stadaconéens avaient cédé devant leurs ennemis quelque temps après le passage de Cartier, soit vers la toute fin du xvie siècle. Le déclin des Iroquoiens s'amorça en fait dès le séjour de leur invité: l'explorateur malouin rapportait en effet qu'au cours de son premier hivernement, une épidémie s'était déclarée parmi ses hôtes (Cartier: 169). L'hivernement de l'équipage, en 1542-1543, ne fut pas moins néfaste aux Hochelaguiens. Lorsque Champlain s'amena, quelques années plus tard, l'usage de l'ethnonyme *montagnais* et ceux que ce terme désignait s'étaient suffisamment répandus sur le littoral pour figurer dans ses écrits. Sur la région de Chambly, qu'il visita quelque temps plus tard, Champlain écrivit que celle-ci et bien d'autres étaient désertes «pour le subject des guerres» (*WSC-2*: 77). Les *Canadiens* de Cartier furent-ils tous exterminés? Du moins, fort du témoignage d'Indiens avec lesquels il entra en commerce, l'explorateur Pierre-Esprit Radisson expliqua cette mutation sur une victoire déterminante des alliés: «The Iroquois being put out of that country of Quebec, the Hurons and Algonquins made themselves masters in it» (*EPER*: 48). La politique d'adoption pratiquée par les tribus conduisit vraisemblablement quelques Stadaconéens chez les Algonquins et les *Montañeses*. C'est du moins ce que l'on peut déduire du témoignage du père Paul Le Jeune qui apprenait, en 1633, de Pierre Pastedechouan que « sa grand-mère prenoit plaisir à raconter l'estonnement qu'eurent les Sauvages, voyans arriver le vaisseau des François qui aborda le premier en ces pays-cy » (*MNF-2* : 420). Ce *Montagnais* avait donc une grand-mère qui aurait vu les premiers bateaux ; pouvait-elle être Stadaconéenne ? Quoi qu'il en soit, un nouveau groupe autochtone entra dans le regard historique des Français au début du xviie siècle. Les Indiens que Champlain rencontra à Tadoussac, vraisemblablement là où les Basques, avant lui, avaient commercé avec quelques *Montañeses*, furent pour lors appelés *Montagnéz*. Aux yeux de Champlain, l'appellation collait bien à ces habitants des terres au relief tourmenté arrosées par la *Grande Rivière*.

Quant au terme *Canadiens*, il semble dès lors avoir trouvé un nouveau sens : il ne désigna plus les Iroquoiens rencontrés par Cartier, mais plutôt les Gaspésiens ou Micmacs fréquentant les rivages de la *Grande Rivière* par différentiation avec ceux qui occupaient les terres du littoral. Ainsi lit-on sous la plume de Champlain que les peuples rencontrés à la rivière Norembègue s'habillaient « comme les Sauvages Canadiens & Souriquois », que ceux de l'île de Nantucket se gouvernaient comme les « Sauvages Souriquois & Canadiens », et que ceux vers la baie de Massachusetts naviguaient dans des canots « faits d'escorce de bouleau, comme les Canadiens, Souriquois, & Etechemins » (*WSC-3* : 363, 383, 407). L'appellation *Canadiens* subit donc un déplacement de sens et de lieu. Ce ne fut là qu'un tremplin vers un nouveau sens. Dès cette époque et dans les écrits de plusieurs auteurs, l'appellation *Canadiens* passa dès lors au rang de générique et devint le plus grand englobant qui désigna tout aussi bien les Indiens de Tadoussac que les autres peuples encore mal connus comme ceux de Chisedech (Sept-Îles) ou ceux rencontrés au Bic (Carpin, 1995 : 70-116).

Évolution de l'ethnonyme

Étant donné l'étymologie du mot, il y a peu à parier que les deux Indiens emmenés en France par François Gravé, sieur du Pont, et ramenés au Canada par Champlain en 1603, se fussent identifiés comme Montagnais. Assurément, toutefois, ils étaient de ce groupe d'Indiens qui vivait à l'embouchure du Saguenay, puisque, dès leur arrivée à Tadoussac, ils conduisirent l'explorateur français et les siens auprès de leur « grand

Sagamo», le chef Anadabijou, auquel ils firent leur harangue. C'est en rapportant les circonstances du festin qui se faisait pour lors, que Champlain, usant d'un terme déjà en vigueur, fit entrer ces Indiens dans l'histoire européenne sous l'appellation *Montagnéz*, appellation qui devait se perpétuer pour désigner ceux occupant l'embouchure du Saguenay.

La distinction opérée par Champlain est très nette : « Ils estoient trois nations quand ils furent à la guerre, les Estechemins, Algoumequins, et Montagnes, au nombre de mille » (*WSC*-1 : 103). Ceux désignés *Algou-mequins* n'étaient pas ceux qui habitaient habituellement à Tadoussac. Lorsque Champlain les y rencontra, ils ne faisaient qu'y passer. Leurs terres s'étendaient plus en amont sur le fleuve. La description que Champlain rédigea de la région de Trois-Rivières lui donna une première occasion de préciser : « Du costé du Nord il y a une riviere qui s'appelle Batiscan, qui va fort avant en terre, par où quelques-fois les Algoumequins viennent » (*WSC*-1 : 132). La vue des rapides en amont de Montréal lui fournit une seconde occasion d'évoquer la direction du pays des *Algoumequins* : « Ils nous dirent que passé le premier sault que nous avions veu, ils faisoient quelques dix ou quinze lieues avec leurs canots dedans la riviere, où il y a une riviere qui va en la demeure des Algoumequins, qui sont à quelque soixante lieues esloignez de la grande riviere » (*WSC*-1 : 153). Quant aux Etchemins, il eut dès 1604 l'occasion de visiter leur pays : « Des isles aux Margos nous fusmes à une riviere en la grande terre, qui s'appelle la riviere des Etechemins, nation de sauvages ainsi nommée en leur païs » (*WSC*-1 : 269).

À première vue, l'ethnonyme « Montagnais » semble plus particuliè-rement désigner les Indiens occupant l'embouchure du Saguenay et la région du Bic, ceux que l'histoire a omis d'inscrire sous leur appellation originale de Rats-Musqués. Faut-il le rappeler, d'après des récits monta-gnais relevés par les premiers missionnaires, Messou, l'ancêtre des *Montagnéz*, avait épousé une rate musquée et de cette union seraient issus les Indiens de la région de Tadoussac. Cette légende des origines, recueillie par le père Le Jeune en 1633 (*MNF*-2 : 433-434)[2], fonde l'hypothèse de Lucien Campeau à savoir que les Indiens rencontrés à l'embouchure du Saguenay auraient formé la communauté des Rats-Musqués, d'après leur

---

2. Ce mythe fut repris par Charlevoix qui l'attribua à l'ensemble des tribus algon-quiennes (*JVAS* : 769).

mythe fondateur qui leur avait fourni leur animal éponyme (*MNF-2* : 94*). Leur trop grande et rapide familiarité avec les Français aurait fait perdre « le souvenir du nom qu'ils se donnaient à eux-mêmes » (*MNF-5* : 161/15).

Le terme *Montagnais* englobait-il également les Indiens habitant loin en amont sur le Saguenay et au lac Saint-Jean ? Un premier élément de réponse peut être tiré de la description que Champlain donnait de ce réseau hydrographique en 1603 :

> Ils me feirent rapport, qu'ayant passé le premier saut, d'où vient ce torrent d'eau, ils passent huict autres sauts, & puis vont une journee sans en trouver aucun, puis passent autres dix sauts, & viennent dedans un lac, où ils sont deux jours à repasser ; en chasque jour ils peuvent faire à leur aise quelque douze à quinze lieuës ; audit bout du lac, il y a des peuples qui sont cabannez, puis on entre dans trois autres rivieres, quelques trois ou quatre journees dans chacune, où au bout desdites rivieres, il y a deux ou trois manieres de lacs, d'où prend la source du Saguenay, de laquelle source jusques audit port de Tadousac, il y a dix journees de leurs Canos. Au bord desdites rivieres, il y a quantité de cabannes, où il vient d'autres nations du costé du Nort, tro-quer avec lesdits Montagnez des peaux de castor & martre, avec autres marchandises que donnent les vaisseaux François ausdits Montaignez (*WSC-1* : 123-124, 2 : 17-18).

Alors qu'il eut recours à l'expression *autres nations* pour désigner les Indiens du nord commerçant dans la région du lac Saint-Jean, il employa simplement le terme *peuples* pour parler des Indiens qui y cabanaient, ceux que les jésuites identifièrent quelques décennies plus tard comme Kakouchak ou Porcs-Épics. On reconnaîtra facilement que la notion d'altérité est plus fortement rendue dans la première expression – *autres nations*, remplacée en 1608 par *peuples sauvages* (*WSC-2* : 17-18) – que dans la seconde – *des peuples*. Pourtant, l'emploi de deux expressions différentes semble indiquer que Champlain renvoyait à deux réalités différentes : d'une part, d'autres nations bien distinctes des *Montagnéz–Rats-Musqués*, d'autre part, *il y a des peuples qui sont cabannéz* comme l'expression *il y a des gens qui vivent là-bas*. Étranger à cette région qu'il n'avait pas explorée, Champlain pou-vait-il certifier que *ces peuples* étaient ou n'étaient pas des *Montagnéz* de la même souche que ceux de Tadoussac ?

Pourtant, s'il avait eu la conviction, par le truchement de ses infor-mateurs, que les habitants de ces *cabannes* étaient des Montagnais,

Champlain n'aurait-il pas eu recours à une expression telle *le pays des Montagnais*, pour qualifier cette région du Haut Saguenay, forme qu'il employa pour désigner le territoire des Algonquins et des Etchemins ? Sa relation de 1603 laisse plutôt croire qu'il ne jugea pas les « cabanés » du lac comme appartenant à la communauté de ceux de Tadoussac. C'est du moins le sens que prend la phrase par laquelle il associait les cabanes des gens du lac et celles au bord des rivières. La formule « Il y a quantité de cabannes, où il vient d'autres nations du costé du Nort, troquer avec lesdits Montagnez » doit donc se lire ainsi : « outre la nation qui est cabanée au bout du lac, il y a d'autres nations qui descendent du nord, et toutes ces nations commercent avec *lesdits Montagnais*, peuple côtier, en contact avec les vaisseaux français ». Ce premier témoignage de Champlain est d'ailleurs à rapprocher d'un second, concernant les Indiens de la région de Trois-Rivières, qui se présente sous une forme fort semblable : « Les trois rivieres vont 40 journees de sauvages : & disent qu'au bout d'icelle riviere il y a des peuples qui sont grands chasseurs, n'ayans de demeure arrestee, & qu'ils voyent la mer du Nort en moins de six journees » (*WSC*-2 : 74). On ne saurait nourrir l'idée que les peuples qui occupaient l'embouchure de l'actuelle rivière Saint-Maurice fussent de la même tribu que ceux décrits comme chassant dans l'actuel bassin hydrographique de la baie James. Aussi, ces deux passages des récits de Champlain doivent se lire de la même façon et mettre en lumière le caractère distinct des peuples occupant l'embouchure des rivières Saguenay et Saint-Maurice par rapport à leurs congénères de la profondeur des terres.

Au demeurant, pour Champlain et ses compatriotes, importait-il vraiment de savoir si les Indiens habitant au fond du lac Saint-Jean relevaient de la même tribu que ceux rencontrés à Tadoussac ? Ceux de la côte, ils les avaient appelés Montagnais parce que les montagnes recouvraient leur pays. Puisque la dénomination de ce peuple référait à la topographie des lieux, comment Champlain, dans sa logique d'Européen qui n'avait pas vu la région du lac Saint-Jean, aurait-il pu alors déterminer que les *peuples* qui y habitaient seraient également des Montagnais ? S'étant avancé de douze à quinze lieues dans le Saguenay, en 1603, il avait pu constater que le pays n'était que « montagnes de rochers » (*WSC*-1 : 122), mais en amont, une fois les sauts franchis, le terrain pouvait-il être aussi accidenté s'il y avait autant de lacs et de cabanes que ses informateurs le lui rapportaient? De même, il ne semble pas que les Montagnais qui lui parlèrent des voies de communication à l'intérieur des terres n'eussent eux-mêmes précisé que ceux du lac Saint-Jean faisaient partie de leur famille, sinon Champlain l'eût assurément relevé.

Le rapport de l'explorateur français sur les circonstances de traite ajoute à l'interprétation. Champlain écrivait en 1603 : « où il vient d'autres nations du costé du Nort, troquer avec lesdits Montagnéz ». Une telle formule inciterait à croire que *lesdits Montagnéz* n'occupaient pas ce territoire piékouagamien, mais qu'ils s'y rendaient, comme les autres tribus, pour y faire commerce. L'hypothèse inverse impliquerait l'existence d'une sorte de système de « libre-échange », qui s'inscrirait à contresens d'un vaste courant historiographique faisant la preuve que les différentes tribus participant au réseau d'échange des produits européens avaient plutôt tendance à défendre jalousement leur position dans la chaîne commerciale. Ce momentané système de « libre-échange » expliquerait mal, également, comment les Indiens de la région du Saguenay–Lac-Saint-Jean auraient pu, tout à coup, imposer une interdiction d'accès à leur territoire et en faire ainsi une chasse gardée où personne, ni Européens ni Indiens étrangers, ne pouvait pénétrer (Simard, 1983). Ce qui porte à croire que les *Montagnéz* de Champlain, qui revendiquaient pour eux seuls la libre circulation des personnes et des biens, ne relevaient pas de la même famille que les *peuples cabannéz* au fond du lac Saint-Jean, mais exerçaient sur eux une sorte de protectorat. Aussi tôt que 1608, avec le concours des Indiens de Tadoussac, Champlain s'était rendu à quelques lieues de Chicoutimi[3], mais ses guides avaient refusé de le conduire plus loin (*WSC*-2 : 19). Cette anecdote prouve assez que le territoire des Rats-Musqués s'étendait vraisemblablement jusqu'aux environs du lac Kénogami : jusqu'à Chicoutimi, où il n'y avait pas d'autres peuples, Champlain pouvait être convié à admirer le paysage du royaume saguenayen, au-delà, où vivaient des voisins, il ne pouvait être question de l'y laisser approcher.

Ce sont les écrits du jésuite Pierre Biard, missionnaire à Port-Royal, qui livrent les mentions subséquentes. Si son témoignage permet de constater que l'appellation semble s'imposer pour désigner les Indiens de la rive nord du Saint-Laurent, à l'ouest des Esquimaux (*MNF*-1 : 209), il n'apporte aucun éclairage sur le problème de l'identité ou de l'altérité

---

3. Ce qui le mettait à proximité de l'actuel village de Sainte-Rose-du-Nord : la tradition orale locale soutient en effet qu'il se serait rendu aux environs de Tableau.

montagnaise soulevé par l'analyse de l'extrait de Champlain. Ce dernier, d'ailleurs, ne fut pas plus explicite dans son récit de voyage de 1613 ; mais la formulation employée est, cette fois, beaucoup plus près de cette vague expression *il y a des gens qui vivent là-bas*, accentuant le contraste entre les Indiens fréquentés à Tadoussac et ceux de l'intérieur :

> Les Sauvages m'ont fait rapport qu'ayans passé le premier sault ils en passent huict autres, puis vont une iournée sans en trouver, & derechef en passent dix autres, & vont dans un lac, où ils font trois iournées, & en chacune ils peuvent faire à leur aise dix lieuës en montant. **Au bout du lac y a des peuples qui vivent errans** (*WSC*-4 : 41).

Il va de soi qu'une identification plus juste des différents peuples indiens occupant le littoral et l'intérieur des terres demandait des contacts plus poussés que ces voyages d'exploration à partir des voies les plus facilement navigables. Pas étonnant alors que les écrits antérieurs aux missions jésuites n'aient fait mention que de Montagnais pour désigner tous les Indiens de l'actuel Nord-Est québécois (*MNF*-1 : 209). À l'inverse, alors que les groupes autochtones sortaient de l'anonymat et se faisaient connaître, les écrits des décennies ultérieures eurent tendance à éviter l'emploi du terme « Montagnais » pour désigner les seuls Indiens de Tadoussac. C'est du moins ce qui semble devoir être tiré de cette énumération de 1641, de la plume du père Le Jeune : « je m'attens que Sainct-Joseph sera peuplé d'Abnaquiois, de Bersiamites, de sauvages de Tadoussac, de la nation des Porc-Epic, des 8papinachi8ekhi, des 8mami8ekhi » (*MNF*-5 : 161). « Montagnais » ne pouvait être employé ici, car ce terme désignait habituellement l'ensemble des peuples énumérés, par contre le jésuite était alors incapable de dénommer celui de Tadoussac de façon particulière. Depuis trop longtemps en relation commerciale avec eux, les Français avaient, semble-t-il, déjà oublié ce qui les caractérisait de leurs voisins. Ne pouvant les désigner d'après leur animal éponyme et parler de la « nation du rat-musqué » comme il parlait de la « nation du porc-épic », le père Le Jeune eut recours à la vague appellation « sauvages de Tadoussac ». Raynald Parent (1985 : 242) relève également cette appellation et l'explique du fait que les Indiens de Tadoussac étaient, pour les Français, devenus très familiers. Était-ce tant leur familiarité avec ce groupe que d'autres facteurs, comme leur incapacité à le particulariser depuis qu'il se composait de différents éléments, qui appelaient ce glissement terminologique et expliqueraient l'emploi de ce gentilé plus imprécis qu'affectueux ?

Les premiers Indiens à se distinguer des Rats-Musqués furent ceux qui se firent connaître sous l'appellation Bersiamites, comme en témoigne la carte de Champlain de 1632, bien que ses récits ne présentent aucune occurrence de cet ethnonyme avant cette date. Il semble en effet que ce peuple entra dans le champ de connaissance des Français peu avant l'éviction de ceux-ci de la colonie par les frères Lewis et Thomas Kirke, comme le fait croire la mention sur cette carte. Par ailleurs, la formule employée par le père Le Jeune, en 1635, alors qu'il parlait pour la première fois de ce groupe, laisse entendre que l'expression « bersiamite » était déjà en usage parmi les Français avant l'arrivée du missionnaire dans la colonie.

Ce fut sous une bien étrange appellation que les Bersiamites se firent connaître :

> Le huictiesme de mars mourut ceste femme sauvage nommée Anne [...]. Un sauvage m'ayant informé qu'elle n'estoit point de ce pays-cy, je l'interrogeay quelques jours devant sa mort de sa patrie. Elle me dit, que ceux de sa nation s'appelloient « ouperigoue ouaouakhi », qu'ils habitoient bien avant dans les terres plus bas que Tadoussac, de mesme costé ; [...] qu'ils ne manqueroient de venir à la traitte avec les François, n'estoit que les sauvages de Tadoussac les veulent tuer quand ils les rencontrent. Je ne sçay si ce ne sont point ceux que nous appellons Bersiamites, dont quelques-uns ont esté cruellement massacrez cette année à Tadoussac (*MNF*-3 : 73-74).

L'inadéquation entre le nom que se donnaient les gens de cette tribu et l'appellation par laquelle les Européens les désignaient jetait quelque doute dans l'esprit du missionnaire. Ces Ouperigou-Ouaouakhi étaient-ils des Bersiamites ? Lu avec 350 ans de recul, ce passage pose une autre question : puisqu'il s'agissait là de la première mention de ce groupe dans les *Relations*, pourquoi le rédacteur ne sentit-il pas le besoin d'élaborer et de donner quelques détails ? Présumait-il que ses lecteurs avaient déjà fait leur connaissance par le biais des relations rédigées par les récollets lors des premières décennies d'exploration ou par le biais de celles de Champlain qui circulaient depuis peu ?

Aussi, en 1635, restait entier le problème de l'identification des « petites nations » occupant l'hinterland. À doses homéopathiques, quelques descriptions parvenaient aux missionnaires et aux trafiquants de fourrures ; pour le bien du système d'échange déjà en place, les Indiens du littoral n'avaient aucun intérêt à divulguer aux Européens l'état et la situation des peuples de l'intérieur (Bouchard, 1995 : 97). À preuve, dans les *Relations* de cette époque, la mention de l'un ou l'autre de ces petits peuples n'entraîne jamais de description. Par exemple, en 1636, le père Le Jeune, dans une belle énumération de tribus avec lesquelles les Rats-Musqués échangeaient leurs filles, parla simplement « des peuples du Sagné » (*MNF-3* : 278). Lorsqu'il mentionna pour la première fois les Kakouchak, en 1638, il se borna encore à une simple désignation (*MNF-4* : 114). Deux ans plus tard, le même brouillard enveloppait toujours les peuples de l'intérieur : « Ensuite, on trouve les sauvages de Tadoussac, qui ont cognoissance avec la nation du Porc-Epic et par l'entremise de ceux-ci avec d'autres sauvages encore plus retirez dedans les terres » (*MNF-4* : 617). Dans sa relation de 1641, le père Le Jeune faisait part de son espoir de voir la mission de Sillery « peuplé[e] d'Abnaquiois, de Bersiamites, de Sauvages de Tadoussac, de la Nation du Porc-Epic, des 8papinachi8ekhi, des 8mami8ekhi » et d'une multitude de « petits peuples dans les Terres ». « Secondement, poursuivait-il, les Attikamègues et les autres nations dont je ne sçay pas les noms, qui sont dedans les terres, prendront place aux Trois-Rivières » (*MNF-5* : 161). Ces deux missions devaient donc drainer vers elles tous les « petits peuples » nomadisant sur les terres bordant la très longue rive nord du Saint-Laurent.

Au cours des années subséquentes, les mêmes imprécisions continuèrent à entourer ces peuples : « les sauvages de Tadoussac, ceux du Sagné, les Bersiamites, les Papinachi8ekhi prient avec instance qu'on la fasse bastir [la mission], asseurans que les peuples plus éloignez y aborderoient de tous costés pour y estre instruit et par mesme moyen, pour jouyr du commerce des François » (*MNF-5* : 448). Toutefois, ces peuples sortaient lentement du brouillard de la méconnaissance européenne. En 1663, le père Barthélemy Vimont put préciser que les Indiens qui avaient « ouy parler de [la] saincte Foy » avaient fourni les noms de plusieurs de ces « petites nations du Nord » et en dressa une liste : « les Kakouchakhi, [...] les Mikouachakhi, les Outakouamiouek, les Mistasiniouek, Oukesesti-gouek, Mouchaouaouastiirinioek, Ounachkapiouek, Espamichkon, Astouregamigoukh, Oueperigoueiaouek, Oupapinachiouek, Oubesta-miouek, Attikamegouek ».

Ce ne fut que dans la seconde moitié du xviie siècle, avec l'ouverture de la chasse gardée, la pénétration des missionnaires à l'intérieur des terres et leur séjour le long de la côte, que les « petites nations » de la grande famille montagnaise se révélèrent. Les Européens découvrirent alors que, sur ce vaste territoire s'étirant de Mingan à Trois-Rivières, outre les Rats-Musqués du Saguenay, vivaient des Papinachois, le long des rivières Manicouagan et Moisie ; des Oumamiouek ou des Bersiamites, que l'on confondait les uns avec les autres, dans la région de Sept-Îles et de Mingan. En remontant le Saguenay jusqu'au lac Saint-Jean, on y rencontrait des Kakouchak, appelés aussi Porcs-Épics. Par les affluents de cette profonde rivière et quelques portages on découvrait des Outakouamiouek, dans le secteur du lac Nicabau ; des Oukouingouechiouek, en gagnant les basses terres de la baie James ; des Mistassiniouek, autour du lac Mistassini. Autant de « petites nations » qui, par une langue apparentée et des coutumes semblables, furent désignées sous l'ethnonyme générique « montagnais », au fur et à mesure qu'elles entrèrent en contact avec les représentants de Sa Majesté très Chrétienne. Aussi, une conception généreuse du mot « montagnais » rendait possible son application à l'ensemble des tribus dans le giron commercial des Rats-Musqués, sans que ne fût pour autant récusée leur altérité.

La connaissance européenne de ces peuples autochtones prit graduellement quelque raffinement, mais de nombreuses tribus mentionnées par les interlocuteurs indiens échappaient encore, échapperaient toujours, à cette connaissance : qui étaient donc, où étaient donc les Mikouachak, les Mouchaouaouastiriniouek, les Espamichkon, les Astouregamigouek ? Ceux-ci ne survécurent pas suffisamment longtemps, en tant qu'entités autonomes, pour livrer leur histoire aux visiteurs venus d'outre-mer. L'une de ces nébuleuses tribus, les Ounachkapiouek, mieux connus sous le nom de Naskapis, ne sortit de l'ombre qu'au début de la décennie 1730.

À partir de la deuxième moitié de la décennie 1640, les jésuites furent en mesure de mieux identifier certains groupes autochtones, comme ces Bersiamites qui laissaient perplexe le père Le Jeune, quelques années plus tôt. Renseigné par ses néophytes micmacs, son confrère André Richard écrivait, en 1644, qu'une troupe d'Acadie passant par Miscou venait « se conjouir avec nos sauvages des beaux exploicts de guerre qu'ils avoient fait à Chichedek [Sept-Îles], pays des Bersiamites, où ils avoient tué sept sauvages et ammené treize ou quatorze prisonniers, la pluspart enfans » (*MNF*-6 : 389). En 1646, un autre confrère apportait de nouveaux détails : « les Betsiamites, qui habitent les terres du costé du nord à soixante lieues au-dessous de Tadoussac » venaient de conclure une paix avec les Micmacs (*MNF*-6 : 691). Premiers à sortir de l'anonymat et à se distinguer de l'agrégat montagnais, ces Bersiamites furent également les premiers à donner aux Européens quelques précisions sur leur pays.

Vers la fin de la décennie 1640, ce fut au tour des Oumamiouek, « qui habit[ai]ent les terres voisines de l'isle d'Anticosti », de fléchir à la « grâce de Jésus-Christ » et à livrer aux jésuites des connaissances sur leur territoire d'attache (*MNF*-7 : 766). Les missionnaires y virent là une invitation à visiter ces nouvelles contrées, ce que fit le père Jean de Quen, en 1651, donnant ainsi « commancement à la mission de l'Ange Gardien, au pays, que les sauvages de Tadoussac appellent la contrée des Oumamiouek [...] éloigné de Tadoussac de 80 lieues » (*MNF*-8 : 313). Encore embryonnaire, ce savoir créait quelque confusion dans l'esprit du rédacteur Paul Ragueneau. « Je croy, écrivait ce dernier en introduction au récit du père de Quen, que ce sont les Bersiamites, ou quelques alliés des Esquimaux, qui habitent les costes du nord au-dessous de l'isle d'Anticosti » (*MNF*-8 : 313). Cet égarement fut corrigé une dizaine d'années plus tard par le père Pierre Bailloquet qui, visitant chacun des groupes autochtones sur la côte, fut en mesure de différencier les Bersiamites des Oumamiouek : « A l'orient, tirant au nort, le Père Pierre Bailloquet a donné jusqu'à l'emboucheure de nostre fleuve Saint-Laurent, à cent soixante lieues d'icy [Québec]. Il y a visité sept ou huit nations différentes, les Papinachiois, les Bersiamites[,] la nation des Monts Pelez, les Oumamiouek et autres alliées de celle-cy » (*MNF*-9 : 611).

Ayant enfin vaincu la réserve des « Sauvages de Tadoussac » et les ayant convaincus de les emmener avec eux dans leurs voyages dans le Haut Saguenay, les jésuites purent, dès 1647, compléter leur savoir fragmentaire sur les petites communautés montagnaises habitant au-delà du fjord. Premier Européen autorisé à remonter le Saguenay depuis le court voyage d'exploration effectué par Champlain, le père de Quen ne lésina pas sur la description de ce pays et sur les peines qu'il dut souffrir pour atteindre le « lac Piouagamik, sur les rives duquel habite la nation du Porc-Epic ; que nous cherchions [...] Nous vogasmes quelque temps sur ce lac et enfin nous arrivasmes au lieu où estoient les sauvages de la nation du Porc-Epic » (*MNF*-7 : 175).

Toutefois, l'exploration de ces immenses contrées et la connaissance des « petites nations » ne pouvaient se faire que graduellement et, en 1652, ce fut encore en termes vaporeux que les missionnaires désignèrent les voisins des Kakouchak : « [Le lac Saint-Jean] est enflé par dix rivières qui remplissent son bassin et qui servent de chemin à quantité de petites nations répandues dans ces grandes forests » (*MNF-8* : 307). Parmi elles, les Écureuils ne sortirent de l'anonymat, en 1661, que pour entrer dans le registre des peuples éteints : « On nous rapporte que l'Iroquois nous a prévenus et qu'ayant surpris la nation des Escurieux, à quelques journées d'icy, il l'a défaite entièrement » (*MNF-9* : 598). Quant aux autres groupes, dispersés par l'ennemi qui « a jetté un tel effroy dans tous les peuples circonvoisins qu'ils se sont tous dissipez » (*MNF-9* : 598), ils mirent encore du temps avant de se faire connaître. Par exemple, les Mistassins firent l'objet d'une première mention en 1672, lors d'un voyage du père Charles Albanel vers la mer du Nord (*RJ-56* : 170-178).

Ainsi, au fur et à mesure que les explorateurs et les missionnaires progressèrent vers l'intérieur des terres, l'appellation « montagnais » prit de l'expansion. Si elle désignait au départ les seuls Indiens des environs de l'embouchure du Saguenay, elle en vint à englober tous les peuples découverts dans les limites de la Traite de Tadoussac. Aussi, le père Pierre-Michel Laure pouvait-il parler, au début du XVIIIe siècle, des Mistassins « parmi les autres Montagnez » (*RJ-68* : 48). D'ailleurs, dans son lexique montagnais-français, il posait clairement que *nehiro-iriniuets*, c'est-à-dire Montagnais, se devait définir comme la « nation sauvage sortie des Algonkins, peuple composé de gens fort dociles, quoique vagabonds et uniquement occupés de leur chasse, qui produit soit du lac St-Jean, soit de Nekubau, soit des Mistassins, Assinipoels, soit de Tadoussassiens et Papinachois, un revenu considérable à ceux qui font valoir ces différentes fermes » (*AFM* : 547).

Inventé par les Européens, cet ethnonyme crût au rythme de l'évangélisation des peuples de la vallée laurentienne, tenant moins à un groupe autochtone en particulier qu'à une aire géographique sur laquelle se déplaçaient des peuples nomades. Si bien qu'à la fin du Régime français le terme « montagnais » tendait à vouloir désigner les Indiens de la côte, par contraste avec ceux moins connus de l'intérieur des terres : « Les Sauvages connus dans tous ces postes [depuis Chicoutimi jusqu'au cap Charles] sont connus sous trois noms différents, ceux qui habitent le bord de la mer se nomment Montagnais, qui ne vont dans les terres que l'hiver y faire la chasse pour vivre. Ceux qui se tiennent dans les terres se nomment Tigestigones et Naskapris [*sic*]» (EPC: 219). La généralisation de l'appellation gonflait d'autant le territoire assigné à ce peuple autrefois morcelé: «[les] Sauvages nommés Montagnais [...] habitent tout le pays qui se trouve depuis l'embouchure du fleuve jusques là [la rivière Saguenay]» (EPC: 30).

Cette mise au point faite, il convient d'être particulièrement prudent avec l'emploi du terme «montagnais», tant dans la lecture des pièces d'archives que dans l'écriture sur ces peuples qui ont habité les vastes territoires du bassin hydrographique du Saguenay et de la Côte-Nord. Aussi, comme l'objectif de cette étude n'est pas de retracer l'histoire de l'ethnonyme mais plutôt celle des peuples qui vivaient dans l'étendue géographique s'étirant de la Basse-Côte-Nord actuelle au bassin du Saguenay–Lac-Saint-Jean, il importe de continuellement soupeser la valeur sémantique de cette appellation rencontrée dans les sources.

Données sur leur territoire

Dès les débuts de la colonie jusqu'à la prise de Québec par les frères Kirke, les missions furent plutôt limitées: période d'adaptation aux mœurs et d'apprentissage des dialectes autochtones. Dans le sillage des canots de traite, les premiers porteurs de chapelle eurent plus d'intérêts à pénétrer le pays des Hurons qu'à «réduire» les nomades de la vallée du Saint-Laurent. Cette période laissa les Montagnais relativement tranquilles sur leurs terres, que les observateurs situaient sur la longue Côte-Nord (EPC: 30).

L'implantation française dans les régions de Québec et de Trois-Rivières, à la suite de la rétrocession de la Nouvelle-France à l'ancienne, en 1632, incita bon nombre d'alliés montagnais à occuper de façon plus permanente les environs des nouveaux lieux de traite et de refuge, puisque la menace iroquoise se faisait déjà sentir (*MNF-3*: 663; Beaulieu: 109). Aussi, durant les trois premières décennies du xviie siècle, les Montagnais se déplaçaient uniquement sur ce que les observateurs qualifiaient comme leur territoire. Dès 1637, les jésuites commencèrent à mentionner le regroupement de certains d'entre eux dans les missions créées à leur intention à Québec et à Trois-Rivières; les observateurs européens notèrent alors l'intensification du mouvement des Montagnais. Pour le reste de la période du Régime français et tout au long du Régime britannique, on ne vit plus désormais les Montagnais que sur leur territoire. Il reste pourtant à déterminer de quel territoire il s'agissait, car contrairement à certaines tribus des Pays d'en Haut qui se replièrent au xviiie siècle sur des terres d'adoption (les missions sulpiciennes de la région de Montréal), les Montagnais n'optèrent pas pour cette solution de survie.

Au cours de la période antérieure à la déstabilisation de la communauté montagnaise, soit avant 1636 tel que noté ci-devant, le territoire montagnais s'avérait immense. Les observateurs les indiquent à demeure de la Côte-Nord jusqu'à Trois-Rivières, en passant par Québec et par une traversée du côté sud du fleuve (*MNF*-2 : 678). Hormis Trois-Rivières, lieu pour lequel on ne compte que peu d'occurrences, les trois autres zones se partagent une part relativement égale du nombre de mentions. La période de perturbation modifia légèrement le profil : entre 1636 et 1647, les Montagnais abandonnèrent progressivement la rive sud. Les mentions d'un territoire montagnais sur cette rive s'arrêtent en fait en 1640 (*MNF*-5 : 79). Quant aux autres zones, elles maintiennent leur nombre d'occurrences sensiblement dans les mêmes proportions : à Trois-Rivières, les Montagnais n'exerçaient toujours qu'une faible présence ; Québec voit fondre ces mentions, tandis qu'on indique de plus en plus souvent la Côte-Nord comme leur territoire. Cette tendance se confirme au cours de la deuxième moitié du xviie siècle : de 1650 à 1702, seule la Côte-Nord, incluant la région de Tadoussac, est donnée comme territoire montagnais. Ici encore, les données puisées aux registres d'état civil parlent dans le même sens : les Montagnais sont de moins en moins présents et, finalement, disparaissent des registres de Trois-Rivières, vers 1670 (Goudreau, 1996 : 5).

Au cours du xviiie siècle français, les occurrences éclatent tous azimuts, à l'instar des mentions de Montagnais dans les registres d'état civil. Un glissement s'opère du côté du lac Saint-Jean et du côté du Labrador. Sous le Régime britannique, les occurrences semblent indiquer un recul vers le nord : la Basse et la Moyenne-Côte-Nord l'emportent sur la Haute-Côte-Nord, les mentions du Labrador se multiplient et on voit même apparaître une mention de la baie James. Pourtant, ce recul ne saurait en rien exprimer un déplacement des populations montagnaises. Cette modification dans la séquence des données reflète plutôt la progression de l'exploration européenne (Hind-2 : 112).

Ces observations n'étonnent guère puisque l'appellation évoquait un aspect géophysique ; il était prévisible que l'ethnonyme « Montagnais » s'appliquât à tous les peuples habitant ces montagnes que les explorateurs des différentes métropoles, depuis les Basques jusqu'aux Britanniques, allaient découvrir au cours de leurs voyages. Mais, quelle que soit la portée de l'appellation, ces premiers résultats offrent quelques constats. Ils soulignent avec justesse la disparition de tout groupe montagnais de la rive sud du fleuve, aussi tôt que la première moitié du xvII[e] siècle[4]. Ils étayent l'hypothèse d'un rétrécissement certain du territoire montagnais tout au long du régime colonial. Enfin, ils mettent le doigt sur «l'étranglement» du territoire montagnais dans la seconde moitié du xvII[e] siècle; ce rétrécissement correspondrait, selon toute vraisemblance, à une nette chute démographique du peuple montagnais.

Données sur leur nombre

Les renseignements à valeur quantitative sur la population montagnaise relevés dans les sources sont fort peu nombreux. Malgré cette disette documentaire, les données ont été ventilées en trois catégories. La première regroupe les mentions référant à la tribu en son entier ou, du moins, se rapportant à une vision d'ensemble de celle-ci. Dans la seconde, sont alignées les mentions relatives à de petites unités, regroupement de type familial, déplacement nomadique ou rassemblement pour l'exercice de leur nouvelle religion. Enfin, dans la troisième, apparaissent les mentions relatives aux actions militaires où l'on voit agir un chef et ses hommes.

Les données de la première catégorie pourraient se dépeindre sous l'aspect d'un grand «V»: deux sommets réunis par un profond creux, à l'image du pays montagnais où deux massifs montagneux se rejoignent dans une profonde vallée. Les premières évaluations, bien qu'approximatives et fort aléatoires, portaient sur une «nation»; et, bien en deçà de la réalité semble ce nombre de 1 000 «Montagnets» avancé par le père Pierre Biard, en 1616; ce même Biard qui, en 1611, affirmait que les «Montagnès» formaient un «grand peuple» et, en 1612, qu'ils étaient

---

4. En 1685, lorsqu'elles soustrayèrent cette partie méridionale de l'étendue de la Traite de Tadoussac qui calquait alors la chasse gardée montagnaise, les autorités coloniales françaises mettaient en quelque sorte à jour les limites de ce territoire, en parfaite concordance avec ce qui se vivait sur le terrain (Guitard: 26).

« peu nombreux » (*MNF*-1 : 150-151, 212)[5]. L'évaluation de la population montagnaise à quelque 75 familles, par le père Charles Lalemant, en 1626, ne semble pas prendre en compte l'ensemble de la tribu (*MNF*-2 : 143, 69*). Elle se chiffrait alors à moins de 400 individus, ce qui paraît peu en regard du millier proposé par Biard, dix ans plus tôt, et des douze à quinze cents avancés par le père Vimont pour la même période. Notons toutefois que cette dernière évaluation est postérieure à la date mentionnée. C'est *a posteriori* et avec nostalgie que le supérieur des jésuites écrivait, en 1644 : « là où l'on voyoit il y a huict ans quatre-vingt et cent cabanes, à peine en voit-on maintenant cinq ou six » (*MNF*-6 : 60). Bien qu'on ne saurait prétendre à sa rigoureuse exactitude, il appert que le nombre proposé par le père Lalemant au mitan de la décennie 1620 – soit moins de 500 individus – confronté aux évaluations habituelles – autour du millier – serait un premier indicateur de la diminution de la population monta-gnaise.

Cette hypothèse trouve par ailleurs écho dans les propos du père Le Jeune qui notait, dès 1634, que les Montagnais et les Algonquins de Trois-Rivières mouraient « en grand nombre » (*MNF*-2 : 517). Se basant sur de tragiques constatations, il formulait, trois ans plus tard, de bien pessimistes pronostics : « tous les peuples errans [sont] en petit nombre en comparaison des sédentaires », « les sauvages errans ne sçauroient pas se peupler beaucoup », « les maladies [dues à l'alcool] les vont exterminant tous les jours » (*MNF*-3 : 576-577). Cette perspective s'avérait d'autant plus alarmante que, dès le début de la décennie 1640, ce même jésuite ne parlait plus que du « reliqua de ces pauvres peuples » (*MNF*-5 : 147).

Ces divers propos du père Le Jeune incitent à croire que les Montagnais de Tadoussac, de Trois-Rivières et de Québec avaient fondu en nombre au cours de ce premier demi-siècle de contact, ce que confirmait un de ses confrères qui affirmait, au milieu de la décennie 1640, que Dieu les avait quasi tous exterminés (*MNF*-6 : 595). Tous les malheurs s'abattirent, en effet, en même temps sur eux :

---

5. La population montagnaise d'alors est estimée à environ 5 500 individus (Jenness : 274). S'appuyant sur les 300 guerriers réunis à Tadoussac et mentionnés par le père Lalemant en 1646, Campeau calculait que si cette évaluation devait être appliquée également à Québec et à Trois-Rivières, on pourrait alors avancer que la population montagnaise sur le Saint-Laurent pouvait atteindre quelque 3 500 à 4 000 individus à l'époque des premiers contacts (*MNF*-2 : 69* et 6 : 595).

La maladie, la guerre et la famine sont les trois fléaux dont il a pleu à Dieu frapper nos néophytes [Algonquins, Montagnais et Attikamègues...]. À peine eurent-ils ouy parler de la doctrine [...] qu'une maladie contagieuse s'espandit dans toutes ces nations et en moissonna la plus saine partie. Cette maladie n'eust pas plus tost cessé que la guerre, qui jusques alors leur avoit esté si advantageuse qu'ils s'estoient rendue maistres du pays de leurs ennemis et les avoient battus partout, commença et a continué depuis à leur estre si funeste qu'ils y ont perdu tous leurs meilleurs guerriers [...] En suitte de ce malheur, estans contraints de quitter les bois les plus commodes à la chasse qui sont au midi du grand fleuve et sujets au courses [*sic*] de leurs ennemis, ils sont tombez entre les mains d'un autre ennemy non moins cruel, qui est la faim (*MNF*-6 : 58-59).

S'il éprouvait indistinctement les néophytes autochtones, Dieu ne semble pas avoir frappé les Montagnais et les Algonquins dans la même mesure : « Ceux qui ont le moins souffert sont une partie des chrestiens de Sillery et de Tadoussac [...] qui sont entrés dans les bois du midi trois mois plus tost qu'à l'ordinaire et sont allez si avant que les Iroquois ne les ont peu rencontrer » (*MNF*-6 : 59). Moins affectés que les Algonquins, les Montagnais avaient eu leur part d'épreuves. Si les premiers contacts, trop épisodiques, n'avaient pas permis aux Européens de constater les effets des fléaux microbiens et les méfaits de l'alcool sur les Indiens, après leur installation à demeure dans la colonie ils en furent les impuissants témoins.

Dès leur retour dans la colonie, en 1632, les jésuites avaient sonné l'alarme contre les dangers de l'eau-de-vie chez les Montagnais : « Pour ceux de Kébec, et par conséquent aussy ceux de Tadoussac, nous pouvons dire que c'est l'yvrognerie que les Anglois ont icy apporté qui les a mis à mort » (*MNF*-2 : 291). Ce génocide appréhendé semblait se confirmer, puisque le père Le Jeune constatait, deux ans plus tard, qu'« il y a[vait] plusieurs orphelins parmy ce peuple – car depuis qu'ils se sont adonnez aux boissons de vin et d'eau de vie, ils meurent en grand nombre ». Conscient du danger que l'abus d'alcool leur causait, le père Le Jeune insistait : « Il est vray qu'ils meurent en grand nombre [...] ils voyent bien que ces nouvelles boissons de vin et d'eau-de-vie qu'on leur apporte dépeuplent leurs pays » (*MNF*-2 : 600, 605-606).

Au cours de la même décennie, les Montagnais furent triplement victimes des épidémies. La première vague les atteignit à l'été de 1634. Ceux de Trois-Rivières furent particulièrement touchés : « J'apprend que les sauvages qui sont aux Trois-Rivières sont tous malades et meurent en grand nombre » (*MNF*-2 : 517). Cette épidémie semble être venue du pays des Hurons, puisque, sur le témoignage du père Jean de Brébeuf, le père Le Jeune écrivait, en 1635, qu'« il n'est quasi point revenu de canot de la traitte qui n'aye esté affligé de ceste contagion » (*MNF*-3 : 92). En 1637, ce fut de nouveau à partir de la Huronie que l'épidémie se propagea. Déclenchée à l'arrivée des missionnaires l'été précédent, elle infecta les Algonquins qui vinrent chercher refuge pour l'hiver auprès de leurs voisins et, par leurs canots et leurs ballots de fourrures, elle gagna le pays trifluvien. Le père Jérôme Lalemant nota, en 1638, que les Indiens fréquentant le poste de Trois-Rivières étaient morts par centaines (*MNF*-4 : 50). Dans une communauté déjà décimée, de telles pertes ne pouvaient qu'être péniblement ressenties. Le bilan que tirait en cette même année le père Le Jeune laissait peu d'espoir : « de la grande contagion qui a massacré quasi tous ces peuples [...] quelques-uns ayans eu recours à Dieu tout de bon sont réchappez des portes de la mort » (*MNF*-4 : 116).

À peine les Montagnais se remirent-ils de cette seconde vague, qu'une troisième déferla sur eux, en 1639. Elle provenait d'Acadie : « Quelques sauvages de l'Isle, retournant du païs des Abnaquiois, ont rapporté icy une petite vérole extrêmement contagieuse. Ce mal qui tue partout ces pauvres peuples est descendu jusques à Sillery [...]. Après nous en avoir enlevé quelques-uns, [...] il s'est jetté sur les chefs de ces deux premières familles sédentaires avec une telle fureur que nous n'en sçavons pas encor le succez » (*MNF*-4 : 308-309). Les ravages furent très désastreux : « Les sauvages sont grandement affligez. On dit qu'ils meurent en tel nombre ès pays plus hauts que les chiens mangent les corps morts qu'on ne peut enterrer » (*MNF*-4 : 351). Les jésuites déplorèrent l'année suivante les nombreuses victimes parmi les catéchisés, mais ils cachèrent à peine leur satisfaction de voir la variole décimer les Montagnais de Tadoussac, qui, sous l'influence de leur capitaine, Étouet, résistaient à l'appel de la croix : « Dieu ne l'a pas laissé longtemps impuni. Car luy, sa femme et tous ses enfans et ceux qui etoient avec luy furent pris du mal commun et enlevés en un instant » (*MNF*-4 : 604). Ces épidémies répétées affaiblirent significativement les Montagnais du Saint-Laurent. Cruellement dépeuplés, ils « ne se comptaient plus guère que par quelques centaines » vers 1640 (*MNF*-2 : 69*). Or, aux lendemains de ces épidémies à répétition, ils cessèrent d'occuper les territoires au sud du Saint-Laurent. Démographiquement diminués, ils n'avaient plus besoin d'un aussi vaste territoire. Mais, également, ils ne furent plus alors en mesure de repousser efficacement les Iroquois lorsque ceux-ci envahirent la vallée laurentienne et l'hinterland.

Bien avant leur déclin dû aux maladies infectieuses, les Montagnais vivaient déjà dans l'appréhension constante d'une menace iroquoise. Aussi tôt que 1632, le père Le Jeune signalait leur crainte de voir les Iroquois prendre leur revanche des massacres passés. Les fiers Montagnais des décennies antérieures n'osaient plus s'aventurer sur le fleuve en amont de Trois-Rivières (*MNF-2*: 316). Eux qui, alliés aux Algonquins, avaient lavé la vallée laurentienne de la présence iroquoienne, craignaient en 1633 ce même ennemi (*MNF-2*: 416). Ils avouaient eux-mêmes leur faiblesse et par la voix du chef de Québec, Tchimeouiriniou, ils réclamaient quelque secours des Français: «Nous voicy dans une saison de guerre fort fascheuse; nous n'avons pas assez de force pour nous mettre à couvert de nos ennemis. Nous recherchons vostre abry; ne le refusez pas» (*MNF-3*: 282).

Avec des effectifs militaires diminués à la suite d'un chapelet d'épidémies, déjà en 1637 les Montagnais alliés aux Algonquins ne faisaient plus le poids (*MNF-3*: 649-650). Que dire des Montagnais après 1642, lorsque les Iroquois, qui voulaient les «exterminer entièrement» (*MNF-5*: 130), revinrent, armés dorénavant des meurtriers fusils européens qu'ils traitaient depuis peu avec les Hollandais? Le père Vimont répondait lui-même à la question en 1643: «diverses maladies contagieuses ayant consommé la plus grande partie des Montagnets et Algonquins qui sont voisins, [les Iroquois] n'ont rien à craindre de ce costé-là» (*MNF-5*: 757-758).

À ces calamités s'ajouta bientôt la famine, qui vint faucher un peu plus profondément dans le champ montagnais. Déstabilisés dans leur mode de vie par ce continuel état de guerre et par une intensive chasse du castor afin de répondre à leur besoin croissant de produits européens, ces nomades devenaient plus vulnérables à une sous-alimentation. Il en allait de la famine comme de la maladie: elle pouvait frapper à l'unité ou à grande échelle. Les mentions d'individus mourant de faim ne sont pas rares sous la plume des jésuites. C'était là une menace constante pour qui vivait, l'hiver, au hasard de débusquer une bête comestible: «Si toutes ces chasses ne donnent point – ce qui n'arrive que trop souvent pour eux – ils souffrent grandement» (*MNF-2*: 617). Fort de son expérience parmi les Montagnais, durant l'hiver de 1634, le père Le Jeune livrait un témoignage des plus crédibles: «Les sauvages qui nous estoient voisins souffroient encore plus que nous. Quelques-uns, nous venans voir, nous disoient que leurs camarades estoient morts de faim. J'en vy qui n'avoient mangé qu'une fois en cinq jours» (*MNF-2*: 657, 699).

Si l'hiver de 1634 avait fait périr de faim quelques Indiens, le suivant frappa bien davantage, ravageant l'ensemble des cabanes:

> La famine qui fut cruelle l'an passé les a encore traicté plus rudement cet hyver [...] Ceux de Tadoussac, avec lesquels j'hyvernay il y a un an, se sont mangez les uns les autres en quelques endroits [...] Nous avons été témoins de leur famine aux Trois-Rivières. Ils venoient par bandes, tous défigurez, décharnez comme des squelets [...] une femme nous dit qu'il n'estoit resté qu'elle et sa compagne, de tous ceux avec lesquels elles avoient hyverné dans les bois. On a trouvé des chasseurs roides morts sur la neige, tuez du froid et de la faim (*MNF-3*: 70).

Habitués à ce mode de subsistance précaire, les Indiens reconnaissaient, déjà en 1637, que les nouvelles conditions créées par la venue des Européens les menaçaient en tant que tribu, «disans que leur païs s'alloit dépeupler d'élans et d'autres animaux et, par conséquent, que si la terre ne les nourrissoit, ils s'alloient perdre de fond en comble» (*MNF-3*: 560).

Conjugués les uns aux autres, ces malheurs éradiquaient les nomades de la vallée laurentienne. «Tous ces accidens ont tellement esclaircy nos sauvages, témoignait le père Vimont, en 1644, que là où l'on voyoit il y a huict ans quatre-vingt et cent cabanes, à peine en voit-on maintenant cinq ou six. Et tel capitaine qui commandoit pour lors à huict cens guerriers n'en compte plus à présent que trente ou quarante et, au lieu des flottes de trois ou quatre cents canots, nous n'en voyons plus que de vingt ou trente» (*MNF-6*: 60). Les effectifs montagnais avaient donc fondu comme neige au soleil au cours de ces premières décennies de contacts.

L'apparente œuvre inexorable d'extermination des Indiens de la région de Tadoussac se poursuivit dans la seconde moitié du XVIIᵉ siècle. Des îlets Jérémie à l'embouchure du Saguenay, territoire qui, autrefois, pouvait réunir de 1 200 à 1 500 hommes, tout n'était plus que désolation. Victimes de leur propre chasse déraisonnable et de leur abus d'alcool, «ils [étaie]nt presque tous morts» (*RLAS*: 107), soulignait l'intendant Antoine-Denis

Raudot au début du xviiie siècle. De ces cendres, «presque miraculeuse-ment», les données indiquent, pour le deuxième quart du xviiie siècle, une population montagnaise de plus de 1 000 individus. De quels Montagnais s'agissait-il donc? Plus que le nombre global de la population, c'est la décomposition de cette addition qui s'avère significative.

> Les sauvages de Tadoussac sont douze chefs de famille. [...] Le poste de Chécoutimy est le plus considérable de tous les postes, non pas par luy même ny ayant que cinq chefs de famille qui y soient habitués. [...] Les sauvages du lac St Jean [...] sont quatorze chefs de famille. [...] Les Petits Mistassins nation habituée au nord'est dans les terres au nombre de huit chefs de famille. [...] Les sauvages de Nekoubau ou Chabmouchouane qui est le même pays sont au nombre de trente sept chefs de famille. [...] Les Grands Mistassins et les gens de la hauteur des terres sont quarante trois chefs de famille. [...] Les sauvages des Islets de Jérémie sont les plus aisés et ceux qui payent le mieux. Il y a au bord de la mer vingt quatre chefs de famille, et vingt dans les terres. [...Au] poste de la riviere Moizy [...] Il y a quarante chefs de famille tant au bord de la mer que dans les terres. [...] Les sauvages Naskapis nation douce et facile a gouverner, nombreuse d'environ quarante familles (C¹¹A-59: 362-365).

Il ne s'agit plus ici des seuls Montagnais de l'embouchure du Saguenay, mais de l'ensemble des Indiens habitués dans le Domaine du roi, évalua-tion démographique calculée à partir du nombre de chefs recensés, effectuée par l'intendant Gilles Hocquart à l'intention du ministre, dans la foulée de son ordonnance sur les limites de la Traite de Tadoussac, en 1733. De même, le nombre de 250 individus mentionnés en 1756, aux premiers roulements de tambour de la guerre de Sept Ans, englobait tant les Indiens de Tadoussac que ceux de Chicoutimi, de Nicabau ou de la rive nord (C¹¹E-13: 143v°). Bien que ces chiffres de l'auteur de la «Chaîne des postes» soient à utiliser avec prudence, ils amplifient de peu ceux fournis vers la même époque par le chevalier de Lapause qui, lui aussi, ramassait sous le générique «montagnais» l'ensemble des autochtones de la côte et du Saguenay: «à ce poste [Mingan] les Montagnes, les Naskapis et les Tigestigones [...] depuis Maingant jusqu'au cap Charles ne sont pas au nombre de cent familles en tout [...] Les Sauvages affidés à Chicotimy, les Illetes de Gérémie et les 7 Isles sont bien plus nombreux» (EPC: 218-219). Cette observation relance notre mise en garde énoncée précédemment: les chiffres bruts commandent une lecture minutieuse qui doit prendre en compte la réalité des diverses composantes du groupe montagnais. Si les Rats-Musqués furent menacés par l'alcool, les épidémies, les guerres et la famine, comme l'écrivaient les missionnaires, on ne saurait en déduire que ce constat s'appliqua automatiquement à l'ensemble des groupes qualifiés de «montagnais» par les observateurs. Il conviendra donc de suivre l'histoire de chacun des «sous-groupes», afin de connaître le sort des Montagnais en tant que communauté élargie.

Au-delà du détail, le relevé des occurrences de nombre présente une singulière curiosité : un magistral intervalle marque la séquence chronologique. Entre 1647 et 1706, soit sur une quarantaine d'années, aucune évaluation numérique des Montagnais de la part des observateurs contemporains n'a été relevée. Ni le groupe en son entier, ni des bandes nomades, ni des déplacements de guerriers n'ont été chiffrés, même si la présence montagnaise ne cessa d'être signalée durant cette période. C'est là un constat étonnant qui, mis en parallèle avec les observations relevées lors de l'analyse des données sur le territoire, invite à la formulation de l'hypothèse suivante : le resserrement du territoire montagnais aux simples limites du Domaine du roi, relevé pour la seconde moitié du XVIIe siècle, conjugué à l'absence de données sur leur nombre pour cette même période marqueraient-ils la sérieuse chute démographique, voire l'extinction, des Montagnais du Saguenay ? Enrobé d'une rhétorique tout imbue d'évangélisme, ce diagnostic n'était-il pas celui que formulaient, au mitan de la décennie 1640, les missionnaires, témoins oculaires des transformations profondes subies par les sociétés autochtones des premiers contacts :

> Ce petit peuple [de Tadoussac] estoit fort superbe ; mais Dieu, le voulant disposer à recevoir son Fils, l'a humilié par des maladies qui l'ont quasi tout exterminé. Ces coups néantmoins sont favorables ; pendant que sa justice massacroit les corps au grand déluge du monde, sa miséricorde alloit ramassant les âmes pénitentes. Nous pourrions dire le mesme, avec proportion, que sa colère mettant à mort une partie des sauvages par les guerres et par les épidémies, sa bonté donnoit aux autres une vie qu'il faudroit chercher au travers de mille morts. § C'est ce que nous avons veu de nos yeux. Car ces pauvres gens, battus de quantité de maladies et recrus des fatigues de la guerre, se sont enfin jettez au port de la vie et de la paix (*MNF*-6 : 595-596).

Parmi les premiers à traiter d'une façon régulière avec les Français, les Montagnais s'intégrèrent très tôt à une économie de marché dans laquelle ils occupèrent le rôle de pourvoyeurs de fourrures auprès de marchands toujours plus avides. Parmi les premiers à bénéficier des avantages des produits de la technologie européenne, ils furent également parmi les premiers à subir les effets pervers de la présence française en Amérique (Jetten : 36). Outre les épidémies qui les affectèrent directement, l'abandon graduel de leur mode de vie traditionnel les menaçait à plus long terme et de façon plus sérieuse. Leur intérêt grandissant pour les produits européens, entre autres les objets en métal plus pratiques et plus robustes que ceux de confection autochtone (Beaulieu : 107), les obligeait à une chasse accrue du gibier à fourrure. Pratiqué sur une base intensive, ce type de chasse s'avérait, d'une part, beaucoup plus « faunivore » que la chasse de subsistance ou celle pratiquée dans les limites de l'échange avec les tribus voisines et, d'autre part, beaucoup plus « chronovore », en ce qu'elle laissait de moins en moins de temps pour la chasse de subsistance et la cueillette des produits naturels qui avaient jusque-là assuré la survivance. Familiers à de nouveaux outils plus performants qu'ils ne pouvaient eux-mêmes fabriquer, ils perdirent graduellement l'habitude des anciennes façons de faire, se rendant ainsi lourdement dépendants de leur approvisionnement auprès des Européens et rompant avec l'équilibre traditionnel qui avait marqué leur rapport avec la nature.

On pourrait longuement conjecturer sur les conséquences de la concurrence engendrée par cette faim inassouvissable de fourrures et sur les différents rapports de cause à effet des guerres entre groupes autochtones. L'une et l'autre explications influent sur notre compréhension de l'histoire et sur l'exactitude de notre reconstitution des faits, mais, quelle que soit la bonne interprétation, la réalité montagnaise demeure la même : un exode obligé, commandé par un net recul des effectifs et par des conditions de vie devenues trop difficiles dans les zones sous influence européenne. Ainsi, réduits à rien dès le milieu du XVIIe siècle, les survivants se déplacèrent vers le nord et se joignirent aux vestiges d'autres peuples, sans égard de la délimitation des territoires traditionnels. L'instinct de survie commandait de nouveaux principes.

Les Montagnais de la deuxième moitié du xviie siècle

Le sort des Montagnais inquiéta très tôt les jésuites. Dès 1644, le père Vimont déplora leur dépérissement (*MNF*-6 : 60). Morts de faim dans les bois à la recherche de nourriture pour leur cabane, massacrés sous le tomahawk ou l'arquebuse de l'ennemi pour défendre leur territoire, faits prisonniers par les Iroquois lors d'affrontements guerriers ou cuits par ceux-ci lors des festins de la victoire en conformité avec la tradition – variante plutôt macabre de la célébration d'un *Te Deum* –, plus infestés par les maladies européennes parce que plus en contact avec les étrangers, les hommes de la tribu montagnaise furent de moins en moins en mesure d'assurer la survie de leur communauté, et ce, dès la fin de la première moitié du xviie siècle.

Outre les signes déjà mentionnés de la ruine de cette population, on ne saurait passer sous silence le fait que ce fut précisément au milieu du xviie siècle que les Rats-Musqués de Tadoussac acceptèrent d'entreprendre, avec les Bersiamites, des pourparlers de paix. On se souviendra du témoignage de l'Ouperigou-Ouaouakhi prénommée Anne, qui confiait au missionnaire, vers 1635, que ses compatriotes : « ne manqueroient de venir à la traitte avec les François, n'estoit que les sauvages de Tadoussac les veulent tuer quand ils les rencontrent » (*MNF*-3 : 74). Le massacre des Bersiamites qui s'aventuraient trop près de Tadoussac obéissait à des intérêts commerciaux. S'ils voulaient maintenir leur chasse gardée, les Rats-Musqués de Tadoussac se devaient d'interdire à leurs gênants voisins un contact direct avec les produits européens (*MNF*-5 : 153/14 ; Bouchard, 1995 : 114). Jusque vers 1640, ils avaient assuré avec succès l'inviolabilité de leurs frontières et ce, malgré les réitératives sollicitations des explorateurs et des missionnaires. Or, voici qu'au cours de cette décennie, non seulement ils levèrent l'interdit imposé aux communautés voisines, mais encore, ils autorisèrent un jésuite à les accompagner jusqu'en Piékouagamie. « Jadis si jaloux de leur païs et leur port de Tadoussac qu'ils en refusoient la cognoissance aux autres nations » (*MNF*-7 : 766), les Rats-Musqués entreprenaient alors d'enterrer la hache de guerre avec leurs voisins.

On ne peut manquer de souligner ici le rôle décisif joué, à l'occasion de cette paix de 1646, par les Indiens de Tadoussac. Ceux-ci voulurent non seulement conclure une trêve avec les Bersiamites mais également pacifier ce peuple avec ses autres ennemis traditionnels. La plume descriptive des jésuites met en scène des Rats-Musqués incitant les Micmacs à entreprendre des pourparlers de paix, et servant d'interprètes entre les différents belligérants. Ils faisaient même partie du groupe auquel les Micmacs offrirent des présents en signe de réconciliation :

> Les Micmacs chargent un jeune homme d'un sac de pourcelaine. Deux autres portent sur leurs espaules deux douzaines de couvertes neufves ; quelques-uns, treize belles arquebuses, de la pouldre, du plomb et quelques épées plus longues et larges que les ordinaires ; puis firent tout porter dans une grande cabane où plusieurs sauvages montagnais, algonquins, trois de la nation des Sorciers et deux Betsiamites estoient assemblés. Le capitaine de nos costes prend la parole, au nom des capitaines de l'Acadie et de la baye de Rigibouctou, son parent, desquels il dit avoir commission de traiter la paix, asseurent qu'ils avoient tous banny de leurs cœurs l'ancienne inimitié, en confirmation de quoy ils offroient tous ces présens pour témoigner leur bonne affection. Siméon Boyer [capitaine de Tadoussac], qui servoit de truchement aux Betsiamites, respond qu'ils acceptoient les présents, qu'ils ne seroient à l'ad-venir qu'un cœur ; puis fit apporter bon nombre de paquets de peaux de castors, dont il fit présent (*MNF*-6 : 692-693).

Dans le contexte d'une dramatique chute démographique survenue à Tadoussac mariée à une croissante menace iroquoise qui poussait alors jusqu'aux portes de leur territoire, les Rats-Musqués avaient tout intérêt à ménager leurs voisins immédiats et à réviser leurs politiques. Non seulement leur affaiblissement provoqua l'ouverture de la chasse gardée, mais commanda également le renflouement de leurs effectifs. Quoi de plus naturel, dans les circonstances, que de faire appel à un (ou des) peuple (s) apparenté (s) par la langue, la culture et le mode de vie. Aussi, aux côtés des Montagnais et des Algonquins, furent présents à cette négociation de paix, des représentants de deux autres groupes : des Bersiamites et des Sorciers, c'est-à-dire des Népissingues[6]. Quant aux Bersiamites présents, c'est surtout leur nombre qui étonne. Principaux intéressés dans ce traité de paix, puisque c'étaient eux qui devaient bénéficier de l'enterrement de la hache de guerre, ils étaient les moins représentés : deux Bersiamites, contre trois Népissingues et plusieurs Montagnais et Algonquins.

---

6. La présence des Népissingues aux côtés des Algonquins, qui les qualifiaient de Sorciers afin d'empêcher Champlain de prendre contact avec eux, et des Bersiamites aux côtés des Rats-Musqués, qui les massacraient lorsqu'ils approchaient de Tadoussac, est un indice des plus révélateurs de la profonde réorganisation des rapports entre les divers peuples nomades.

Cette disproportion fort significative de la représentation traduit les intérêts en jeu. Ce furent les Rats-Musqués qui prirent l'initiative des négociations entre leurs voisins et leurs traditionnels alliés de la péninsule acadienne. La formule du missionnaire est ici très explicite : Siméon Boyer, chef de Tadoussac, servait de truchement aux Bersiamites (*MNF*-6 : 693). Or, si « truchement » renvoie à la notion d'interprète, il signifie moins ici le sens de traducteur que le sens de porte-parole, représentant, de celui qui prend la parole et qui négocie au nom d'autrui. Les Rats-Musqués venaient donc parlementer avec les Micmacs afin de les convaincre de mettre un terme à leurs raids contre leurs voisins de la rive nord. Ces Rats-Musqués, qui massacraient autrefois les Bersiamites rôdant trop près de Tadoussac, entendaient au début de la décennie 1650 établir avec eux quelque base de commerce (*MNF*-8 : 313-315), voire comptaient sur leur apport pour se maintenir en autorité à l'embouchure du Saguenay. Dans cette perspective, les Rats-Musqués devaient imposer la paix sur la côte et convaincre les Micmacs, qui les pourchassaient, de cesser d'affaiblir les Bersiamites, puisqu'ils comptaient sur eux pour renflouer leurs effectifs. Aussi, dès mai 1646, peu avant le début de ces pourparlers de paix, les jésuites notaient dans leur journal qu'on signalait alors à Tadoussac la présence de « dix grandes cabanes de sauvages, entr'autres des Bersiamites » (*MNF*-6 : 716). Les Rats-Musqués avaient déjà entrepris d'ouvrir Tadoussac à leurs voisins en les intégrant à leur communauté et entendaient faire comprendre aux ennemis traditionnels des Bersiamites, que ceux-ci étaient désormais considérés comme alliés et associés à leur tribu. Aussi, le chef de Tadoussac prit-il la parole tant au nom de sa tribu que de celle de ce peuple amalgamé, sur lequel s'étendait désormais sa protection.

Dans la même perspective, les Rats-Musqués cherchèrent à combler leur déficit démographique par le biais de l'adoption d'Abénaquis. Lorsque se mit en branle le projet missionnaire dans les pays de l'Atlantique, le chef Negabamat offrit d'y conduire le père de Quen. Cette offre servait autant l'objectif des jésuites que ceux de sa tribu. En perte de vitesse au plan démographique et au plan militaire, les Rats-Musqués comptaient bénéficier de l'arrivée d'Abénaquis dans la zone laurentienne ; ces guerriers viendraient renforcer leur position sur l'un et l'autre plans. Ce dessein se solda-t-il par quelque succès ? Du moins, dès les débuts de la décennie 1670, les missionnaires couchèrent aux registres de Sillery des baptêmes d'enfants nés de couples christianisés abénaquis-monta-gnais (*RS* : 206, 208, 215).

L'ouverture du Saguenay et des terres de Tadoussac fit également con-verger de multiples peuples vers la nouvelle mission permanente de Sainte-Croix. D'abord des Algonquins qui, parmi les premiers, souffrirent des visées exterminatrices iroquoises. Mais aussi des Papinachois, qui s'y retrouvèrent en assez grand nombre pour avoir part à la «gestion» du lieu ; en effet, dès le milieu du XVIIe siècle, les missionnaires signalèrent la pré-sence de deux capitaines de groupes distincts vivant à Tadoussac, l'un montagnais[7] et l'autre papinachois (*MNF-7* : 766). Par ailleurs, au cours de la seconde moitié de la décennie 1640, Tadoussac prit un caractère bilingue, indéniable indicateur de l'étiolement de la chasse gardée : à la demande du «capitaine de Tadoussac» qui souhaitait, pour lui et sa troupe, l'administration du sacrement de pénitence, afin de faire également la paix avec Dieu, le missionnaire acquiesça, «à condition toutefois, qu'il adver-tiroit ses gens de s'expliquer en la langue algonquine et non montagnaise» (*MNF-6* : 692). Avec l'ouverture de la chasse gardée, l'affût de catéchu-mènes fut tel qu'un seul missionnaire ne suffit plus à la tâche (*MNF-8* : 127). Et pour cause, «huict à neuf cens Sauvages de divers endroits» accoururent à Tadoussac à l'été de 1651, tant sous la pression de l'avancée iroquoise et de l'impératif économique de la traite des fourrures, que par un désir de répondre à l'appel de l'évangile. Dans la chapelle nouvellement dressée, on chantait «les louanges de Dieu en françois, en huron, en algon-quin, en montagnets et en langue canadienne, miscouienne» (*MNF-8* : 299). Les Miscouiens étaient par ailleurs suffisamment nombreux pour

---

7. À moins que ce Montagnais ne fût Algonquin, car le dernier capitaine connu de Tadoussac, Georges Étouet, en était un. On notera la discordance sur sa véritable appar-tenance ethnique : d'après Campeau, il était montagnais, d'après Monet, auteur de la notice du *DBC*, il était algonquin. Le père Lalemant semble donner raison à Monet : «Georges Etouat, capitaine de Tadoussac, donna le quartier plus abondant en chasse à Noël Negabamat, par une charité vraiment chrétienne et par une coutume qui n'a rien de barbare au milieu de la barbarie. C'est que les capitaines d'un païs donnent toujours l'avantage aux capitaines des autres nations qui viennent chasser en leur distric» (*MNF-7* : 342). Or, Negabamat est un chef montagnais ; si on parle *d'autres nations*, n'y a-t-il pas lieu de suivre le raisonnement de Monet et de faire d'Étouet un chef algonquin ? Bien que formulé quelques années plus tard, le témoignage de Courville, qui n'identifiait à Tadoussac que des Algonquins et des Papinachois, viendrait corroborer cette interpréta-tion (C¹¹A-6 : 435vº).

que le père Martin de Lyonne, habile en langue micmaque, s'y arrêtât, en 1650, afin de dispenser son apostolat auprès de ces visiteurs venus du littoral atlantique (*MNF*-7 : 789).

La consolidation des forces du levant opposées aux Cinq-Nations, que permettait ce changement de cap de la part des Indiens de Tadoussac, tombait à point nommé. Alliés traditionnels des Algonquins que les Iroquois poursuivaient jusqu'à l'extinction, les Montagnais avaient en effet tout intérêt à grossir leurs effectifs guerriers, puisqu'ils n'échapperaient pas à la vindicte des Agniers. En 1653, par exemple, ce fut aux côtés des Gaspésiens et des Etchemins qu'on les vit «allans en guerre contre les Iroquois» (*MNF*-8 : 633). L'année suivante, ce fut en compagnie des Algonquins et des Hurons, qu'ils écoutaient faussement parler de paix par les ambassadeurs agniers (*MNF*-8 : 671). Ce regroupement des effectifs militaires s'imposait d'autant plus que les Iroquois allaient bientôt faire retentir leurs cris de guerre loin du côté du nord-est, à la suite de leur cuisant revers du côté de l'ouest contre les Sauteux et les Mississagues, qui avaient accueilli des réfugiés Hurons (Eid, 1979). Affaiblie par son long contact avec les Européens, qui lui avaient apporté petite vérole et gros alcool, la coalition laurentienne se posait en ennemi moins redoutable que le Conseil des Trois-Feux.

Les membres de la coalition laurentienne ne tardèrent pas à réaliser la duperie de la «paix feinte» de 1645. Dès 1647, les Iroquois massacrèrent les Algonquins réunis à Trois-Rivières et jetèrent la panique parmi les «Montagnets qui chassoient ès environs de Kébec et de Saint-Joseph» (*MNF*-7 : 145). Certains parmi ces derniers semblent même avoir poussé leur retraite jusqu'à Gaspé (*MNF*-7 : 444), où ils ne devaient pas être plus à couvert puisque même les Micmacs de la région, «dans les craintes et appréhensions des mains des Hiroquois», fuirent à Miscou, au «bruit que l'ennemy avoit paru» (*MNF*-6 : 390). Premier théâtre de ces raids contre les Montagnais, la région trifluvienne fut sous constante menace durant plusieurs années. En mai 1652, les Iroquois dévastèrent de nouveau le pays des Attikamègues où les Algonquins allaient en traite ; en signalant qu'à cette occasion le fils du capitaine montagnais de Sillery perdit la vie, les jésuites témoignaient que les Montagnais figuraient parmi les victimes (*MNF*-8 : 380).

L'accroissement des hostilités poussa les Iroquois jusqu'à Tadoussac, soit profondément en territoire montagnais. En date du 10 août 1659, le

Journal des jésuites rapportait «qu'un Iroquois avoit tué sur l'islet de Tadousac une Montagnèse» (*MNF-9*: 386). L'année précédente, «deux cents Agnéronnons estoient partis pour s'en aller [...] vers Tadoussac, [...] pour surprendre ensuite tous les Montagnets et les Algonquins qui retournent ordinairement de leur grande chasse» (*MNF-9*: 269). Vers la même époque, une «autre bande partit [...] à dessein d'aller renverser tout ce qu'elle rencontrera[it] soit au Sagné, soit à Tadoussac» (*MNF-9*: 274). Fut-ce ce parti ou un autre? Du moins, les jésuites constatèrent peu après que, dans le pays où prennent source les rivières coulant vers la mer du Nord, «trois nations [avaie]nt esté désolées depuis deux ou trois ans par l'Iroquois et contraintes de se réfugier chez les autres plus éloignées» (*MNF-9*: 471). L'hécatombe s'amplifia: au début de la décennie 1660, une quatrième tribu victime fut identifiée: l'ennemi iroquois avait «surpris la nation des Escurieux, à quelques journées [de Nicabau], il l'a défaite entièrement et a jetté un tel effroy dans tous les peuples circonvoisins qu'ils se sont tous dissipez» (*MNF-9*: 598). Déjà en 1658, à peine au mi-temps de cette guerre iroquoise, le père Gabriel Druillettes tirait un triste bilan: «Les ennemis tuent les ouailles et les pasteurs. [...] La porte est quasi partout fermée à l'évangile. Tout n'est pas encore perdu. La mission de Tadoussac, des Porcs-Epics, des Poissons-Blancs et des peuples qui les fréquentent, la mission des Abnaquiois, des Hurons et des Algonquins qui sont restez subsiste encore» (*MNF-9*: 279-280). Mais pour combien de temps?

En 1661, Tadoussac, assiégé, fut déserté. Ceux qui y habitaient, «soit de François, soit de sauvages, au nombre de plus de cent âmes», avaient dû l'abandonner et retourner à Québec (*MNF-9*: 633). Ceux qui le fréquentaient annuellement n'osaient plus y paraître (*MNF-9*: 494). Afin d'éviter d'être de nouveau la cible des arquebuses iroquoises, ces Indiens choisirent l'automne suivant d'aller hiverner sur la rive sud; ils n'échappèrent pas pour autant aux poursuites de l'ennemi (*RJ-47*: 166). Encore durant l'hiver de 1663, les Iroquois semèrent la terreur vers l'Acadie et dans l'arrière-pays montagnais, forçant ces Indiens «quoy que bien écarté vers le Nord» à chercher refuge du côté de Québec (*RJ-48*: 60).

L'ennemi rôda encore l'hiver suivant, obligeant les Indiens des environs de Tadoussac – Algonquins, Papinachois et Rats-Musqués – à se «renfermez dans un fort de pieux» (*RJ-48*: 278). Leurs congénères disséminés dans l'intérieur des terres n'échappèrent pas aux incursions des

Iroquois qui allèrent, en trois bandes, « chercher du costé du Nord, des peuples à massacrer ». Une escouade d'une trentaine de guerriers envahit « le païs des Mistasiriniens ». Un autre parti aussi nombreux monta au lac Saint-Jean mais les Montagnais qu'ils rencontrèrent surent résister à l'attaque en optant pour une action offensive. Leur victoire relative trouva la route de l'histoire par la voie des missionnaires qui en furent informés. Les Mistassins n'eurent vraisemblablement pas autant de veine que leurs voisins ; les *Relations* ne font pas état de l'escarmouche, mais le titre évocateur de ce chapitre – « Guerre des Iroquois. Leur victoire, & leur défaite au lac de Piagouagami » – laisse peu de doute sur l'issue de ce second affrontement. Quant à la troisième bande iroquoise, tout laisse croire qu'elle fut tout aussi triomphante, puisqu'elle semble n'avoir épargné aucune victime qui aurait pu témoigner de l'événement : « Nous n'avons pas bien sceû l'endroit où les autres estoient allez » (*RJ*-50 : 36).

L'arrivée du régiment de Carignan, qui venait pour imposer la paix aux Iroquois, sauva la colonie française mais, pour bien des peuples autochtones du nord, ce généreux geste de Louis XIV arrivait trop tard, plusieurs d'entre eux avaient déjà été exterminés (Jenness : 274). Comme en témoigna Charles Aubert de La Chesnaye sur la fin du XVIIe siècle : « Ce fut dans ces temps que les Iroquois, ayant poussé tous leurs voisins, entrèrent dans le Saguenay et dans les profondeurs des terres, où ils ont massacré la plupart des Sauvages, leurs femmes et leurs enfants [...] Un si grand désordre a jeté les dits Sauvages dans des craintes continuelles, les a empêché de faire leurs chasses, ce qui a causé la famine et la mort de quasi tous » (C^{11}A-7 : 228).

La présence de soldats sur l'axe Saint-Laurent–Grands Lacs n'effaçait pas toute crainte dans les régions nordiques. Encore en 1674, les Indiens du Saguenay croyaient que les Iroquois étaient en marche et qu'ils avaient surpris un parti des leurs au lac Kénogami. Malgré leur « crainte continuelle d'être rencontrés par les Iroquois », le père François de Crespieul et son guide se rendirent dans le Haut Saguenay, où ils trouvèrent, « dans une enceinte fortifiée, afin de s'y mettre à couvert et en défense », une bande « au nombre de quatre-vingts hommes bien décidés ». Sur les lieux, ils apprirent que « le meurtre qui avait causé cette panique générale ne s'était pas fait si près [d'eux], mais au lac de Piécouagami ». Ces Indiens du lac Saint-Jean avaient eux aussi préparé leur système de défense et projetaient de « s'assembler en grand nombre pour attaquer les Iroquois, le printemps prochain » (*RJ*-59 : 38-40).

Au début de la décennie 1670, les « petites nations » du nord sentirent, elles aussi, le besoin du soutien militaire français. Si Onontio voulait leurs fourrures, il devait les débarrasser de leurs ennemis. Sollicités par le père Albanel de reprendre leur « ancien chemin du Lac S. Jean », puisque c'étaient les Français et non les Anglais de la mer du Nord qui avaient « deslivré tout ce païs des incursions des Iroquois » (*RJ*-56 : 172-176), des Mistassins choisirent de descendre à Québec « afin d'aller présenter leurs respects à M. de Frontenac » et solliciter « sa protection contre l'Iroquois » (*RJ*-59 : 44).

Au terme de ces guerres iroquoises, un premier constat s'impose : les Montagnais, désormais trop peu nombreux, ne furent plus en mesure de maintenir leur présence à l'embouchure de la rivière Saint-Maurice, comme le confirment les registres d'état civil de Trois-Rivières. De nombreux survivants déclinèrent alors l'invitation des missionnaires à se fixer auprès des nouvelles missions et choisirent de se réfugier du côté de la baie d'Hudson. Comme la vague d'escarmouches de la première moitié du XVIIe siècle, cette période de guerres intenses entre les Agniers et les tribus montagnaises du nord-est n'avait pas, seule, frappé ces peuples. La famine, les épidémies et les méfaits de l'alcool s'y joignirent pour les décimer encore davantage. D'une part, les incursions répétées engendraient la crainte, ce qui avait comme incidence directe de garder les Montagnais dans des lieux fortifiés, les empêchant de vaquer à leurs activités régulières dont celles de la chasse pour leur subsistance. La sécurité garantie des lieux « les plus ingrats » se payait d'un ventre creux : « chercher sa vie de montagne en montagne, point de provisions asseurées, sinon celles que fournit la providence, laquelle ne veut pas toûjours faire miracle, pour transporter les orignaux, comme elle faisoit autres-fois pleuvoir des cailles » (*RJ*-47 : 166). D'autre part, la présence des Iroquois sur les territoires de chasse montagnais augmentait le nombre de bouches à nourrir et réduisait d'autant les portions, voire les chances de se mettre quelque chair d'orignal sous la dent (*RJ*-48 : 284). Ces conditions exceptionnelles fragilisaient encore un peu plus la survie hivernale largement tributaire des variations climatiques. Leurs funestes conséquences se lisent en quelques occasions dans les registres d'état civil ; la recrudescence des actes de sépulture dans les registres de Tadoussac produit pour les années

1675, 1677 et 1687 des pointes de mortalité qui trouvent leur explication dans une continuelle « disette des vivres » (*RJ*-60 : 250). Non seulement les missionnaires mais aussi les marchands relevaient ces dépérissements humains et fauniques, comme l'écrivait le gouverneur Joseph-Antoine Le Febvre de La Barre, en novembre 1684 : « La traite de Tadoussac s'en va ruynée par la grande mortalité des Sauvages de ces quartiers. Et parce que les pays du Nord ou elle se fait sont presque absolument depeuplez d'orignaux et de castors » (C^{11}A-6 : 352). Raréfaction des ressources alimentaires qu'accentuait un climat défavorable : « Il n'y a rien de plus à craindre qu'un hiver doux » n'amenant pas ces hauteurs de neige qui ralentissent les élans de l'orignal ; « les belles saisons causent les grandes famines », comme le notait le père Bailloquet, au début de la décennie 1660 (*RJ*-47 : 166)[8].

... Et les beaux vaisseaux de France contaminent ! « La petite verolle qui fait autant de ravages parmy ces peuples, que la peste & l'extremité de la faim & du froid, ont esté les principales maladies, qui ont affligé cette miserable colonie ; & qui nous ont enlevé environ deux cens cinquante personnes, tant Montagnais qu'Algonquins, Papinachois & Gaspésiens, de la Mission de Sillery & de Tadoussac », déploraient les jésuites en 1670 (*RJ*-53 : 58). Pour la seule mission de Tadoussac, le père François Le Mercier se contristait cette année-là que « la maladie contagieuse » ait, au cours de l'hiver, enlevé « plus de six vingt personnes » (*RJ*-53 : 78). Quelques familles souriquoises séjournant sur la rive sud du fleuve contractèrent le virus en contactant le missionnaire : « la maladie les attaqua, & les enleva presque tous » (*RJ*-53 : 70). L'épidémie de 1670 fut particulièrement destructrice, au point que les jésuites concluaient ce chapitre de leur relation sur ces lugubres propos : « La mort de tant de Sauvages a touché sensiblement le cœur de Monseigneur de Petrée nôtre Evesque » (*RJ*-53 : 94). Dix ans plus tôt, une maladie contagieuse tout aussi mortelle et dévastatrice avait moissonné à Tadoussac « la pluspart de ceux qui en estoient saisis » (*MNF*-9 : 588). Sous le regard direct des missionnaires, la vie à cette mission, comme à celle de Sillery, était scrupuleusement rapportée dans les *Relations*; aussi, l'éclosion d'une épidémie trouvait forcément sa narration. Toutefois, ces fléaux bactériologiques décimaient aussi les populations autochtones échappant à

---

8. Champlain faisait les mêmes observations sur les conséquences des hivers doux (*WSC*-2 : 249).

l'observation des jésuites. Quelle trace l'infection parmi les Kakouchak aurait-elle laissée dans l'histoire si le père de Quen n'était pas monté au lac Saint-Jean en 1647? Descendus à Tadoussac à la suite de l'ouverture de la chasse gardée, ces Indiens vécurent leur première rencontre avec la «civilisation». Le choc microbien les frappa de front. «A peine furent-ils retirez, [s'étonnaient les jésuites] que la mort se jetta sur ces petits innocens et la maladie, sur une grande partie de leurs parens» (*MNF*-7: 171). Informé de ce malheur, le père de Quen voulut compléter son œuvre apostolique et entreprit son voyage. En voulant consoler ses catéchumènes, se doutait-il qu'il allait accélérer l'introduction du septième sacrement? À son second voyage, en 1652, il rencontra en chemin moult «tombeaux de trépassés». Parvenu à destination, «trois Cabane[s]» de mourants l'attendaient pour l'extrême-onction. Venus à Tadoussac l'été précédent, les habitants de ces cabanes «furent saisis d'une maladie à leur retour qui en égorgea plusieurs» (*MNF*-8: 307).

Toutes ces «nouvelles» tribus approchées par les missionnaires et les trafiquants devenaient autant de champs pour la Faucheuse. Combien de ces Papinachois, combien de ces Mistassins, combien de ces Oumamiouek, combien de tous ces autres peuples autochtones dont on ne trouve qu'une ou deux mentions dans les *Relations*, succombèrent-ils à ces maux étranges et étrangers, avant que «le regard qui mémorise par la main» ne les rendit familiers? Le père de Crespieul écrivait, en 1673, que les Mistassins avec lesquels il fit le voyage de retour vers Québec furent presque tous malades et que quatre ou cinq d'entre eux, parmi les plus âgés, étaient décédés. Laconiquement, il ajoutait: «Ces bons Sauvages n'avaient point encore vu de missionnaires avant moi» (*RJ*-59: 44)! Le cas des Mistassins s'applique à toutes ces «petites nations» et ne découvre que la pointe de l'iceberg épidémique.

Par ailleurs, dans des zones comme Tadoussac, depuis si longtemps en contact avec le monde européen, n'est-il pas étonnant que les virus importés fissent encore autant de ravage? Assurément, les victimes devaient davantage se compter parmi les nouveaux catéchisés qui côtoyaient de fraîche date les missionnaires. Ne serait-ce pas là un autre indice que les populations montagnaises de Tadoussac se renouvelaient par l'affût de nouveaux habitants?

Alors que l'analyse des mentions de territoire pointait vers un rétrécissement de la zone montagnaise à la région du Domaine du roi, dans la seconde moitié du xviie siècle, une étude sommaire des occurrences du terme « montagnais », pour la même période, confirme une modification dans son emploi. En 1653, par exemple, dans une lettre en italien envoyée à Rome, le père François-Joseph Bressani informait que sa congrégation avait fondé deux missions en Nouvelle-France, l'une pour les Algonquins et les Montagnais, peuples nomades et de langues apparentées, l'autre pour les Hurons, peuple sédentaire et d'une langue très différente. En 1660, le père Jérôme Lalemant, dans la colonie depuis 1638, notait au *Journal des jésuites* la reconnaissance d'un canot iroquois « par une 20e de Montagnés ou Algonquains » (*MNF*-9 : 520). En 1662, les *Relations* titraient leur troisième chapitre : « hivernement du père Pierre Bailloquet, avec les Montagnais & les Algonquins » (*RJ*-47 : 160). On aura remarqué que, jusqu'ici, outre l'entrée au *Journal*, les deux termes évoquent encore deux réalités distinctes, quoique fort associées. En 1664, les jésuites titrèrent d'une bien curieuse façon le deuxième chapitre de leur relation : « Des Eglises algonkines vers Tadoussac » (*RJ*-48 : 279) ; à croire que les Rats-Musqués étaient définitivement amalgamés à leurs anciens confrères de l'Alliance. En 1670, après la fin des raids iroquois dans la région de Québec et en aval, et alors que la région de Tadoussac avait été pratiquement désertée, comme le constatait le père Le Mercier (*RJ*-53 : 76-78), les jésuites titraient de nouveau de façon fort évocatrice le troisième chapitre de leur relation : « De la mission de Sainte Croix dans le païs des Algonquins inferieurs, ou Montagnais, vers Tadoussac » (*RJ*-53 : 58). Le même ethnonyme emberlificoté revenait dans la relation de 1673-1674, de la main du père Claude Dablon, qui avait lui-même exploré le Domaine du roi en 1661 (*RJ*-59 : 24). Après cinquante ans de vie dans la langue française, le terme « montagnais » perdit de sa spécificité par rapport au terme « algonquin », à moins que ce ne fût ces peuples qui ne se démarquassent plus assez l'un de l'autre ?

Les reconnaissant de la même famille linguistique, les missionnaires eurent tôt fait de les associer : « Les Algonquains, qui ne diffèrent des Montagnaits que comme les Provençaux des Normands, ont une prononciation tout à fait gaye et gentille », notait le père Le Jeune en 1633 (*MNF*-2 : 419, 443). Pour sa part, Campeau constate une raréfaction de l'appellation « montagnais » qui semble correspondre, chronologiquement, à cette réduction des effectifs militaires. À partir de 1643, soutient-il, les *Relations* tendent à substituer les Algonquins aux Montagnais :

« L'habitude paraît se prendre lentement de comprendre sous le nom d'Algonquins les Montagnais auxquels la réduction de Sillery était destinée en propre » (*MNF-5* : 692/3). À preuve, on pourrait citer cet extrait où le père Vimont tentait de faire voir le bien des missions, en montrant la différence observable entre les Indiens christianisés et leurs compatriotes « infidèles » : « Si quelquefois ils se trouvent meslez avec les Algonquins et autres nations plus hautes, on les distingue assez par la profession publique qu'ils font de toutes les vertus chrestiennes ». Si les Algonquins de Sillery relevaient fièrement la comparaison avec leurs congénères non baptisés, les Montagnais de cette même réduction ne méritaient même pas, pour leur part, d'être cités ! À tout le moins, dans le Domaine du roi, ces deux peuples ne tendaient plus à faire qu'une seule famille, remarquait le père Thierry Beschefer, en 1683 : « les montaignais ausquels se sont Joints maintenant quelques Algonquins » (*RJ-62* : 214), ou comme le notait le père Antoine Dalmas, dans les actes d'état civil qu'il consignait dans les registres de Tadoussac : « Ego Ant. Dalmas Societatis Jesu Sacerdos vices agens parochi Algonquiniorum et Montanensium, Chegoutimit » (*SRT* : 88). Par ailleurs, dans l'index de l'édition de 1858 des *Relations*, les renvois pour le terme « montagnais » cessent en date de 1645 ; pour les années subséquentes, il faut référer au terme « Sauvages de Tadoussac ». Voilà autant d'éléments qui étayent l'hypothèse voulant que, dès « la seconde moitié du XVIIe siècle, par l'effet des guerres, de la famine, des épidémies, du métissage et des mouvements migratoires, ces bandes [se fondirent] dans la "bande composite" » (Bouchard, 1995 : 12).

Dès lors l'ethnonyme « montagnais » perdit sa valeur sémantique d'origine. Notons d'abord qu'il se vida de son sens avant qu'on lui en infusa un nouveau. Sous la plume du père Vimont, en 1643, on lit : « Les religieuses ont receu et assisté cette année en l'hospital environ cent sauvages de diverses nations : Montagnez, Algonquins, Atticamègues, Abnaquiois, Hurons, ceux de Tadoussac et du Saguené, et quelques autres nations plus éloignées » (*MNF-5* : 714). Qui étaient donc ces Montagnais mentionnés par les missionnaires s'ils n'étaient ni ceux de Tadoussac, ni ceux du Saguenay, ni les Attikamègues ? Dans ce contexte précis, le père Vimont semble faire uniquement référence aux Montagnais christianisés de Sillery, en voie de disparaître sous l'appellation « algonquin ». Les *Relations* montrent pourtant ces Montagnais comme un groupe refusant l'amalgamation avec les Algonquins : « Le Père Buteux, qui estoit descendu des Trois-Rivières pour hyverner à Sillery, eust charge de l'instruction des uns et des autres, c'est-à-dire des Montaignets et des Attikamègues. Ils demeuroient ensemble, comme parlant mesme langue. Le Père Dequen eust pour sa part les Algonquins à enseigner » (*MNF*-5 : 658). Si les missionnaires perdirent graduellement l'habitude de mentionner les deux groupes, ceci semble moins le fait de leur fusion que la diminution des effectifs « purement montagnais ». Notons par ailleurs que ces derniers ne cessaient de se renflouer en recrutant parmi les Attikamègues, comme le montre l'œuvre missionnaire de Jean-Baptiste Etinechkaouat (*MNF*-6 : 335). Celui-ci ne se contentait pas d'exhorter les Attikamègues à la prière, il cherchait également à les gagner à certains de ses bienfaits matériels, comme le narraient les jésuites au début de la décennie 1640 (*MNF*-5 : 668, 680). Sa levée de néophytes porta fruit ; Sillery se peupla – momentanément, du moins – d'Indiens originaires du Haut Mauricien, ce qui valut à Jean-Baptiste Etinechkaouat le titre de « capitaine des Montaignais et Attikamègues qui font leur séjour ordinaire à Saint-Joseph » (*MNF*-6 : 74).

Dans cette conjoncture, il allait de soi que les missionnaires associassent Montagnais et Attikamègues. Sans hésiter, ils écrivaient, en 1643, que ces derniers étaient « peuples montagnets du costé du nord » (*MNF*-5 : 654). Ils étaient par ailleurs confirmés dans cette appréciation par leur empressement à répondre à l'invitation d'Etinechkaouat à se joindre aux Montagnais de Sillery pour leur catéchisation (*MNF*-5 : 679), alors que, trois ans plus tôt, ils avaient décliné celle des Algonquins de Trois-Rivières, « à raison qu'ils estoient différens d'humeur et de langue » (*MNF*-4 : 576). Cette différentiation initiale tendit à s'atténuer au fil des années. « Algonquin » qui s'imposait déjà sous la plume des jésuites, au détriment de « montagnais », en vint à confondre également les Attikamègues des missions. Ceux-ci se trouvèrent, plus souvent qu'auparavant, mentionnés comme alliés dans la lutte des premiers contre les Iroquois (*MNF*-6 : 365). Dans le *Journal des jésuites*, en l'année 1645, on lit : « On donna plusieurs choses aux sauvages algonquins ce mois icy par les mains du Père Vimont, entr'autres deux bariques de pois, quelques estoffes, etc. Ces sauvages estoient Noël [Tekouerimat] et Jean-Baptiste [Etinechkaouat] » (*MNF*-6 : 426). Or, si Tekouerimat, un des capitaines de Sillery, était bel et bien Algonquin, Etinechkaouat était le capitaine des Montagnais-Attikamègues.

Ces trois peuples réunis à Sillery, unis par les liens du sang, christianisés et vivant de plus en plus à la française, se dépouillaient de leur spécificité indigène. Les missionnaires les voyaient davantage comme un unique peuple autochtone gagné sur la barbarie, dont leurs origines comptaient maintenant pour si peu depuis qu'ils s'étaient faits de véritables enfants de Dieu. N'oublions pas que, pour les jésuites de l'époque, il n'y avait, au fond, que trois « nations » : des chrétiens, des hérétiques et des infidèles ! Seuls ces derniers méritaient quelque ventilation puisqu'ils n'étaient pas tous affectés d'une même propension à l'évangélisation. Et les Attikamègues, « d'un naturel doux et facile », qui recevaient avec une docilité prodigieuse les préceptes de la foi chrétienne, ne devaient-ils pas disparaître plus rapidement que les autres (Dawson, 2003), d'autant plus qu'ils étaient peu populeux[9] ?

L'agglutination d'Attikamègues aux Montagnais, avant même que ne déferlât sur les peuples du nord-est la vague iroquoise dévastatrice, imprimait un nouveau sens à cet ethnonyme : il ne désignait plus les Rats-Musqués de la région de Tadoussac, de moins en moins nombreux. Mot en quête de sens, puisque le signifiant s'était retrouvé sans signifié, il en retrouva un en passant au général, délaissant le particulier. Désormais, soit dès la deuxième moitié du XVIIe siècle, ce fut le plus souvent dans un sens générique qu'il justifia sa présence sous la plume des observateurs. Ainsi, peu à peu, s'opéra le glissement qui permit aux administrateurs de la ferme de Tadoussac, un siècle plus tard, d'écrire : « Les sauvages montagnais [sont] divisés en plusieurs nations sous les noms particuliers de Mistassins, Chichertigaux, Papinachois, Nascapis &a habitués dans la profondeur des terres du Domaine » (C[11]A-109 : 159v°).

Effectuant un voyage en Nouvelle-France, au début du XVIIIe siècle, le jésuite Pierre-François-Xavier de Charlevoix rapportait que les Indiens de Tadoussac avaient changé de figure vers 1651, alors qu'ils venaient d'ouvrir la chasse gardée : « Outre les Montagnez, qui étoient les Habitans naturels des environs de Tadoussac, on voyoit encore souvent dans ce

9. Lorsque les missionnaires écrivaient que les Attikamègues étaient « une nation du nord des plus considérables », il faut y voir là une amplification nécessaire pour des levées de fonds afin de soutenir leurs missions. Comme le soutient Campeau, si l'on devait qualifier les Attikamègues de « considérables », ce serait moins par leur population que par le fait qu'ils étaient en contact avec plusieurs autres tribus auxquelles ils pouvaient donner accès (*MNF*-7 : 780).

Parti des Bersiamites, des Papinachois, des Oumamiouecks » (*HDGNF-1*: 308). Ces propos du missionnaire-historien ne perdent pas de leur pertinence malgré leur éloignement dans le temps des événements relatés. Ce père s'inspirait vraisemblablement de la publication de François Du Creux, parue en 1664, qui faisait déjà état de cette transformation survenue vers 1650 à Tadoussac, alors que ce lieu était désormais régulièrement fréquenté par les Papinachois et les Oumamiouek (Du Creux : 580-581). Pourtant, dès le mitan de la décennie 1640, d'autres missionnaires notaient cet afflux d'étrangers sur le territoire traditionnellement occupé par les Montagnais : ceux-ci « se sont rendus à Jésus-Christ, qui semble les vouloir repeupler par un bon nombre de sauvages qui abordent là de divers endroits, pour voir de leurs yeux ce qu'ils apprennent par leurs oreilles, qu'il y a des hommes bastis comme eux qui prêchent et qui publient les grandeurs de Dieu » (*MNF-6* : 595-596).

Ces observations consignées en 1646 confirment l'intrusion de nouveaux groupes dans la zone montagnaise. Ces tribus descendaient à Tadoussac « par petites troupes les unes après les autres » (*MNF-6* : 600). Cette même présence missionnaire, vecteur des épidémies et de la sujétion à une économie faunivore, qui avait contribué à faire disparaître de ces lieux les peuples qui y habitaient traditionnellement, devait, par son rayonnement évangélique, œuvrer à son repeuplement. Impuissants devant la mort qui moissonnait dans leur champ apostolique – tant à Tadoussac, qu'en Huronie et parmi les Algonquins –, les jésuites réussirent malgré tout, pour un temps, à contrer les effets de l'effritement montagnais dans la zone tadoussacienne, en « all[ant] chercher des nations bien loin », écrivaient-ils aux premières années de la décennie 1640 (*MNF-5* : 699).

On a déjà noté le regain magistral de Tadoussac enregistré en 1652, alors qu'un chœur multidialectal faisait vibrer de ses plus beaux cantiques, les très particulières « voûtes » de la chapelle de Tadoussac. Ce caractère cosmopolite ne s'estompa pas au cours des décennies suivantes. Une dizaine d'années plus tard, au paroxysme des guerres iroquoises, Tadoussac étant trop exposé, la communauté montagnaise se retrouva dans les îles avoisinantes, mais ne perdit rien de son caractère bigarré : « nous trouvasmes en cette Isle tous nos Sauvages, tant Papinachois, que d'autre Nation, qui faisaient en tout soixante & huit » (*RJ-48* : 278). Après la période des incessantes incursions iroquoises, Tadoussac affichait toujours ce visage diversifié, et pour cause. L'Agnier qui était entré « dans le Saguenay et dans la profondeur des terres [y avait] massacré la pluspart des sauvages, leurs femmes et enfans, tres souvent dans Tadoussac mesme [et il avait jeté] un si grand desordre [qu'il les avait] empesché[s] de faire leur chasse ce qui leur a produit la famine et la mort quasi de tous », observait-on vers 1683 (C^{11}A-7 : 224). Des groupes formés de gens des différents peuples hivernaient des deux côtés du Saint-Laurent ; pour administrer les sacrements à ceux de la rive sud, les jésuites créèrent la « Mission des montagnez du sud », regroupant des « papinachois [et] d'autres montagnets », que desservit le père Henri Nouvel au début de la décennie 1660 (*RJ*-47 : 308).

La récente période de haute turbulence dans la communauté montagnaise modifia non seulement sa composition mais déplaça également son centre d'activité. Au milieu de la décennie 1670, Tadoussac céda le pas devant Chicoutimi, qui devint le principal lieu de rassemblement (*RJ*-60 : 244). Par ce déplacement vers l'ouest, la mission jésuite donna encore plus d'expansion au terme « montagnais », puisque désormais les multiples « petites nations » de l'axe lac Saint-Jean–baie James y furent directement comprises. En les faisant enfants de Dieu, le baptême ne transformait-il pas également ces peuples du nord en Montagnais[10] ?

Décimées, les tribus témoins des premiers débarquements d'Européens se fondaient aux débris d'autres peuples évangélisés et maintenaient une présence montagnaise dans l'ancienne chasse gardée. Deux missionnaires, l'un sur la côte, l'autre dans les terres, assuraient le service auprès de ces rescapés « Algonkins Montaignés et papinachois et autres [entrés loin] dans les bois » (*RJ*-60 : 146), écrivait le père Jean Enjalran en octobre 1676. Et ce vaste territoire appelé Domaine du roi, terre dite montagnaise, devint le nouveau territoire de multiples groupes disloqués et dispersés par les événements des dernières décennies.

Les Montagnais des dernières décennies du Régime français

La transformation ethnique observée dans le Domaine du roi se transporta immédiatement dans la cartographie, qui fit de plus en plus usage d'ethnonymes indiens à consonance française, comme Chicoutimiens,

10.   Comme l'esclavage changeait tout Indien en *Panis* (Trudel, 1960 : 66).

Tadoussaciens, Nicabauistes, Chomonchouanistes et Piékouagamiens. Inexistantes au xviie siècle, ces appellations se multiplièrent au cours du siècle suivant. Cet usage cartographique emprunta vraisemblablement à la carte du Domaine du roi, dressée par le père Pierre-Michel Laure et retouchée par la suite par le dilettante Edme Guyot, puisque, pour tous les ethnonymes ci-haut énumérés, la première mention apparaît dans cette fameuse carte de 1731, de la main du missionnaire. On pourrait croire qu'il s'agissait là d'une fantaisie popularisée par quelque francophile cherchant à rendre plus lisibles les noms de peuples indiens, qui n'avaient aucune résonance dans la réalité coloniale ; pourtant, le père Laure n'hésitait pas à parler des Apitchigamiouek, des Attik-Iriniouek, des Attikouamiouois, des Gesseriniouek, des Mouchaouau-Iriniouek, des Niptsch-Iriniouek, des Nitchik-Iriniouek, des Outchestigouek, des Oumatachi-Irinoue ou des Outchichagamioue. Ces «petites nations» du nord, encore peu connues, avaient vraisemblablement conservé leur identité et leur homogénéité primaire. Il allait donc de soi de les signaler par une dénomination spécifique empruntée à une façon autochtone de les désigner, mais les peuples sur la frange méridionale du Domaine du roi, brassés depuis plus de soixante ans par les guerres, les famines et les épidémies, n'offraient plus une telle unité.

Cette francisation des ethnonymes autochtones n'était pourtant pas une innovation lancée par le père Laure. Quelques décennies avant lui, Antoine-Denis Raudot avait parlé des Chicoutimiens. Dans une énumération des peuples habitant dans l'axe Labrador–rivière des Outaouais, il donnait à la suite : «Chicoutimiens, Papinachois, Montagnais» (*RLAS* : 98). Si la différenciation entre Papinachois et Montagnais reste des plus classiques, celle entre Chicoutimiens et Montagnais surprend d'autant plus qu'elle contredit les observations du père de Quen, premier Européen à poser le pied à Chicoutimi, qui n'y avait relevé aucun peuple particulier lors de son voyage en 1647 (*MNF-7* : 175). La date de cette lettre de Raudot, 1709, pourrait bien, pourtant, être fort éclairante pour expliquer ce changement radical dans la perception que les coloniaux avaient des peuples du nord. Il convient de rappeler ici, brièvement, l'état déplorable du Domaine du roi en ce début de xviiie siècle, alors que la concurrence exercée à la baie James effritait depuis plusieurs années ce monopole de traite.

Les problèmes de la Traite de Tadoussac devinrent particulièrement criants au cours de la décennie 1680. Son déclin était dû, entre autres, observait-on, à « la fuitte et mortalité des Sauvages, [et au] voisinage et [à] l'attrait des Anglois de la Baÿe d'hudson » (C^{11}A-7 : 266). Un autre mémoire de la même époque notait l'absence tragique d'autochtones dans l'ancien pays des Rats-Musqués : « il y avoit anciennement beaucoup de Sauvages qui faisoient de grandes chasses aux environs [de Tadoussac] » (C^{11}A-10 : 172v°). La rareté des bêtes à peler et des âmes à convertir était telle, en cette fin de XVIIe de siècle, que les jésuites décidèrent de fermer leur mission à Métabetchouan en 1696 (Bouchard, 1989 : 142 ; Dragon : 270). Cette double pénurie qui frappa d'abord la région méridionale du lac Saint-Jean s'étendit progressivement aux autres zones du Domaine, si bien que les jésuites procédèrent, en 1702, à la fermeture de la mission de Chicoutimi. Les profits de la traite se ressentirent vivement du départ des chasseurs et des missionnaires et, pour maintenir un minimum de rentabilité, les adjudicataires d'alors, Denis Riverin et François Hazeur, multiplièrent leurs efforts ; ce qui conduisit à une exploitation excessive des ressources fauniques qui eut de profondes incidences sur le repeuplement (C^{11}A-6 : 152). À cette pratique mercantile, il faut encore ajouter les déprédations commises par les Abénaquis et les Hurons. Dans une lettre au ministre Louis Phélypeaux de Pontchartrain, Hazeur dénonçait l'entreprise « de plus de cent hommes sauvages Abenaquis et hurons nos alliés qui contre la coutume et le droit des gens furent se camper l'hiver de l'année 1705 sur les limites de la ditte sousferme aux environs du Lacq St. jean où ils firent une chasse considérable de pelleteries au préjudice des Algonquins et Montagnais habitants de ce poste qu'ils en chasserent » (C^{11}A-27 : 55v°). Exercice de dévastation plus qu'exercice de chasse, ils réduisirent à la famine les habitués naturels des lieux, en tuant « tous les orignaux [...] aussi bien que tous les castors grands et petits, jusqu'aux cabannes qu'ils ont détruits » (C^{11}A-25 : 76v°). Leur garde-manger et leur garde-robe traditionnels ainsi vidés, les Indiens habitués du Domaine furent contraints à l'exil « vers les Anglais de la baie du Nord » (C^{11}A-27 : 55v°). Ces exactions ajoutaient simplement à la dureté du mode de vie nomade qui liait la survie à la nature. Le commis de Chicoutimi prévenait Hazeur, la même année, de ne pas trop compter sur les fourrures des Mistassins : « Je crains Beaucoup du costé des petits mistassins, les sauvages du lac les croyent tous morts de faim, l'année ayant êsté mauvaise pour Eux » (C^{11}A-25 : 85).

Comme le corrige le père Dragon dans son étude sur les missions saguenayennes, contrairement à ce qu'inscrivirent les religieux dans les registres de Tadoussac – *Vacat missio, defectu missionarum* – il conviendrait mieux de parler de *Vacat missio, defectu Indigenum,* puisque ce furent les Indiens qui manquèrent aux missionnaires et non l'inverse[11]. Comme l'observait le régisseur François-Étienne Cugnet, vers le milieu du XVIIIᵉ siècle, «la destruction totale des orignaux n'a pas eté le seul dommage que le Sieur Riverin ait fait aux Traittes du Domaine il alloit lui même dans tous les postes deux fois l'année à chaque voiage de sa barque, il ne traittoit presque qu'en eau de vie et [...] par là il a fait périr une grande partie des sauvages du Domaine qui dénués de leurs besoins pour l'hivernement parce qu'ils avoient consommé toutes leurs pelleteries en Boissons sont morts de misère faute de munitions» (C¹¹A-121 : 239). Spoliée des chasseurs montagnais qui en avaient fait leur territoire de chasse, depuis la fin des raids iroquois dans la région, et qui préservaient le respect de ses limites, la partie saguenayenne du Domaine du roi fut livrée aux différentes tribus environnantes, jusqu'à sa réorganisation sous la main de Cugnet, au début de la décennie 1720.

Vidée de ses habitants traditionnels, envahie de toute part par des Indiens étrangers, la région de Chicoutimi n'était plus, en 1709, une terre montagnaise. Aussi, à bon escient et avant Raudot, qui employa le gentilé «Chicoutimiens» pour désigner les Indiens errant et chassant dans le secteur de ce ci-devant poste du roi (*RLAS* : 107), le père Louis André innova en 1704 en composant un nouvel ethnonyme sur l'étymologie montagnaise en qualifiant ses ouailles autochtones du Saguenay de *Chigoutimi irini,* c'est-à-dire *homme de Chicoutimi* (*TRT* : 40). Pour ce successeur du père de Crespieul, ces Chicoutimiens étaient différents de ces nomades qui occupaient la région s'étirant de Tadoussac jusqu'au pays des Papinachois. Cette observation correspond parfaitement à la situation que le père Laure relevait, une dizaine d'années plus tard, en décrivant le poste abandonné de Chicoutimi (*RJ*-68 : 26-28). Dans le même esprit, en décrivant cette région vers 1750, le père Claude-Godefroy Coquart parla simplement de «Sauvages» et d'«habitués» (*RJ*-69 : 110-112) ; était-il devenu trop difficile ou aléatoire de les désigner autrement que de façon indéterminée ? Cette interprétation de l'expression

---

11. C'est en se reportant à ce qui s'était pratiqué au cours des années antérieures que le père Martin Bouvart déclarait, encore en 1701, que «deux et quelques fois trois peres du College de Quebec partent le printemps pour les missions des Papinachois, de tadoussac, de Chikoutimy, des mistassins, et du lac St. Jean», (*RJ*-65 : 186).

employée par Raudot trouve, par ailleurs, son point d'appui dans la suite même du texte. Dans sa cinquante-deuxième lettre, où il décrivait les différents peuples énumérés dans les lettres précédentes, aucun mot sur les Chicoutimiens, alors qu'il consacrait un paragraphe entier aux Montagnais!

Sa description rédigée au début du XVIIIe siècle laissait peu de doute quant aux effets secondaires de leurs contacts avec la civilisation européenne et présageait mal de leur avenir: «Ce pays etant inculte à cause des rochers dont il est couvert, et les sauvages ayant detruit les gestes propres pour la vie, se sont reduits eux mêmes à mourir de faim et de misere; l'ivrognerie [...] leur a causé des maladies populaires dont ils sont presque tous morts» (*RLAS*: 107). À ses yeux, les Papinachois, auxquels il dédiait une courte note, présentaient de bien meilleure chance de survie: s'ils étaient «en très petit nombre», ils habitaient cependant un pays où «il y a[vait] du castor» et plusieurs autres sortes d'animaux (*RLAS*: 106-107).

Encore plus significative semble cette autre affirmation de Raudot, qui dépeint un tableau pour le moins paradoxal des Algonquins et des Montagnais du bassin saguenayen: «ils sont dociles et n'aiment point à faire la guerre» (*RLAS*: 108). Quel portrait tout en contraste avec celui de ces superbes tribus qui, un demi-siècle plus tôt, brandissaient fièrement les scalps de leurs adversaires iroquois en remontant la *Grande Rivière du Canada*. Une telle transfiguration ne peut s'expliquer, simplement, par la séquence des défaites répétées et exige d'autres élucidations, dont l'une des plus convaincantes repose sur la thèse soutenant la métamorphose du peuple montagnais. Trop affaiblis pour recourir au processus d'adoption qui, traditionnellement, avait permis la recomposition de leurs effectifs démographiques, les ci-devant Montagnais durent se fondre aux survivants des anciennes petites et grandes tribus qui occupaient, au siècle précédent, différents territoires de l'est du Québec actuel. Ils durent également s'amalgamer à d'autres peuples en migration vers l'est, à la suite du profond brassage ethnique qui s'opéra tout au long du XVIIe siècle (Bouchard, 1995: 122), et encore plus dans la première moitié du siècle suivant. L'image des dociles et pacificateurs Montagnais esquissée par Raudot correspondrait davantage au portrait que brossaient les missionnaires des Attikamègues, des Takouamis et des autres petits groupes de l'hinterland qu'ils décrivaient au mitan de la décennie 1690 comme «simples, bons, candides, pacifiques» et d'une «candeur admirable» (*MNF*-7 : 161 ; 6 : 591).

Dans le deuxième quart du XVIIIe siècle, non seulement la région de Chicoutimi était fort désolée, mais le tissu humain traditionnel s'effilochait sensiblement. L'intendant Hocquart n'hésitait alors pas à jeter la pierre au sous-fermier des postes dont l'avidité avait conduit à la faillite de la Traite de Tadoussac : «le S[ieur] Riverin pendant le cours de son bail depuis 1710 jusqu'en 1714 fit passer dans les traittes quantité de Sauvages hurons, abénakis, et mikmaks qui y ont Entierement détruit les orignaux [...] depuis ce tems le fermier n'a retiré que 5 ou 6 peaux d'orignaux par an, et depuis 5 ans il n'en a pas sorti une seule» (C^{11}A-59 : 352). Ce témoignage peut être sujet à caution, puisque l'intendant défendait en quelque sorte sa propre administration de la propriété royale ; on peut toutefois y prêter foi puisqu'il est corroboré par un commentaire de la même époque, formulé par le père Laure qui n'avait pas d'intérêt immédiat dans la rentabilité de la Traite de Tadoussac : «a la bonneheure si MM. du Domaine voulant regarnir de Castors leurs terres deja ruinées, faisoient la depense modique d'entretenir icy 3 mois tout au plus sous les yeux du françois les sauvages voisins afin de les empescher de detruire tout a fait le castor d'ete» (*RJ*-68 : 108).

Les ressources humaines de la région saguenayenne, qui étaient déjà en sérieuse régression depuis le milieu du XVIIe siècle à cause de la mauvaise régie de la Traite de Tadoussac, continuèrent de décroître au cours des deux premières décennies du XVIIIe siècle. Pour sa part, l'intendant Hocquart estimait en 1733 que cette administration frauduleuse avait coûté la vie aux «deux tiers des Sauvages» du lac Saint-Jean. La rareté des bêtes et les troubles suscités par les Indiens de Trois-Rivières et de Québec firent fuir nombre de domiciliés «sur ce que plusieurs sauvages abénakis et hurons s'etoient ingerez des 1705 d'aller chasser contre la coutume et nonobstant les deffenses aux environs du lac St Jean, et avoient porté leur désordre dans l'hyver de 1706 au point d'obliger les Sauvages habitués d'abandonner et de se retirer ailleurs» (C^{11}A-59 : 363v°, 341)[12]. D'aucuns trouvèrent refuge du côté de la mer du Nord. Ce chemin que leurs prédé-

---

12. Les défenses émises en 1733 par l'intendant Raudot furent transmises aux missionnaires du Domaine afin qu'ils en informassent «les chefs de leurs missions des intentions du Roy a ce sujet, afin qu'ils defendent a ceux de leurs nations de contrevenir a ladite ordonnance, et en cas de contravention a icelle permis au sous fermier de faire informer a sa diligence contre les contrevenans».

cesseurs avaient emprunté pour se mettre à l'abri des attaques iroquoises un demi-siècle plus tôt, ils le retrouvaient en ce tournant de siècle pour prévenir leur extinction complète par inanition. Les domiciliés sur les rives du lac Saint-Jean, par exemple, sollicitèrent l'autorisation du commis de Chicoutimi d'«abandonner le lacq» et d'«à aller aux mistassins pour obtenir de Mirouabech chef du lieu des terres pour y chasser» (C¹¹A-25: 85). Ces Chicoutimiens nomadisèrent, en ce début du xviiie siècle, dans la région du lac Mistassini.

Devant la nouvelle menace que constituaient leurs rivaux abénaquis du côté de Trois-Rivières qui avaient pillé leurs forêts en 1704-1705, d'autres familles répondirent favorablement, l'année suivante, à la proposition d'Augustin Le Gardeur de Courtemanche de se transporter sur la Côte-Nord. Courtemanche avait besoin de main-d'œuvre pour développer sa concession de pêche sur le détroit de Belle-Isle, ces chasseurs d'orignaux et ces trappeurs de castors se firent alors pêcheurs de morues et chasseurs de loups-marins et de baleines. Au total, « trente familles de sauvages Montagnais [allèrent] s'etablir proche de sa maison » (C¹¹A-109 : 21 ; *DBC*-2 : 399). Ceux qui persistèrent, pour encore un temps, à exploiter les maigres ressources animales du Saguenay durent bientôt abdiquer. La mauvaise qualité des armes et des munitions que leur fourguaient les sous-fermiers, par souci d'économie, « a[vait] détruit nombre de Sauvages et éloigné les autres », commentait Hocquart en 1733 (C¹¹A-59 : 353). Ceux qui n'avaient pas profité de la première vague de recrutement de Courtemanche purent saisir une seconde occasion, alors que ce dernier demanda en 1716 cinq nouvelles « familles de sauvages pour faire l'etablissement de la riviere de Kescakiou » (C¹¹A-37 : 78v°).

Toujours pour des considérations économiques et grâce au relâchement de surveillance depuis l'abandon des missions dans la région, l'eau-de-vie, achetée à vil prix, devint le principal objet de traite comme le faisait encore observer Hocquart : « plusieurs Sauvages dénués des munitions nécessaires pour leur chasse d'hyver après avoir consommé leurs pelleteries en boisson, sont morts de faim dans le bois » (C¹¹A-59 : 353). Faut-il alors s'étonner de retrouver si peu d'actes d'état civil dans les registres de Baie-Saint-Paul, alors que le curé Étienne-André Jorian, desservant du lieu, s'était fait missionnaire d'occasion dans les postes de Chicoutimi et de Tadoussac, entre 1717 et 1719 (Goudreau, 1996 : 14) : la quasi-disparition des Montagnais ne pouvait que limiter le nombre d'actes consignés aux registres. Le père Laure constatait lui-même vers 1730 cette fuite des anciens habitués : « Cette mission [Tadoussac] qui étoit autrefois de pres de trois mille hommes [...] mais que les differentes mortalites ont reduits à 25 familles au plus » (*RJ*-68 : 76).

Si le mode de gestion de la Traite de Tadoussac doit être tenu directement responsable de la mort d'un grand nombre d'Indiens, il n'est pas le seul facteur à avoir provoqué une telle entaille dans la courbe démographique autochtone de la région. Les sournois alliés bactériologiques, vigoureusement à l'œuvre au siècle précédent, continuèrent à opérer au xviiie siècle parmi les « nouveaux Montagnais », comme l'évoquait le père Laure. À cet égard, l'étude des registres de Tadoussac fournit des éclairages certains. Par exemple, le père de Crespieul terminait sa mission dans le Domaine en enregistrant, en 1701, une trentaine de décès dans le secteur du poste de Nicabau (*TRT* : 282). Le missionnaire qui exerçait pour lors son ministère dans cette région n'établissait pas la cause de ce ravage, mais celui-ci n'est-il pas relié à cette épidémie qui avait fauché généreusement dans la vallée laurentienne ? Combien d'autres victimes autochtones faudrait-il épingler au tableau de ce fléau qui, en 1702, fit quelque 2 000 à 3 000 victimes parmi les seuls habitants de souche française installés dans l'axe Québec–Montréal et qui frappa de nouveau en 1710, 1718 et 1740 (Heagerty-1 : 33, 56, 103) ?

Lors de la reprise de la mission jésuite, en 1720, le père Laure constatait les nouveaux méfaits des maladies infectieuses dans la région. Cette fois-ci, le rapport avec la peste de Marseille était clairement établi : « les sauvages attribuèrent cette espèce de contagion aux marchandises et quoy qu'on tachast de les detromper, neanmoins il y a quelqu'apparence qu'elles se ressentoient un peu de la peste de Marseille, puisqu'à la seule ouverture des ballots, le commis avec quelques-uns de ses domestiques eurent un prompt accez de fièvre et qu'il n'y eut gueres de sauvages malades que ceuz qui venoient d'achepter des hardes » (*RJ*-68 : 74-76). Une dizaine d'années plus tard, le père Laure signalait qu'une épidémie de petite vérole avait emporté, entre autres, René Brisson, commis aux îlets Jérémie (*TRT* : 219). Dans sa *Relation du Saguenay*, le père Laure narrait encore l'œuvre inexorable de la mort dans une famille indienne de Chicoutimi, vers 1730 : « tous ces enfans, jusqu'au petit fils meurent ici coup sur coup en peu de temps. Quel desastre pour un sauvage [...] Il vient d'apprendre depuis peu que sa fille mariée a Tad8ssac se mouroit aussi, et a Noel son dernier enfant âgé de 15 jours qu'on m'apporta chez moy vers minuit me parut si bien mort que je me retirai après quelques paroles de consolation» (*RJ*-68: 110-112). Parallèlement à ces récits du père Laure, la courbe des décès inscrits au troisième registre de Tadoussac atteint un sommet inégalé en 1732-1733, pour retrouver son flottement normal en 1734 (*TRT*: 219). Selon les commentaires du missionnaire, cette pointe de mortalité serait attribuable à une épidémie de picote. Ce que confirmait l'arpenteur Joseph-Laurent Normandin, qui parcourait ce pays vers la même époque, ajoutant que ce fléau avait été accompagné d'un grand feu qui avait détruit de vastes étendues de forêts (*JES*: 153-154). Les termes de ce témoignage laisseraient même entendre que cette «année de la grande picotte» était antérieure aux observations du père Laure et au pic de mortalité relevé aux registres de Tadoussac. La population autochtone du Domaine du roi aurait donc été à plusieurs occasions aux prises avec cet ennemi microbien en ce premier tiers du xviiie siècle.

Dans un mémoire de 1750, le père Coquart, successeur du père Laure, soulignait qu'au cours de l'année précédente une épidémie avait sévi dans les postes du Domaine, particulièrement dans celui de Tadoussac et aux îlets Jérémie, et avait tué «beaucoup de monde» (*RJ*-69: 96, 108); le jésuite inscrivit au registre de la mission plus d'une trentaine de décès pour la seule région de Manouane et de Manicouagan. Pour toute l'étendue du Domaine, ce fut plus d'une cinquantaine de décès qui furent couchés sur le troisième registre de Tadoussac. Ce nouveau sommet de la courbe confirme le passage de cette énième maladie infectieuse[13]. Ces épidémies signalées dans le royaume du Saguenay frappaient quelle population montagnaise?

La politique de conservation du fonds de la Traite, élaborée et mise en place par l'intendant Hocquart au début de la décennie 1730, comportait deux volets: l'un de gestion des ressources humaines, l'autre de gestion des ressources fauniques: «on ne doit jamais perdre de vue, la conservation des Sauvages et celle de l'espèce des animaux» (C[11]A-59: 354). L'une n'allait pas sans l'autre car, dans le Domaine, les Indiens gémissaient auprès du père Laure nouvellement arrivé: «ni-paska-

---

13. La courbe tracée par Castonguay indique encore une pointe pour l'année 1744 mais, comme les récits des missionnaires sont manquants pour cette époque, la démonstration formelle d'un passage d'une maladie infectieuse ne peut être clairement établie, bien que ce soit là l'argument le plus plausible pour expliquer cette recrudescence soudaine de la mortalité autochtone au cours de la décennie 1740 (Castonguay: 143).

bag8anan nous mourons de faim » (*RJ*-68 : 54). La reconstitution des populations indiennes commença autour des postes, puis s'étendit à l'ensemble du Domaine ; que d'efforts, puisque ces postes avaient été largement abandonnés depuis le début du siècle ! La politique de Hocquart n'était pas purement théorique ; l'expérience tentée depuis quelques années par Cugnet semblait vouloir en garantir le succès. L'année précédant l'arrivée de l'intendant, le fermier avait déjà rétabli l'hivernement français chez les Mistassins avec l'ouverture de la maison de Joseph Dorval au sud du lac Mistassini. Deux ans plus tard, il faisait de même pour les régions de Chamouchouane et de Nicabau. Ainsi, par une série de mesures incitatives, telle la résidence de commis français dans les postes – « Les Français résidens dans les postes empêchent en même tems les Sauvages étrangers d'y venir apporter de l'eau de vie par le moyen de laquelle ils traittent avec ceux du domaine, les détournent de payer leurs crédits et les débauchent pour elles ailleurs » –, un approvisionnement adéquat – « il faut que les postes soient garnys de bonnes marchandises et munitions » –, l'engagement d'un personnel compétent connaissant la langue et le mode de vie des pourvoyeurs de fourrures – « il faut que les commis et engagés principaux dans les postes soient affectionnés, sages, entendus pour la Traite accoutumés à vivre avec les Sauvages, qu'ils sachent la langue de la nation, et soient capables de s'en faire également aimer et craindre » –, l'entretien d'un missionnaire permanent – « le missionnaire des traittes peut aussi contribuer beaucoup à affectionner les Sauvages au bien de la Traitte » (C[11]A-59 : 318-381) –, Hocquart comptait attirer à nouveau des Indiens dans les limites de la Traite de Tadoussac. Poussant encore davantage vers l'intérieur de l'hinterland, afin de drainer un plus grand volume de fourrures, les fermiers de la Traite de Tadoussac cherchèrent alors à recruter parmi les peuples satellites avec lesquels ils n'avaient encore que des contacts sporadiques.

Quels Indiens Hocquart visait-il par sa nouvelle politique ? Selon toute apparence, il n'allait pas demander aux volontaires leur ancienneté sur le territoire ni leurs droits ancestraux d'occupation. L'impératif était au commerce, peu lui importait la provenance de ceux qui allaient s'employer à trapper et à chasser les animaux à fourrure qui recommençaient tant bien que mal à repeupler les forêts domaniales[14]. Rétablir dans le

14. Selon une analyse du journal de voyage de Normandin, les régions de Chicoutimi et du lac Saint-Jean n'avaient pas complètement reconstitué leur faune, au début des

domaine les anciens domiciliés, partis vers d'autres territoires de chasse au temps le plus fort du déclin, semble avoir été sa première volonté. Pourtant, le seul retour de ces anciens habitués ne lui paraissait pas suffisant. Aussi, prévoyait-il une « campagne de sollicitation » auprès d'« étrangers » ; ce qui justifiait la politique d'une saine gestion élaborée de concert avec Cugnet. Dans cet effort, il trouvait l'appui du missionnaire nommé pour desservir les postes du Domaine remis sur pied, pour peu que les fermiers soutinssent le projet évangélique par la reconstruction des lieux de prière. « Et par la n'attirerat on pas une infinité de sauvages montagnez du Nord et du Sud ? », écrivait le père Laure au début de la décennie 1730. Ce dernier rejoignait tout à fait les vues des administrateurs, peu préoccupés par la provenance de ces nouveaux collaborateurs qui « grossiroient sans doute les profits de la ferme » (*RJ*-68 : 78). Pour un fonctionnement optimal du Domaine, il fallait « ramener ceux qui s'en [étaient] écartés, et en attirer de nouveaux », comme l'écrivait Hocquart (C¹¹A-59 : 354).

Le repeuplement ne se réalisa pas sans quelques efforts et quelques ratées, malgré ce que l'on pourrait déduire du témoignage du père Laure qui écrivait, qu'« au bout de quelques jours après son retour de Quebec, [il] vit avec un plaisir sensible arriver ces pauvres gens [qui se mirent] a coupper et à planter les perches de la cabane » (*RJ*-68 : 58, 60). Dès leur arrivée, les premières recrues furent décimées par la peste : en faisant leur cabane, écrivait le missionnaire, elles préparaient « leurs lits de morts » (*RJ*-68 : 58). Ces premiers mouvements de reconstruction démographique du Domaine à partir de ses anciens éléments se soldaient donc par un échec relatif. Bien que les archives ne soient pas loquaces à ce chapitre, il y a tout lieu de croire que les administrateurs de la ferme firent massivement appel à des Indiens étrangers. La différence entre les « nouveaux Montagnais » et les recrues se remarquaient par ailleurs facilement. Le père Laure notait entre autres que « les seuls montagnez [étaient] bien differens des autres nations », et que « les Montagneses [...] en comparaison avec les Sauvagesses étrangères » pouvaient « être regardées comme des reines et souveraines » (*RJ*-68 : 92). Même avec ce recrutement à plus

---

années 1730. Normandin soulignait le peu d'animaux dans le secteur du lac Kénogami, par exemple, mais relevait au contraire une abondante population animale le long de la rivière Chamouchouane (*JES* : 101-138).

grande échelle, la population autochtone du royaume du Saguenay tardait à s'accroître ; « il faut du tems pour y attirer les sauvages », écrivait alors Hocquart (C¹¹A-59 : 355). Les chiffres avancés par l'intendant, dans son substantiel mémoire de 1733 sur le Domaine du roi, tendent à démontrer que le relèvement des effectifs autochtones n'avait pas atteint l'ampleur escomptée. Après plusieurs années de continuels efforts, on ne comptait guère plus de « six-vingts » habitués regroupés autour des établissements de traite réorganisés : douze chefs de famille à Tadoussac, cinq à Chicoutimi, quatorze au lac Saint-Jean, ce qui donnerait une population approximative de 150 individus. On notera du même coup les appellations choisies par Hocquart pour désigner ces habitués : « les Sauvages de Tadoussac » et « les sauvages du lac Saint Jean ». Quant aux chefs de famille de Chicoutimi, ils n'étaient plus identifiés, si ce n'est par leur rattachement à un poste de traite situé dans un désert faunique (C¹¹A-59 : 363).

Dans sa partie en deçà de Tadoussac, le Domaine présentait un paysage humain à peine moins clairsemé. Aux îlets Jérémie, l'intendant dénombrait vingt-quatre chefs de famille vivant sur le bord de la mer, tandis qu'une vingtaine d'autres habitaient à l'intérieur des terres. Au poste de la rivière Moisie, ce chiffre s'élevait à quarante. Ce décompte donnait au mieux une population de 350 individus. Ici encore, les formulations employées par Hocquart raffinent notre vision de la réalité. Alors que, géographiquement, les îlets Jérémie étaient décrits comme le poste des Papinachois incluant la pointe des Betsiamites, les Indiens qui y habitaient étaient simplement dénommés : « les sauvages des Islets de Jérémie ». À la rivière Moisie, comme à Chicoutimi, aucune locution adjective ne venait déterminer les chefs (C¹¹A-59 : 364-365).

Au-delà du vieil axe du royaume du Saguenay, l'intérieur des terres offrait un profil démographique un peu plus réjouissant. Au nord-est du lac Saint-Jean, huit chefs de famille ; à Nicabau, trente-sept ; au lac Mistassini, quarante-trois. À l'extrémité orientale du Domaine, quarante autres familles vivaient dans les terres. En contraste avec les groupes du vieil axe de l'ancienne chasse gardée, les groupes de l'intérieur présentaient une plus grande unité, puisque Hocquart recourait à des ethnonymes déterminés. Les huit chefs au nord-est du lac Saint-Jean étaient qualifiés de « Petits Mistassins », auxquels il attachait le substantif significatif de « nation habituée au nord'est dans les terres ». De même, il

parlait des « Grands Mistassins », sans toutefois leur accoler le terme de
« nation », ce qu'il faisait, par ailleurs, en dénombrant « les sauvages
Naskapis ». Ceux-ci formaient, précisait-il, une « nation douce et facile à
gouverner » et étaient « habitués » dans la région du « lac des Naskapis »
(C[11]A-59 : 365). De nouveaux arrivants, ces Naskapis ? Du moins, préci-
sait-on en 1733 qu'il n'y avait pas « dix ans que la Nation des Naskapis
[était] connue aux François et qu'ils [faisaient] commerce ensemble »
(C[11]A-59 : 307v°). Les Indiens de la côte avaient encore peu l'habitude de
les fréquenter comme l'expérimenta le sieur de La Chesnaye qui ne put,
en 1732, les rejoindre dans leurs terres et explorer les limites orientales
du Domaine du roi, par la faute des Indiens du poste de la rivière Moisie
qui ne pouvaient lui servir de guides, puisqu'ils ne « connoiss[ai]ent point
la profondeur de cette rivière » (C[11]A-58 : 251-255).

Mais l'intérieur des terres n'était pas pour autant à l'abri des brassages
ethniques, comme le fait voir la situation à Nicabau. Tout comme le père
Laure s'était senti obligé de parler de « Nék8bauïstes » et de « Chomou-
ch8anistes » pour décrire les peuples de ces lieux, Hocquart eut recours
à la circonlocution « sauvages de Nekoubau ou Chabmouchouane », ne
pouvant préciser l'identité des habitués de ces lieux, contrairement aux
« Petits Mistassins ». En ce qui a trait aux Grands Mistassins, deux observations viennent modifier une première impression de groupe considérable et uniforme qui pourrait se dégager d'une lecture rapide de ce
mémoire. D'abord, comme on l'a souligné, l'intendant ne parlait pas dans
ce cas de nation. D'ailleurs, il associait ces Indiens à d'autres, vraisemblablement inconnus jusqu'alors des Français, qui demeuraient, sous sa
plume, sans ethnonyme : « Les Grands Mistassins et les gens de la hauteur
des terres ». Ces « Gens des Terres » non identifiés formaient une nation
bien distincte comme il le précisait plus avant dans son mémoire : « Joseph
Dorval engagé y a découvert au dela du lac des Mistassins une nation
habituée dans un espace de terre que les sauvages appellent Pays Pelés »
(C[11]A-59 : 354v°). Or, si les uns mêlés aux autres comptaient quarante-
trois chefs de famille, comme le précisait Hocquart, le rapport de l'un à
l'autre était disproportionné, puisque les uns formaient une nation, les
autres non. Il y a donc tout lieu de croire que, dans ce total, les Grands
Mistassins n'aient compté que pour une faible partie, à peine plus populeuse que les Petits Mistassins. Mais encore, ne peut-on pas s'interroger
sur l'identité de ces Grands Mistassins quand Hocquart confesse n'avoir

marqué que « les sauvages qui y sont habitués [à Nicabau et aux Grands Mistassins] ». S'il comptait les seuls « gens de la hauteur des terres » des « pays pelés » qui s'étaient habitués au poste des Mistassins, il faudrait donc en déduire qu'un certain nombre des chefs de cette tribu, comme depuis peu, avaient été recrutés pour combler les effectifs du poste des Mistassins rétabli « depuis quelques années ». D'autant plus qu'il précisait ne pas savoir « encor le nombre de ceux qu'on espere y attirer » (C¹¹A-59 : 364).

L'étude détaillée des témoignages laissés par les observateurs des événements montre à l'évidence que les Montagnais, pris dans le sens restreint des Rats-Musqués, c'est-à-dire les « premiers Tadoussaciens », ou dans le sens générique, contrôlaient de moins en moins leur territoire d'attache en cette première moitié du xviiie siècle. À la lumière des différentes occurrences relevées et analysées, on ne saurait plus s'étonner de ces propos de Charlevoix, formulés en 1721 : « en remontant le Fleuve Saint Laurent, on ne rencontre plus aucune Nation Sauvage jusqu'au Saguenay. [Alors que] lorsque le Canada fut découvert, & bien des années après, on comptoit dans cet espace plusieurs Nations [...] Celles dont les anciennes *Relations* parlent plus souvent, sont les Betsiamites, les Papinachois, & les Montagnez ». Quant aux autres communautés autochtones autrefois mentionnées dans les relations, si elles n'étaient pas alors complètement disparues comme ces précédentes, elles étaient pourtant, pour la plupart, « réduites à quelques Familles » (*HDGNF-3* : 186).

Ce constat de Charlevoix trouve écho dans le « Denombrement des nations sauvages qui ont rapport au gouvernement du Canada, des guerriers de chaq[ue] nation avec les armoiries », effectué en 1736, à la demande du secrétaire d'État à la Marine, Jérôme Phélypeaux de Maurepas. L'auteur de ce rapport, Pierre-Jacques Payen de Noyan, qui avait une grande connaissance du milieu autochtone (Goudreau, 1995), occultait en effet toute présence montagnaise. Un peu téméraire celui qui sauterait tout de suite à la conclusion qu'il s'agit là d'une preuve de la disparition des Montagnais quand, par ailleurs, la correspondance coloniale de la décennie 1740 continue à mentionner l'existence de ce groupe sur la Côte-Nord (C¹¹A-109 : 3-4v°). Payen de Noyan précisait lui-même méconnaître la zone orientale de la colonie (C¹¹A-66 : 248). S'il faut d'une part retenir cet aveu, on ne saurait d'autre part ignorer que le copiste de cette pièce, installé à Québec, n'avait ni retouché ni complété cette information (C^{11}A-66 : 236) ; ce qui la rend aujourd'hui encore plus crédible. Il faut également retenir que, malgré le titre de la pièce, il s'agissait avant tout d'un relevé des guerriers et non des populations indiennes, effectué dans un contexte de préparation à la guerre de Succession d'Autriche. Il importait davantage de connaître le nombre de « têtes de calumet » en état de prendre les armes que le nombre de bouches à nourrir.

Si l'omission des Montagnais ne doit pas être prise au pied de la lettre, le témoignage de Payen de Noyan ne manque toutefois pas de corroborer de façon convaincante d'autres observations qui peuvent laisser perplexe : celle de Charlevoix qui chantait le *De Profundis* de la tribu montagnaise, par exemple, et celle de Raudot qui soutenait, déjà au début du siècle, que les Indiens domiciliés dans le bassin du Saguenay–Lac-Saint-Jean étaient « dociles et n'aim[ai]ent point à faire la guerre » (*RLAS* : 108). Quand on note, par ailleurs, que l'officier Louis-Antoine de Bougainville laissa lui aussi les Montagnais dans les brumes saguenayennes, sans les inscrire dans son « Tableau des Sauvages » participant aux affrontements armés de la guerre de Sept Ans (Bougainville : 235), force est de conclure que l'omission de Payen de Noyan reflétait une réalité indéniable. La juxta-position de ces différents témoignages concourt à étayer l'hypothèse que les fiers Montagnais de Tadoussac, de la première moitié du xviie siècle, avaient fait place, au xviiie siècle, à une nouvelle tribu montagnaise d'un caractère si différent qu'on ne les comptait plus parmi les peuples où l'on pouvait recruter des guerriers.

Différents, ces Montagnais de la fin du Régime français ; mais aussi fort peu nombreux et ce, malgré la continuelle immigration qu'ils con-naissaient depuis le milieu du siècle précédent. Comme le relevait le père Coquart, dans un mémoire sur les postes du roi rédigé en 1750. Ce peuple n'était plus que l'ombre de lui-même. À Tadoussac, les Indiens n'étaient plus assez nombreux pour rentabiliser la chasse au loup-marin ; leurs effectifs étaient si faibles que les commis de Tadoussac et des îlets Jérémie « se vol[ai]ent reciproquement des sauvages ». À Chicoutimi, il n'y avait « que quelques familles qu'on peut regarder comme domi-ciliées du poste [...] car les environs [...] sont si Epuisés de betes quils Risqueroient a crever de faim ». Au lac Saint-Jean, « il ne rest[ait] plus qu'une grande famille », regroupant « les tristes restes d'une multitude étonnante de sauvages qui habitoient les terres. Il y a 60 a 70 ans » (*RJ*-69 : 94-112).

Les chiffres fournis par le père Coquart vers 1750 dessinent une réalité montagnaise tout aussi précaire que celle décrite par Hocquart, une vingtaine d'années plus tôt. La comparaison des données laisse même pressentir une diminution sensible. Au lac Saint-Jean, par exemple, de quatorze chefs de famille recensés par l'intendant, le jésuite ne comptait plus qu'un patriarche d'une famille élargie ; disparition qui se produisit graduellement puisqu'en 1741, soit à mi-chemin entre les deux observations, on indiquait que « la plus grande partie des sauvages qui y demeuroient y [avaie]nt peri » (C¹¹A-66 : 189-192). Alors qu'en 1733 Hocquart dénombrait douze chefs de famille à l'embouchure du Saguenay, l'auteur du mémoire de 1741 constatait que « les sauvages de Tadoussac [étaient] réduits a sept familles ». Avec les vingt-quatre chefs de famille vivant au bord de la mer aux îlets Jérémie, les Indiens de ces deux derniers postes suffisaient pour assurer une certaine vigueur au commerce, en 1733. Situation bien différente en 1750, qui amena le missionnaire à soumettre un véritable programme de repeuplement de ces postes. Comme certains gouvernements l'ont fait depuis, le père Coquart suggéra simplement de déplacer stratégiquement les populations indiennes. À Chicoutimi, comme le trop grand nombre d'orphelins précarisait la survie des habitués du lieu, il n'y avait qu'à « ordonner au commis [...] d'envoyer a Tadoussac les garcons orphelins ». En attendant que ceux-ci eussent développé quelque habileté à la chasse au loup-marin, ils pourraient servir de nautoniers, argumentait-il.

Cet apport de main-d'œuvre permettrait de multiplier le nombre de canots sur le fleuve (*RJ*-69 : 96). Le jésuite affirmait même que certains de ces orphelins « ne demanderoient pas mieux » que de souscrire au projet. Alors que le père Le Jeune, au début de l'aventure coloniale, avait œuvré à restreindre la mobilité de ses ouailles nomades, voilà que son successeur, un siècle plus tard, élaborait un projet tout opposé dans lequel il prévoyait le déplacement de ces populations. Où étaient donc passés ces Bersiamites, ces Oumamiouek, ces Papinachois, que les relations signalaient aux glorieux temps de l'évangélisation ? Qui étaient donc ces « nouveaux Montagnais » qui venaient prendre leur place ? Il importait peu alors que ce fût un Indien du lac Saint-Jean ou un Mistassin ou un membre de tout autre peuple. Le Domaine du roi avait besoin de main-d'œuvre dans la région de Tadoussac, on y implanterait les Montagnais nécessaires. Pour les impératifs du commerce, il fallait remplacer par de nouveaux venus les anciens habitués des lieux qui étaient disparus, comme l'observait Charlevoix.

La disparition des Rats-Musqués à l'embouchure du Saguenay et à un point initialement si stratégique pour l'échange commercial avec les Européens entraîna un redéploiement général des groupes autochtones en territoire canadien sur le long axe lac Saint-Jean–Labrador. De Tadoussac à la Basse-Côte-Nord, l'occupation du littoral changea de visage. Du fjord à la mer du Nord, forêts et portages furent remplis de nouveaux chants *sauvages*.

CHAPITRE 2

LES PEUPLES DES PAYS DU HAUT SAGUENAY

Dès ses premiers contacts avec les Rats-Musqués de Tadoussac, en 1603, Champlain apprit qu'au bout de la rivière Saguenay se trouvait un lac par lequel on entrait « dans trois autres rivieres » habitées par des peuples alliés. Dans ces lieux éloignés se rendaient d'autres communautés nordiques qui venaient expressément troquer « des peaux de castor & martre, avec autres marchandises que donnent les vaisseaux François ausdicts Montaignez » (*WSC-1* : 123-124). Premier Français à remonter si haut le Saguenay, le père Jean de Quen nota lui aussi, en 1647, que ce lac se nourrissait « des eaux d'une quinzaine de rivières ou environ, qui servent de chemin aux petites nations qui sont dans les terres, pour venir pescher dans ce lac et pour entretenir le commerce et l'amitié qu'elles ont par entr'elles » (*MNF-7* : 175). Quelles étaient donc ces « petites nations du nord » qui pêchaient ainsi dans le lac Saint-Jean aux doux temps estivaux ?

Jamais mentionnée de la façon claire que le chercheur aimerait rencontrer pour balayer tous ses doutes, cette liste des petits peuples fut pourtant fournie aux jésuites par les Rats-Musqués, en 1643, alors que les pères Vimont et Richard reproduisaient leur longue énumération des petits peuples à convertir : « Les Kakouchakhi, [...] les Mikouachakhi les Outakouamiouek, les Mistasiniouek, Oukesestigouek, Mouchaouaouastiirinioek, Ounachkapiouek, Espamichkon, Astouregamigoukh, Oueperigoueiaouek, Oupapinachiouek, Oubestamiouek, Attikamegouek » (*MNF-7* : 711-712). Certes, cette liste englobe plus que les peuples immédiatement dépendants du lac Saint-Jean. Cependant, parmi ceux-ci on y trouvait assurément les tribus habitant le long des trois rivières s'y jetant et déjà signalées par Champlain lors de son premier voyage.

Cette énumération mérite d'être examinée de plus près dans son ordre de présentation. Malgré le fait que ces ethnonymes, pour plusieurs, échappent au savoir historien, on peut en dégager une première séquence formée des Ouperigou-Ouaouakhi (mieux connus sous le nom de Bersiamites), des Oupapinachiouek (ou Papinachois) et des Oubestamiouek (ou Oumamiouek). Plus qu'une simple énumération, cette séquence montre que les jésuites regroupaient à la suite le nom des peuples occupant la rive nord du Saint-Laurent et les inscrivaient dans leur ordre géographique vers l'aval. Étant donné leur méconnaissance de ces peuples, force est de conclure qu'il s'agissait là d'informations «trouvées par le moyen des Sauvages», et recopiées selon l'ordre dans lequel ceux-ci les leur avaient fournies. Cette première séquence coïncide trop bien avec la réalité géographique indienne connue pour ne pas forcer l'analyse d'une seconde séquence, formée des premiers éléments de cette énumération, et ce, malgré la présence de nombreuses appellations énigmatiques.

Quatre peuples de cette deuxième séquence ont déjà été identifiés géographiquement. Tous quatre habitaient la vaste région des lacs Saint-Jean et Mistassini. Il s'agit d'abord des Kakouchak, aussi connus sous le nom de Porcs-Épics, qui habitaient les rives méridionales du lac Saint-Jean et étaient, aux sources du Saguenay, les voisins immédiats des Rats-Musqués. Un second groupe de cette énumération est facilement identifiable, il s'agit des Mistassiniouek, c'est-à-dire les Mistassins, qui laissèrent leur nom au lac Mistassini dont ils habitaient les rives. En se basant sur les données de cartes anciennes et sur les *Relations* des jésuites, des historiens du Saguenay ont localisé deux autres groupes parmi ceux mentionnés : les Outakouamiouek et les Mouchaouaouastiriniouek. Selon le témoignage des jésuites de 1658, les premiers étaient localisés à la jonction des réseaux hydrographiques de la rivière Saint-Maurice, de la baie James et du lac Saint-Jean, escale importante sur la route menant à la mer du Nord : «Du lac Piouakouami il faut aller à un autre lac nommé Outakouami, distant du premier [... de] soixante lieues», soit une dizaine de journées de canot (*MNF*-9 : 281 ; 7 : 769). Les Outakouamiouek habitaient donc la région de Nicabau, lieu traditionnel d'échange qui allait devenir le lieu de mission auquel ils seraient rattachés (Laliberté : 4-6). Quant aux Mouchaouaouastiriniouek, n'avaient-ils pas laissé leur nom au lac Mouchawa tracé par le père Laure, sur le parcours de l'actuelle rivière Mistassini, lieu de foire où séjourna le père de Crespieul, en 1674, lequel le fit connaître sous l'appellation Mouchau Ouraganich ? À première vue, cette énumération de petits peuples faisait donc ressortir deux ensembles : l'un formé de ceux occupant l'intérieur des terres dans l'axe Tadoussac–mer du Nord, l'autre regroupant les tribus localisées sur les terres du littoral laurentien. C'est sur ce premier groupe qu'il convient d'abord de porter le regard, afin de préciser leur identification et leur localisation et, dans un second temps, de retracer leur évolution aux lendemains des premiers contacts.

Les Kakouchak

Jusque vers la fin du XXᵉ siècle, l'historiographie reconnaissait deux traits indéniables aux Kakouchak : leur appartenance à la grande famille dite montagnaise[1] et la localisation de leur territoire au sud du lac Saint-Jean. À contre-courant, l'historien Jean-Paul Simard développa, au début de la décennie 1980, une thèse qui donnait non seulement aux Kakouchak les terres du bassin méridional du lac Saint-Jean mais aussi celles situées sur tout le cours du Saguenay, de Tadoussac à sa source, soit « le bassin hydrographique du Saguenay et du lac Saint-Jean » (Simard, 1983 : 80). Cette thèse eut l'heur de plaire aux historiens, qui l'endossèrent et la firent leur. Ainsi, depuis une vingtaine d'années circule cette vision voulant que les Rats-Musqués de Tadoussac et les Porcs-Épics du lac Saint-Jean aient constitué une seule et même communauté[2].

Comme il a été esquissé plus tôt, une lecture serrée des textes de Champlain établit clairement qu'il s'agissait de deux groupes distincts. Les premiers témoignages jésuites sur la question étayent par ailleurs cette hypothèse[3]. Dès 1638, avant même qu'aucun d'entre eux ne s'y fût rendu, les missionnaires rapportaient l'existence de cette tribu visiblement

---

1. L'analyse d'une phrase kakouchak transcrite par le père de Quen permettrait de lever tout doute sur cette appartenance linguistique ; ce que semble confirmer une étude sommaire à partir des anciens lexiques.

2. À l'instar des Indiens de l'embouchure du Saguenay qui s'identifiaient au rat musqué, leur animal éponyme, ceux de la zone méridionale du lac Piékouagami se seraient identifiés au porc-épic, leur animal symbole. Ces renvois aux animaux éponymes enrichissent la thèse des groupes distincts.

3. Des recherches récentes, menées par une nouvelle génération d'historiens et d'ethnologues, souscrivent à cette relecture de Simard et de ses disciples (Fortin : 32 ; Moreau : 43-47).

différente de ses voisines : « Quelques sauvages des Attikamègues, de la nation des Porcs-Epics et de l'Isle, ont demandé le mesme secours qu'on donnoit aux autres » (*MNF*-4 : 114). Eussent-ils été de la même famille que les Rats-Musqués, le père Le Jeune ne les aurait certainement pas distingués de cette façon dans son énumération. Encore plus déterminant s'avère cet autre passage de 1640 qui évoque une description des peuples connus : « Ensuite, on trouve les sauvages de Tadoussac, qui ont cognoissance avec la nation du Porc-Epic » (*MNF*-4 : 617). Dans leurs témoignages et dans leurs énumérations de tribus, les jésuites juxtaposèrent régulièrement les deux appellations et mirent à l'occasion les deux groupes en interrelation ; ce qui témoigne implicitement de l'autonomie de l'un et l'autre groupes et, par ricochet, à leur découper des territoires dans des zones distinctes.

En plusieurs occasions, les jésuites circonscrivirent restrictivement le territoire des Kakouchak aux rives du lac « Piak8akamy [c'est-à-dire] le lac plat » (*JES* : 116) : « sur les rives duquel habite la nation du Porc-Epic ; que nous cherchions. [...] Nous vogasmes quelque temps sur ce lac et enfin nous arrivasmes au lieu où estoient les sauvages de la nation du Porc-Epic » (*MNF*-7 : 175). Quel côté du lac occupaient-ils plus précisément ? La zone sud-est, comme il ressort de leurs témoignages lors de leur voyage vers la mer du Nord au début de la décennie 1670 : « Nous logeâmes sur l'entrée du lac S. Jean [...] Ce lieu est beau [...] c'est le païs du porc epi ; c'est pour cela que les Sauvages qui y font leur residence s'appellent Kakouchak » (*RJ*-56 : 154). Pour sa part, dès 1643, le père Vimont faisait de Métabetchouan, le cœur de leur pays (*MNF*-5 : 711-712). Un territoire aussi bien délimité ne portait aucunement à confusion avec celui des Rats-Musqués s'étirant sur le Saguenay et dont le cœur se situait au sud de l'embouchure du fjord dans l'actuelle région de Charlevoix.

Pour sa part, Raynald Parent réduit les Kakouchak à une simple bande d'été des « Montagnais de Tadoussac ». Il pèche ici contre ses propres principes d'accorder crédit aux écrits des missionnaires, qui eurent régulièrement recours au terme « nation des Porcs-Épics ». Certes, les jésuites n'étaient pas toujours conscients des modalités d'organisation des sociétés autochtones. Pourtant, les critères retenus par Parent dans sa définition de « nation » auraient dû le conduire à une conclusion inverse : ces autochtones avaient en effet un territoire précis considéré comme « leur pays », par eux-mêmes et par leurs voisins, et ces derniers, du moins les Rats-

Musqués, les tenaient comme différents d'eux puisqu'ils cherchèrent à empêcher leur rencontre avec les Européens. Les Kakouchak eussent-ils été des Rats-Musqués, cet interdit n'aurait pu tenir.

La thèse d'un groupe unique pourrait bien s'étayer des témoignages qui tendent à confondre les Kakouchak avec les Indiens du Saguenay. Par exemple, le père Vimont écrivait, en 1644 : « Quelques sauvages que nous appellons du Sagné, pource qu'ils viennent voir les François par un fleuve qui porte ce nom [...] » (*MNF*-6 : 162). La traduction en montagnais que donnait le père Laure, en 1726, pour « sauvage du Saguenai » confirmerait, par ailleurs, l'origine de cette équivoque. Selon ce missionnaire, le terme montagnais pour désigner le Saguenay serait *pitchitauichetch*, de ce mot dérivait la dénomination « sauvage du Saguenay » : *pichittauichetch*, c'est-à-dire « ceux du Saguenay » (*AFM* : 681). Fallait-il donc entendre par-là « ceux qui habitaient le Saguenay » ou plutôt « ceux qui transitaient par le Saguenay » ? Au dossier de la thèse du peuple unique pourraient encore être versés les propos de Pierre-Esprit Radisson, qui mentionnait dans l'un de ses récits de voyage le relais commercial que représentaient « the Saguenays, whose are those that liveth about Tadoussac » (*EPER* : 48). Déduire d'emblée que les Indiens de Tadoussac et ceux de la Piékouagamie formaient une seule et même tribu, c'est pourtant oublier de tenir compte du contexte qui avait modelé ces trois témoignages.

Notons d'abord la différence du point d'observation : Radisson portait son regard depuis les Grands Lacs, loin à l'ouest, tandis que le père Vimont observait le Saguenay depuis Tadoussac. Le commentaire de Radisson trouvait son point de départ dans la tribu des Amikoués, qui chassaient dans le bassin de la baie Georgienne, et qui commerçaient avec les Poissons-Blancs. Il localisait ces derniers au nord-ouest de Trois-Rivières et les disait avoir « intelligence with the Saguenays ». Depuis la profondeur des Pays d'en Haut, il situait deux groupes autochtones orientaux par rapport à deux points géographiques facilement localisables sur le fleuve : Trois-Rivières et Tadoussac. Contrairement aux Poissons-Blancs qu'il localisait dans la profondeur des terres, il précisait que les Saguenays habitaient autour de Tadoussac, soit à l'embouchure de la rivière Saguenay. Eut-il considéré les Indiens du lac Piékouagami comme des Saguenays, il aurait certes formulé autrement son observation et signifié que ceux-ci « were those that liveth along that River empting into the Saint-Lawrence at Tadoussac ». Par ailleurs, dans le récit de son voyage de 1661, ce même explorateur précisait que ce relais commercial passait par les Kakouchak « and from them to the Montagnais » (*EPER* : 111).

En 1644, lorsque le père Vimont observa la venue de Kakouchak à Tadoussac, il assistait aux premiers mouvements d'ouverture de la chasse gardée imposée jusqu'alors par les Rats-Musqués. Ce missionnaire rapportait que les deux peuples consolidaient ce rapprochement par des mariages interethniques[4]. Contrairement aux coutumes dans ces sociétés matriarcales, une jeune Rat-Musquée « fut contrainte de s'en aller dans le Sagné à la sollicitation des parens de son mary » (*MNF*-6 : 153). Aussi, sous la plume du missionnaire, les Indiens du Saguenay étaient forcément ceux qui y transitaient et non ceux qui résidaient à son embouchure. Non seulement ces témoignages du père Vimont donnent-ils sans ambiguïté une identité spécifique aux « sauvages du Saguenay » – parce qu'ils viennent voir les Français par un fleuve qui porte ce nom –, mais encore, d'où pouvaient donc venir ces Indiens sinon du pays plat au-delà de l'inculte pays montagneux observé par Champlain ? Quant au témoignage du père Laure, comme on le verra ci-après, on aura vite fait de saisir qu'au début du XVIIIe siècle le signifiant avait perdu son signifié : *pichittauichetch* ne pouvait plus désigner ni l'un ni l'autre groupe.

D'ailleurs, aussi tôt que le début de la décennie 1660, l'ethnonyme « Kakouchak » tendit à céder progressivement la place à un terme plus vague, renvoyant à une référence géographique plutôt qu'à un groupe humain. Une première occurrence se lit sous la plume du père Lalemant. Faisant état des missions réelles et virtuelles, le jésuite mentionnait : « Huitiémement, ceux du lac S. Jean », à soixante lieues de Tadoussac. Cette façon de désigner leur action apostolique en Piékouagamie différait significativement de celle employée dans leurs écrits antérieurs. Par exemple, encore vers 1653, le père Le Jeune parlait de « la mission de Saint-Jean en la nation des Porcs-Epics » (*MNF*-8 : 623). Dans la suite de leurs *Relations*, les jésuites n'employèrent plus guère que ce référent géographique. Au siècle suivant, le père Laure n'indiquait plus que des Piékouagamiens. Que recouvrait ce gentilé ? Identifiait-il tout bonnement les Kakouchak ? Dans ce cas, on s'interrogera sur un changement aussi aléatoire de signifiant. Cette nouvelle appellation ne désignait-elle pas,

---

4. Le premier signalement de Kakouchak à Tadoussac remonte toutefois à 1641 (*RS* : 113).

plutôt, une communauté dilatée, moins homogène, recrutant ses éléments humains sur un territoire élargi, une collectivité hétéroclite où se retrouvèrent des Kakouchak et des congénères voisins?

CARTE 1

Croquis de la Piékouagamie

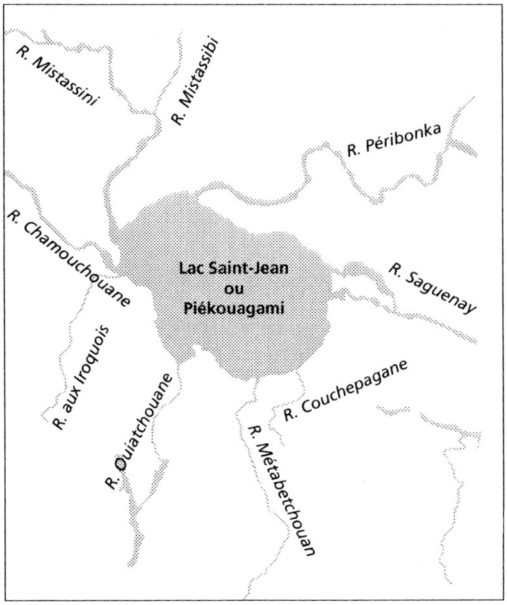

Il est piquant de noter que la pénultième occurrence, relevée en 1658, montrait déjà l'effritement des Kakouchak. Dans le pénible contexte des guerres iroquoises, le missionnaire écrivait alors que tout n'était «pas encore perdu» puisque les missions «de Tadoussac, des Porcs-Épics, des Poissons-Blancs et des peuples qui les frequent[ai]ent» subsistaient toujours (*MNF*-9: 280). Ainsi, perdurait dans l'adversité la mission de Métabetchouan où se retrouvaient des Indiens de différentes appartenances ethniques. Comme une suite naturelle de cette observation, la dernière occurrence scellait le sort des Kakouchak. En route vers la mer du Nord, en septembre 1671, le père Albanel constatait en effet que ces derniers, qui faisaient autrefois leur résidence au lac Saint-Jean, commençaient «à se repeupler par des gens des Nations estrangeres, qui y abordent de divers costez, depuis la paix» (*RJ*-56: 156).

Entre ces deux temps d'observation, la zone sud-ouest du Domaine du roi avait subi de sérieuses perturbations. Dans leur relation de 1664-1665, les jésuites rapportaient le récit d'une attaque menée par une trentaine d'Iroquois au lac (*RJ*-50 : 38-40). Il en avait été ainsi au cours de plusieurs hivers précédents. Pendant l'hiver de 1660-1661, par exemple, 180 Agniers étaient venus tendre des embuscades aux Kakouchak et à leurs congénères (*MNF*-9 : 597-598). À l'hiver de 1661-1662, un captif à Nicabau, réchappé des mains de l'ennemi, assurait « que toutes les terres du Nord qui n'avoient jamais veu d'Iroquois, en [étaient alors terriblement] infectées » et que ces derniers projetaient de « descendre par le lac Saint Jean » (*RJ*-47 : 148-150). Étrangement (significativement ?), lorsque la paix revint dans la zone piékouagamienne, les Kakouchak disparurent des écrits des jésuites comme aussi de ceux des administrateurs coloniaux. Faisant la revue des tribus présentes à Québec, lors de l'intronisation de Negaskaouat comme nouveau capitaine, à la fin de la décennie 1660, les missionnaires mentionnaient bien, entre autres, les Attikamègues et les Montagnais ; mais des Kakouchak, nulle trace (*RJ*-52 : 224-226).

Si les Kakouchak s'effacèrent comme groupe, ils semblent également s'être éclipsés à l'unité. En effet, les termes « Kakouchak » et « Porc-Épic » ne furent pas consignés dans le deuxième registre de Tadoussac qui couvre la période s'étirant de 1668 à 1700. Certes, les missionnaires qui desservirent la mission de Tadoussac à cette époque ne précisèrent pas toujours l'origine ethnique de leurs catéchumènes. Mais ne serait-il pas étrange qu'ils aient systématiquement et constamment omis de le préciser dans tous les cas de Kakouchak ? On notera pourtant qu'en 1641, soit avant l'ouverture de la mission du lac Saint-Jean et de la tenue du premier registre de Tadoussac, les missionnaires avaient inscrit le baptême de douze Kakouchak aux registres de Sillery (*RS* : 113). N'eurent-ils pas le même souci dans leur premier registre de Tadoussac, qui aurait couvert les années 1646 à 1668[5] ? De plus, les deuxième et troisième registres de

---

5.   Mailhot et ses collègues affirment que l'appartenance à un groupe n'était indiquée que lorsque le sujet n'était pas « un Montagnais de l'ancienne chasse-gardée » (Mailhot, 1980 : 75/3). Pourtant, le Second registre de Tadoussac regorge d'entrées comme « Michaele Kitchimichiche8 Montanensi », « 8inask, montanensi », « ex Taduss. », « ex papinach. », « ex 8etechemins », « ex 8kestig8ets », etc. Les raisons pouvant expliquer la présence ou l'absence de la mention de l'origine ethnique d'un Indien christianisé semblent reposer sur des considérations beaucoup plus conjoncturelles et stochastiques que ne le suppose cette ethnolinguiste.

Tadoussac présentent des mentions de « chefs du lac Saint-Jean » et non de « dux Kakouchakis » ; appellation qui concorde exactement avec l'usage prévalant dans les *Relations* depuis 1660 et qui renforce la thèse du bouleversement ethnique dans le pays piékouagamien.

Le tarissement des appellations « Kakouchak » et « Porcs-Épics », observable dans les documents du xviie siècle et plus particulièrement dans les récits des missionnaires, conjugués au témoignage du père Albanel déplorant le dépeuplement critique des Kakouchak au début de la décennie 1670, fait rebondir la question du destin de cette tribu. Non seulement les dernières guerres avec les Iroquois mais également les épidémies de petite vérole les avaient « extremement diminuez », notait alors le père Albanel (*RJ-56* : 154-156). Des témoignages antérieurs concernant les épidémies étayent ses dires. Lorsque le père de Quen se rendit dans ces contrées, en 1647, il fut le premier à constater les ravages locaux de l'unification microbienne. C'était d'ailleurs l'épouvante causée par un taux très élevé de soudaine mortalité qui l'avait conduit à remonter le Saguenay : « ayant apris que quelques chrestiens estoient malades en ce quartier-là » (*MNF-7* : 174). Reprenant son bâton de missionnaire, en mai 1652, il retourna chez les Kakouchak et observa la fréquence « sur les rives du [Saguenay], des tombeaux de trespassés. Ces peuples, estans venus l'année précédente à Tadoussac, furent saisis d'une maladie à leur retour qui en égorgea plusieurs ». Rendu à destination, il repéra trois autres cabanes « dans lesquelles il y avoit bon nombre de malades » à l'article de la mort (*MNF-8* : 307-308). Avant même l'intensification de la guerre iroquoise dans le pays piékouagamien, les jésuites Claude Dablon et Gabriel Druillettes purent observer la dévastation qui y sévissait. De retour de Nicabau, à l'été de 1661, ils firent escale au lac Saint-Jean le temps de visiter et de consoler ce qu'ils qualifièrent de « restes d'une Eglise désolée » (*MNF-9* : 598).

Quoique ces données extraites des sources ne permettent de brosser qu'un portrait fragmentaire de la situation, elles trahissent, à tout le moins, un dépérissement sérieux des Kakouchak. Peut-on de là conclure à leur disparition totale ? Les termes même du père Albanel sont très clairs lorsque l'on sait les lire :

[Le] lac S. Jean nommé Pingagami, qui a 30 lieuës de longueur, 10 de largeur, 12 rivieres entrent dans ce lac, & il n'y en a qu'une seule, qui en sorte [...] qu'on appelle le Saguenay. Ce lieu est beau, les terres sont fort unies, & paroissent bonnes, il y a de belles prairies ; c'est le païs des loutres, des orignaux, des castors, & principalement du porc epi ; c'est pour cela que les Sauvages ; qui y font leur residence, s'appellent Kakouchac, prenant leur nom du mot Kakou, qui en leur langue signifie porc epi : c'estoit autrefois l'endroit, ou toutes les Nations, qui sont entre les deux Mers, de l'Est, & du Nord, se rendoient pour faire leur commerce ; j'y ay veu plus de vingt Nations assemblées. Les Habitans ont esté extremement diminuez par les dernieres guerres, qu'ils ont eu avec l'Iroquois, & par la petite verole, qui est la peste des Sauvages ; maintenant ils commencent à se repeupler par des gens des Nations estrangeres, qui y abordent de divers costez, depuis la paix (*RJ*-56 : 154-156).

On notera d'abord que le texte s'organise en trois séquences temporelles. Dans la première, le missionnaire procédait, au mode présent, à la description d'un lieu. Dans la deuxième, il évoquait au passé la vie dans ce lieu. Enfin, dans la troisième, il s'engageait, de nouveau au mode présent, dans une observation *in situ*. C'est dans une telle organisation textuelle qu'il convient de lire l'occurrence des Kakouchak. On se souviendra que les jésuites n'employaient plus cet ethnonyme depuis la fin de la décennie 1650, alors que celui-ci avait été remplacé par le référent géographique « Indiens du lac ». Sa résurgence sous la plume du père Albanel, dans une séquence descriptive où le missionnaire étalait les beautés bucoliques de la région, tend à inscrire le signifiant Kakouchak dans l'atemporalité ; comme ces belles terres qui s'étirent en prairies prometteuses, comme ces animaux qui font la richesse des forêts de cette région, étaient inscrits dans le paysage local des Kakouchak qui tiraient leur nom de l'abondance des *kakous*. On sait pourtant que, déjà à cette époque, soit après trente ans de chasse intensive, cette abondance avait quelque peu été atteinte. De même, les Kakouchak ne formaient plus le peuple d'autrefois. Dans un passé fini par rapport au temps du locuteur, le missionnaire évoquait ensuite les heures de gloire de ce haut lieu d'échange et de commerce entre les nombreuses tribus qui le fréquentaient. Dans la troisième séquence, le missionnaire poursuivait son texte par rapport à son présent de locuteur. D'abord, dans un passé composé, qui place le sujet du verbe en partie dans le passé et en partie dans un présent qui coïncide avec celui du locuteur, le missionnaire notait que les habitants du lieu *ont été* extrêmement diminués par les guerres qu'ils *ont eues*. Ensuite, marquant de façon déterminante un présent qui situait le locuteur dans le temps de l'action et dans la temporalité du sujet du verbe, il enchaînait avec l'adverbe MAINTENANT. Ce *maintenant* appelait une action qui commençait : *maintenant ils commencent*. En séquence, il faut donc lire qu'antérieurement au moment de l'observation *in situ*, ils *ont été* et ils *ont eu*, mais que *maintenant* ils *commencent*. Quel était donc l'acteur dans ce commencement ou comment déterminer le sens du *ils* employé par le locuteur ? D'aucuns voudront y lire que ce *ils* renvoyait aux Kakouchak mentionnés plus avant dans le texte. Une telle lecture trahirait la structure interne du récit, en ce qu'elle traverserait les trois séquences temporelles présentes dans le discours. L'enchaînement discursif indique de façon claire que le sujet *ils* du verbe *commencent* prenait la place du substantif *habitants*, qui se retrouve en tête de cette troisième séquence temporelle. C'étaient donc les *habitants* d'alors, au moment même de l'observation du missionnaire, qui commençaient à se repeupler et non spécifiquement les Kakouchak. Une telle lecture pose de façon encore plus criante la thèse de la disparition de cette tribu avant même la fin des hostilités iroquoises, affaiblissant d'autant l'hypothèse que ce fût sur un noyau de Kakouchak de souche que s'opéra ce repeuplement. Du moins, le témoignage du père Albanel ne pourrait être évoqué de façon décisive en ce sens. Il faudrait ignorer douze ans d'écriture de *Relations* pour soutenir que le père Albanel témoignait que c'étaient les vestiges de Kakouchak qui se reconstituaient.

Depuis plusieurs années déjà, les missionnaires observaient la présence de « Sauvages estrangers » au lac. Par exemple, en mai 1652, le père de Quen signalait qu'« un bon néophyte du païs des Attikamègues » s'était réfugié à la mission de Saint-Jean parmi les Kakouchak (*MNF-8* : 311). En 1653, « de la Mission S. Jean en la nation des Porcs-Epics », les jésuites racontaient l'anecdote d'une fille non chrétienne qui, n'ayant « jamais veu de gens faits comme nous, portans des robes noires », demandait le baptême sur le témoignage des chrétiens qu'elle avait fréquentés (*MNF-8* : 623, 626). Force d'attraction, la mission attirait les Indiens des environs.

Encore majoritaires à cette époque dans la zone de Métabetchouan, les Kakouchak pouvaient formellement être mentionnés par les missionnaires. Et il en fut ainsi jusqu'en 1658. En 1660, subjugués par le nombre des nouveaux venus, ils disparurent sous le terme « Sauvages du lac » désormais en usage chez les jésuites. Une dizaine d'années après les profondes perturbations opérées par les raids iroquois et les razzias microbiennes, le supérieur des missions jésuites rapportait dans une lettre à son provincial de Paris : « les montaignais ausquels se sont Joints maintenant

quelques Algonquins [...] se rendent souvent a Chigoutimy a 30 lieües de
L'embouchure du saguenay et au Lac Quinogaming [lire Piékouagami et
non Kénogami; Dragon: 208] 20 lieües plus hauct, ou plusieurs meme
demeurent une partie de Lannéé» (*RJ*-62: 214). Ainsi, des Montagnais de
multiples horizons et des Algonquins résidaient désormais en pays
piékouagamien. Depuis quand? Vraisemblablement depuis le retour de la
paix dans ces contrées, au début de la décennie 1670, soit à l'époque de
l'observation du père Albanel.

Disparus des écrits des missionnaires comme groupe organisé domi-
nant un territoire donné, dès la fin de la décennie 1650, les Kakouchak ne
se frayèrent qu'avec difficulté un chemin vers la mémoire écrite. Même
Charlevoix, qui disait avoir passé beaucoup de temps «avec les anciens
Missionnaires, qui [avaie]nt vécu lontems avec les Sauvages» et avoir tiré
d'eux «plusieurs connoissances touchant les Peuples divers, qui habit[ai]ent
ce vaste Continent» (*HDGNF*-3: 178), n'en fit mention ni parmi les peuples encore en contact avec les Français ni dans sa liste des peuples autrefois rencontrés. Conformément à cette littérature missionnaire, la cartographie française cessa de leur assigner un territoire. Apparus dans la
production cartographique en 1653, au temps fort de la mission de Saint-
Jean, par les soins du cartographe Pierre Duval, les Kakouchak en sortirent
dès la fin du siècle. La carte du Canada produite par les Delisle en 1703

CARTE 2

Extrait de la carte de François Du Creux, Paris, 1660

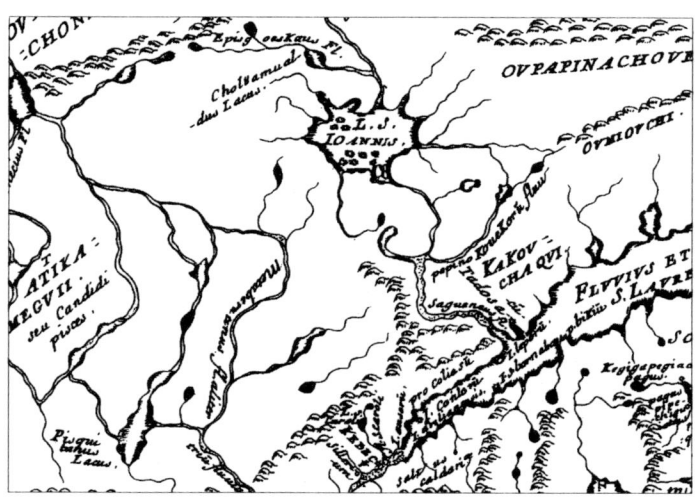

les avait définitivement gommés de l'histoire. En écho à leur absence sur la carte des Delisle, Raudot affirmait, en 1709, que le lac Saint-Jean n'était plus peuplé que de «quelques debris de ces fameux Algonquins», qui s'y étaient «retirés pour éviter la fureur de leurs anciens ennemis» et qui y vivaient désormais «miserablement» (*RLAS*: 108). Ce témoignage confirme que nombre d'Indiens venus de différentes parties de la colonie s'étaient dirigés vers le lac Saint-Jean pour se mettre à l'abri des raids iroquois qui dévastèrent par intermittence leur territoire.

En 1664, au crépuscule de la mission de Saint-Jean, Du Creux publia une carte sur laquelle figuraient les Kakouchak, et les localisait à la hauteur de Tadoussac. On notera, par ailleurs, que, suivant le positionnement donné par Nicolas Sanson en 1656, Nicolas de Fer (1669) et Alexis-Hubert Jaillot (1694) situèrent les «Cacouchaqui» sur la Moyenne-Côte-Nord. Pierre Duval, seul cartographe français à avoir convenablement situé les Kakouchak, eut un certain rayonnement dans le monde cartographique européen puisque sur une carte de Coronelli, publiée en 1689, on retrouve les «Cacouchaqui» au lac Saint-Jean, de même que sur une carte de William Berry, publiée en 1680.

La mention des Bersiamites par le père Le Clercq doit, elle aussi, être analysée à la lumière du contexte de rédaction de l'ouvrage. Bien que celui-ci soutînt que le père Jean Dolbeau visita les Bersiamites, les Papinachois et les Esquimaux, il s'avère peu probable qu'il fût en état de les identifier comme tels puisqu'il en était encore à l'apprentissage de leur langue afin d'être «en état de travailler tout de bon à leur conversion». Quand on sait avec quelles difficultés le père de Quen entreprit une semblable visite apostolique, quelque trente-cinq ans plus tard, et dans des conditions beaucoup plus favorables, on est en droit de mettre en doute l'exactitude de l'affirmation du père Le Clercq. Mais encore, on sait que les Rats-Musqués de Tadoussac refusèrent longtemps aux jésuites de les conduire tant à l'intérieur du Saguenay que le long du fleuve; l'interdit ne pouvait être que plus fort au temps des missionnaires récollets. De même, la narration du voyage de Champlain amenait le père Le Clercq à énumérer les tribus du nord qui avaient été rencontrées: «les Montagnais, Etechemins, Betsiamites, & Papinachois, les grands & petits Eskimaux». Pourtant, la lecture de sa relation de voyage confirme que Champlain n'avait identifié ces groupes que par l'ambigu vocable «Exquimaux» (*PEF*-1: 71, 93; *MNF*-8: 313; *WSC*-5: 177).

L'ethnonyme «Algonquins» employé par le supérieur des jésuites, Thierry Beschefer, et par l'intendant, Antoine-Denis Raudot, prête cependant à interprétation. Il pourrait en effet restrictivement signifier les «Algoumequins» avec lesquels les Montagnais partaient en guerre contre les Iroquois, au temps de Champlain. Il pourrait plus largement évoquer la famille algonquienne et renvoyer aux diverses tribus occupant la partie orientale du Canada et partageant un même fond linguistique. Sous ce sens élargi, il faudrait donc entendre que le lac Saint-Jean comptait, depuis la fin du xviie siècle, des Attikamègues, des Micmacs, des Abénaquis, et autres (Day et Trigger: 792-794). Cette seconde acceptation du terme semble d'ailleurs être confirmée par certaines annotations des missionnaires au deuxième registre de Tadoussac, où on lit, par exemple: «Stephano 8etechemin, Algonk.» ou «Algonkinios mistassinios» (SRT: 30, 51). D'ailleurs, depuis que le père Albanel avait signalé cet apport d'éléments étrangers aux «habitants du lac», ses confrères multipliaient les observations de la présence de ces Algonquins tous azimuts. Lors de son hivernement dans la région du Saguenay–Lac-Saint-Jean en 1673-1674, le père de Crespieul rencontra des Outabitibecs (RJ-59: 28-30). Au cours de l'hiver de 1676-1677, alors qu'il avait établi son pied-à-terre à Métabetchouan, il releva, outre la présence d'Algonquins, celle d'Abénaquis, d'Etchemins et de Mistassins cabanant ou chassant dans les environs (RJ-60: 244-256). Quant au père Albanel, lorsqu'il écrivit que «des Nations estrangeres» abordaient «de divers costez», il ne manquait certainement pas de faire référence aux Mistassins dont il rapportait l'hivernement au lac, quelques pages plus loin (RJ-56: 210). À n'en pas douter, l'expression «Sauvages du lac» recouvrait une réalité ethnique qui avait désormais peu en commun avec l'ethnonyme «Kakouchak».

Sous la pression iroquoise, les nouveaux arrivants ne furent pas instillés par doses homéopathiques dans la communauté d'accueil. La faiblesse démographique des Kakouchak diminuait d'ailleurs leur capacité d'assimilation de tant de réfugiés, qui ne vinrent pas renflouer les effectifs du groupe piékouagamien initial mais le débordèrent bientôt. Aussi, les Kakouchak perdirent rapidement en homogénéité ce qu'ils auraient pu gagner en quantité; forçant ainsi la naissance d'un groupe composite. Un tel scénario expliquerait le recul observé au cours de la décennie 1660 des appellations «Kakouchak» et «Porcs-Épics» à l'avantage d'un générique imprécis, les « Sauvages du lac Saint-Jean », au référent beaucoup plus géographique qu'ethnographique.

Quelle était donc la part kakouchak dans cette communauté composite des « Sauvages du lac » ? Il serait bien difficile d'en faire l'évaluation. Force est pourtant de noter que le trait kakouchak ne pouvait qu'aller en se diluant, comme tendit à fondre le nombre de nomades dans le secteur, tout au long du dernier quart du xviie siècle. Les années noires du Domaine du roi, au début du xviiie siècle, diminuèrent encore sensiblement les faibles ressources indiennes, qui subirent un second renflouement d'effectifs avec la relance de la ferme sous l'intendance de Hocquart. Lorsque Normandin explora la frontière sud-ouest de la Traite de Tadoussac, en 1732, il rencontra bien peu de descendants de cette première génération de « Sauvages du lac Saint-Jean » : « Ces sauvages habitant de ce Lac, dont je parle, ne sont pas en grand nombre à ce que j'en puis voir ». Plus loin dans son journal, il précisait leurs effectifs : « Ces sauvages étaient cinq avec leur famille, ils étoient cabanez sur le bord de la riviere de G8ipajgane [rivière Couchepaganiche, tronçon de la Belle Rivière] à l'entrée de ce lac. Je fis demander au chef si c'etoit tout son monde. Il répondit en soupirant et regardant le lac d'un œil triste qu'autrefois il avoit beaucoup de jeunesse mais qu'a présent ils n'etoient plus qu'onze » (*JES* : 117-118).

Dans un mémoire rédigé l'année suivante et dans lequel étaient dénombrés les chefs de famille rattachés aux différents établissements implantés sur le territoire de la Traite de Tadoussac, l'intendant Hocquart en indiquait quatorze pour le poste du lac Saint-Jean, soit au mieux un total de quelque 70 individus. Malgré les efforts entrepris par les gestionnaires du Domaine afin de repeupler les terres près des postes de traite, les effectifs indiens n'augmentaient que très difficilement. Dans le rapport qu'il remit aux autorités coloniales, en 1750, le père Coquart, qui était depuis 1746 à la tête de la mission du Saguenay, réduisait à « une grande famille », simplement, la population autochtone fréquentant le poste du lac Saint-Jean dépendant pour lors du poste de Chicoutimi : « Les Gens du Lac St Jean sont les tristes restes d'une multitude etonnante de sauvages qui habitoient les terres. Il y a 60 a 70 ans. Il ne reste plus qu'une grande famille qui fait assés bien lInterest du poste » (*RJ*-69 : 112).

Groupe distinct des Indiens de Tadoussac, les Kakouchak occupèrent, jusque dans la seconde moitié du xviie siècle, la zone méridionale du lac

Saint-Jean. L'ouverture de la chasse gardée, au cours de la décennie 1640, les mit directement en contact avec les Européens et leurs microbes : bon nombre d'entre eux périrent. La colère iroquoise en emporta plusieurs autres dans les années qui suivirent. Dès lors, ils ne furent plus en mesure de préserver pour eux seuls ces traditionnels territoires de chasse. De tous les horizons, des congénères vinrent prendre la relève dans la zone du porc-épic ; les jésuites les dénommèrent « Sauvages du lac ». Ceux-ci furent en déclin persistant, comme en témoignent les dénombrements indiens ultérieurs. Force est donc de conclure, avec d'autres historiens, que les épidémies de maladies contagieuses, l'apparition de l'alcoolisme, la menace constante des raids iroquois et la déperdition des ressources animales sur leur territoire avaient entraîné la disparition des Kakouchak, au plus tard vers la fin du XVIIᵉ siècle (Simard, 1983 : 85-92). Ils ne furent pas la seule tribu à s'éteindre de la sorte. Plusieurs parmi leurs voisins subirent un sort similaire.

Les Takouamis

L'énumération des peuples en contact commercial avec les Rats-Musqués, publiée en 1643, posait à la suite des Kakouchak, la tribu des Mikouachak. Celle-ci ne laissa pas de repère dans la toponymie. Sa position entre les Kakouchak et les Takouamiouek dans la chaîne discursive la situerait géographiquement sur le pourtour occidental du lac Piékouagami, sur la rivière Ashuapmushuan. Les Mikouachak auraient alors eu comme voisins au sud-est, les Kakouchak, et, au nord-ouest, les Takouamis, en amont sur l'Ashuapmushuan. Cette hypothèse donnerait une image plutôt évocatrice et significative de la frontière sud du Domaine du roi. Ce dernier aurait alors été délimité par le pays des Rats-Musqués (Ouatchaskou), des Porc-Épics (Kakou), des Castors (Amikou) et des Takou[6]. À ceux-ci s'ajouteraient les Fourmis (Erigou), que les jésuites situaient plus avant dans les terres par rapport aux Attikamègues (vrai-semblablement au nord de ces derniers (*MNF*-8 : 142), et les Écureuils (Anachkatou), « à quelques journés » de Nicabau (*MNF*-9 : 597), qui

---

6. Contrairement aux autres ethnonymes, celui-ci ne semble pas évoquer le nom d'un animal. Notons que les jésuites mentionnaient également les Ratons-Laveurs (Hespan) et les Hommes de la Grosse Roche (Mistassins).

servaient de relais commercial entre les peuples nomadisant du côté de la mer du Nord et les Kakouchak du lac Piékouagami[7].

Le respect de la séquence énumérative et du positionnement géographique demanderait que l'on traitât ici de l'évolution du groupe des Mikouachak. Malheureusement, ceux-ci ne laissèrent que cette seule trace formelle dans la mémoire européenne. On croit cependant les découvrir dans les cibles d'un escadron iroquois au lac Saint-Jean, en 1665 : « Cent Iroquois, [...] ayant resolu d'aller en guerre, partirent de leur païs [...] Trente [d'entre eux] viennent au lac de Piagouagami. Nous n'avons pas bien sceû l'endroit où les autres estoient allez » (*RJ*-50 : 36). Un second escadron fit-il ses ravages du côté mikouachak du lac ? Du moins, il semble avoir eu plus de succès que le premier, qui fut finalement défait après avoir semé l'épouvante et la mort, il est vrai. Les jésuites ne s'étant pas donné comme tâche d'être correspondants de guerre, leurs *Relations* ne fournissent pas le suivi de cette succession d'hivers piékouagamiens passés dans la crainte de l'ennemi. Bien qu'elles aient échappé aux reportages jésuites, les guerres continuèrent. Dix ans plus tard, les missionnaires témoignaient encore, que les raids iroquois se poursuivaient et faisaient de nouvelles victimes (*RJ*-59 : 40).

L'état des sources permet de formuler avec quelque fondement l'hypothèse que les Kakouchak et les Mikouachak furent parmi les acteurs et les victimes de ces portraits de guerre brossés par les missionnaires. Situés du côté du lac Saint-Jean où se jetait la rivière dite des Iroquois (vraisemblablement en souvenir de ces attaques), les Mikouachak auraient figuré parmi les premières victimes, ils auraient formé un groupe très vulnérable, qui servit quelque peu de rempart à ses voisins kakouchak et takouamis (*SRT* : carte). Faut-il alors s'étonner qu'ils aient disparu sans laisser de traces ? On conjecturera également à bon droit que les vestiges de ce peuple furent parmi ces Montagnais qui se réfugièrent à la mer du Nord ou parmi les « Sauvages estrangers » que le père Albanel vit descendre à Métabetchouan dans le dernier quart du XVIIᵉ siècle.

---

7. Radisson relevait ce circuit « from the people of the North to another nation that the French call Squirrels and another nation that they call Porc-épic, and from them to the Montagnais and Algonquins » (*EPER* : 111). S'ajouteraient encore les Piskitang, à proximité des Attikamègues (*MNF*-8 : 623/117) ; d'après la racine étymologique de cet ethnonyme (*Pichitau* signifiait *embouchure d'une rivière*; *RM* : 291), peut-on suggérer comme localisation l'embouchure de l'actuelle rivière Opawica ?

Le sort de leurs voisins vers le nord, les Takouamis, est mieux connu grâce aux travaux de Marcel Laliberté. À l'époque des premiers contacts, le pays des Outakouamiouek s'étirait le long des rives des actuels lacs Obatogamau et Chibougamau, au sud du lac Mistassini, à la jonction des circuits des Attikamègues sur le Saint-Maurice et des circuits des Oukouingouechiouek dans le bassin de la baie James. L'étymologie de leur ethnonyme porterait même à les situer à la source de la rivière Ashuapmushuan : takou évoquant une terre élevée (Mackenzie et Jancewicz-1 : 355). Il faudrait donc croire que les Takouamis occupaient une zone à la hauteur des terres. Cette notion de lieu de jonction est par ailleurs bien rendue par l'étymologie montagnaise du toponyme Chibougamau, qui signifierait «là où l'eau est bloquée». Ce lac est en effet enserré entre les bassins hydrographiques du lac Saint-Jean, du lac Mistassini et de la baie James. Imprégnant leur présence dans la toponymie, les Takouamis donnèrent vraisemblablement leur nom au lac Outakouami, que les jésuites relevèrent comme une des trois principales voies conduisant des rives du Saint-Laurent aux abords de la mer du Nord. Ce lac se situait à une soixantaine de lieues du lac Saint-Jean, en direction nord-nord-ouest, distance qui se parcourait «en dix jours en montant et en cinq en descendant» (*MNF-9* : 281).

Contrairement à plusieurs autres petits peuples du nord, les Takouamis trouvèrent mention avant la fameuse énumération du père Le Jeune de 1643. C'est en effet dans la relation de 1640 qu'apparaît la première occurrence : «Nos Algonquins [de Trois-Rivières] sont allez en traicte vers une nation qui se nomme les Utakd'amiuek» (*MNF-4* : 577). Ces derniers, qui ne s'approchaient que lentement de la prière, intriguaient encore les jésuites une dizaine d'années plus tard : «Une escouade de vingt-cinq ou trente hommes estoient allez en marchandises vers la nation des 8ta8kot8emi8ek. Ce sont peuples qui ne descendent quasi jamais vers les François. Leur langue est meslée de l'algonquine et de la montagnèse» (*MNF-7* : 755). Compte tenu de la proximité des Takouamis des sources de l'actuelle rivière Saint-Maurice et de la ressemblance phonétique des trois ethnonymes, il y a tout lieu de croire que «Utakd'amiuek», «Outakouamiouek» et «Outaoukotouamiouek» renvoyaient au même groupe. Ces Takouamis furent la deuxième «petite nation» de l'intérieur à sortir de l'ombre après les Kakouchak ; les uns grâce à leurs partenaires rats-musqués, les autres grâce à leurs partenaires attikamègues. En 1643,

avant que les jésuites ne se rendissent dans la région de Nicabau, ce peuple
figurait parmi les tribus à évangéliser. Lorsque les jésuites purent s'af-
franchir de la chasse gardée, ils ne se dirigèrent pas immédiatement vers
ce pays. Le commerce qui se pratiquait au lac Saint-Jean et l'apostolat qui
pouvait déjà s'exercer en ces premiers lieux rencontrés ne les conduisirent
pas à pousser immédiatement plus avant leur rencontre avec leurs futures
ouailles. Aussi, ce fut encore pour quelque temps par l'intermédiaire des
catéchumènes autochtones que les Takouamis s'instruisirent des vérités
enseignées par les jésuites. Par exemple, désireux de se faire chrétien, un
des chefs kakouchak implora le missionnaire vers 1650 de ne lui point
faire « de difficulté » car cette grâce apporterait la « lumière à la nation
des 8tak8ami8ek [...], qui [étaie]nt [s]es alliez ». Zélé prosélyte, ce chef
s'engageait même à conduire l'été suivant le père à cette nouvelle mission
(*MNF*-7 : 768-769). Le projet apostolique du catéchumène kakouchak ne
se réalisa pas selon ses vues. Ce ne fut pas par la voie du Saguenay que les
jésuites atteignirent les Takouamis mais plutôt par celle du Saint-Maurice.
En effet, en 1651, lors de son voyage d'exploration du pays attikamègue,
le père Jacques Buteux les rencontra au lieu du troisième rassemblement
(Dawson, 2003 : 50-52).

Contrairement aux espérances nourries par le père Buteux, l'exploration missionnaire dans le Haut Mauricien ne porta que de maigres
fruits. Comme l'indiquent les récits des jésuites du début de la décennie
1650, la guerre iroquoise ayant dévasté les contrées voisines, missionnaires
et aspirants à l'évangélisation durent se mettre à l'abri afin de ne pas trop
hâter la récompense divine. De Trois-Rivières, le père Buteux écrivait que
les Iroquois étaient entrés « dans la païs des Attikamegues, jusqu'au lac
nommé Kisakami [actuelle baie Verreau] » (*MNF*-8 : 149). À quelques
portages des Attikamègues, le pays takouamis n'était pas très sûr. Aussi,
ce premier contact avec les Takouamis n'eut pas de suite, puisque le père
Buteux succomba sous le tomahawk iroquois dès le printemps de 1652,
avant même d'avoir atteint sa destination.

Par ailleurs, bien que sollicité par le chef kakouchak d'aller missionner
au-delà du lac Saint-Jean, au début de la décennie 1650, le père Albanel
disposait de peu de temps pour voyager, accaparé qu'il était par l'accroissement considérable du nombre de chrétiens à Tadoussac, où, d'ailleurs,
il ne pouvait « suffire seul » (*MNF*-8 : 127). Le journal tenu par les pères
Dablon et Druillettes, lors de leur voyage à Nicabau au cours de l'été de

1661, confirme que ce projet d'évangélisation des Takouamis via le lac Saint-Jean fut abandonné. Jusqu'alors ce lac avait toujours été « le terme de la navigation des François, personne n'ayant encore osé passer outre » (*MNF*-9 : 590). Ces deux missionnaires prenaient donc le relais du père Buteux et atteignaient par une voie différente le pays des Takouamis, au début de la décennie 1660.

On croit pourtant déjà rencontrer de façon évasive quelques membres de cette tribu, en 1658, sous la plume du père Druillettes. Après avoir décrit les principales routes menant à la mer du Nord, dont celle passant par le lac Outakouami et celle empruntant la rivière des Oukouingoue-chiouek, ce missionnaire racontait qu'« un sauvage kilistinon [étai]t venu en traite, ou en marchandise, à la susdite rivière des Oukouingouechiouek [et qu'il avait] passé l'hyver avec ces peuples » (*MNF*-9 : 281). Cette pluralité de peuples n'évoquait-elle pas autant les Oukouingouechiouek que les Takouamis, leurs voisins immédiats à la hauteur des terres, qui habitaient un lieu d'échange traditionnel pour le commerce entre tribus nordiques. Assurément, les missionnaires devaient-ils de nouveau les rencontrer lors de leur voyage vers la mer du Nord.

Bien que leur journal de 1660-1661 ne soit pas très prolixe sur les peuples rencontrés en ce lieu de foire, ceux-ci furent diversifiés : « nous avons veu des peuples de huit ou dix nations, dont les unes n'avoient jamais [...] veu de François » (*MNF*-9 : 596). Des Takouamis, parmi ces peuples ? Un certain nombre, assurément. Mais vraisemblablement pas autant que les missionnaires auraient pu l'espérer, d'aucuns ayant déjà fui. Car cette rencontre de Nicabau se fit dans la crainte : l'Iroquois étant devant et derrière. Ce fut d'ailleurs lors de cette escale que les missionnaires furent informés de la destruction de « la nation des Escurieux », qui habitait à quelques journées de là (*MNF*-9 : 597-598). L'ennemi avait visiblement misé sur une attaque en force puisque ce furent quelque 180 guerriers, aux dires des jésuites, qui sillonnèrent les environs du lac Saint-Jean en ce printemps de 1661. Pas étonnant que la petite tribu des Écureuils ait été « défaite entièrement » et que les guerriers étrangers aient « jetté un tel effroy dans tous les peuples circonvoisins qu'ils se sont tous dissipez ». Bien qu'ils ne soient pas ici nommément mentionnés, les Takouamis et les Oukouingouechiouek faisaient assurément partie de ces « peuples circonvoisins dissipez » par l'arrivée de cet imposant parti d'Agniers. Pourtant, le feu des armes ne semble pas avoir seul semé la panique et provoqué le départ de nombreux Takouamis. Des feux de forêt faisaient aussi rage dans la région (*MNF*-9 : 595). Dans un tel pays, doublement en danger, n'allait-il pas de soi qu'une majorité de Takouamis cherchât à gagner quelque lieu plus calme ? Avec le retour de la paix, au début de la décennie 1670, le père Albanel se rendit de nouveau dans cette région. En empruntant la rivière du Chef qui mène au sud-est du lac Mistassini, il évita toutefois le pays des Takouamis (Rousseau, 1950). On ne saurait alors s'appuyer sur son témoignage pour saisir le retour ou l'absence prolongée des Takouamis dans la région du lac Chibougamau et vers Nicabau. Aussi, ce peuple retourna-t-il au pays des ombres du savoir européen pour de nombreuses autres années.

N'étant pas à portée de l'observation missionnaire durant et après la longue nuit des tomahawks iroquois, ni lors de la réappropriation des territoires avec la paix retrouvée ni au cours de la période de déchéance du Domaine du roi, ni aux premiers temps de la réorganisation de la Traite de Tadoussac sous l'impulsion de Hocquart, les Takouamis échappèrent à une lecture continue. Lorsque les témoignages les remirent dans le champ de vision européen, la restructuration du Domaine était en marche. Nommé pour relancer les missions et la traite dans le Domaine du roi, le père Laure n'en parla plus que comme Nékoubauistes, empruntant ainsi le nom du poste où ils allaient en traite. Si Chicoutimien et Piékouagamien étaient les gentilés désormais employés pour désigner les groupes indiens recomposés autour des lieux de traite, ne faut-il pas déduire le même usage pour Nékoubauiste ? L'extrapolation ferait ici fi du témoignage de l'arpenteur Normandin, de passage dans cette région à l'été de 1732. Dans ses remarques sur le poste de Chamouchouane, il notait que « les sauvages les plus affidés sont ceux des environs du lac de Nicopao qui sont les Tak8amis ». Ceux ainsi désignés par Normandin comme étant des Takouamis en étaient-ils tous ? Avec ou sans adoptés provenant des tribus limitrophes, ce peuple n'était plus que l'ombre de lui-même, n'étant plus en très grand nombre (Laliberté : 5). D'après le commis, « dix sept sauvages » seulement s'étaient présentés à son poste en 1732 (*JES* : 171).

Un moment remis sous les yeux des observateurs coloniaux, les Takouamis sombrèrent dès lors dans l'oubli historique. Que sont les Takouamis devenus ? Aucun missionnaire, aucun voyageur, français ou britannique, ne fit plus mention de ce groupe qui chassait initialement dans le secteur de la foire de Nicabau. À quel poste trouvèrent-ils refuge lorsque Chamouchouane vint à manquer? À quel groupe se fondirent-ils? Aux Piékouagamiens? Aux Mistassins, leurs voisins immédiats au nord? Les hypothèses sont ouvertes.

L'histoire de leurs voisins oukouingouechiouek peut-elle jeter ici quelque lumière? Ce peuple était signalé sur la route entre Nicabau et la mer du Nord. Il habitait un territoire vers la ligne de partage des eaux dans la région de l'actuel lac Waswanipi. Le cours d'eau alors désigné comme rivière des Oukouingouechiouek correspond à l'actuelle rivière Nottaway qui prend sa source dans le lac Soscumica et coule jusqu'à la baie James (Laliberté: 6-7). De façon fort évocatrice, elle prit, un moment, le nom de rivière des Iroquois alors qu'elle formait la voie par laquelle les Agniers ravagèrent l'arrière-pays piékouagamien. On peut dès lors déduire que les Oukouingouechiouek furent parmi les premières victimes des raids iroquois. Comme leurs voisins takouamis, ils étaient vraisemblablement comptés parmi ces «sauvages de dedans les terres [en amont du Saguenay] restés en tres petit nombre par la mortalité et leur fuitte des nations irocoises», comme le constataient les marchands de la Compagnie du Nord vers 1683 (C^{11}A-7: 226). Aux premières heures de la seconde offensive des Agniers, au cours des hivers de 1657 et de 1658, ils avaient en effet été contraints de chercher refuge auprès de peuples plus éloignés. Les jésuites n'étaient pas alors en mesure de préciser l'identité de ces communautés d'accueil. Une quinzaine d'années plus tard, le voyage du père Albanel jusqu'aux abords de la mer du Nord par la voie du Saguenay et du lac Mistassini permit aux jésuites de compléter l'information. Poursuivis par les Iroquois sur leur rivière menant à la baie James, les Oukouingouechiouek auraient opté pour se disperser sur un arc nord-est. Par le *chemin qui marche*, certains gagnèrent la mer du Nord; par les terres, d'autres cherchèrent plutôt asile du côté des Mistassins du lac Mistassini et des Ouinipegouek du lac Nemiscau. Les Agniers leur collaient cependant aux mocassins; même ces refuges ne furent pas sûrs et, eux aussi, bientôt désolés.

La confrontation d'éparses données permet de croire que les Pitchi-bourounis furent assurément l'une de ces tribus éloignées vers lesquelles se réfugièrent les trois tribus désolées en 1659. On sait par les missionnaires que ces Pitchibourounis occupaient initialement les abords sud-ouest de la baie James (*MNF*-9: 469). Or, le père Dablon localisait les uns et les autres dans les terres à l'est de cette même baie une dizaine d'années plus tard : « en prenant au Nordest, sont placez les Pitchiboutounibuek, les Koüakoüikoüesioüek, & beaucoup d'autres nations » (*RJ*-56 : 202)[8]. Ce fut probablement en compagnie des Pitchibourounis que les Oukouingouechiouek glissèrent ainsi du sud-est de la baie James vers le nord-est, sous la menace de la hache iroquoise. Et ce fut dans cette région que les cartographes Delisle les signalèrent en 1703[9].

D'après le témoignage du père Albanel, leurs congénères fugitifs, qui s'étaient momentanément intégrés aux Mistassins, se seraient détachés de leur peuple d'accueil, lorsque s'évanouirent les menaces iroquoises dans cette zone nordique. Ils seraient alors allés occuper des terres au sud-ouest du lac Mistassini, dans la région de Paslistaskau. Ce fut là, du moins, que le père Albanel, en route vers la mer du Nord, les rencontra en 1672. Le missionnaire n'identifia pas alors formellement ses interlocuteurs. Trop heureux d'avoir enfin porté le nom du roi de France et de Dieu jusque dans la région du lac Mistassini, il crut comprendre qu'il avait enfin rencontré les Mistassiniouek signalés par ses précédents confrères d'apostolat.

Mal ancrés dans un territoire d'adoption qu'ils n'occupaient que depuis peu, ces Mistassins qui voyaient pour la première fois des Européens dans ces contrées n'imposèrent pas au jésuite le traditionnel droit de passage exigé pour emprunter leur rivière menant au lac Mistassini. Ils savaient pourtant la situation différente à quelques lieues de là, lorsque le père Albanel franchirait les terres des Grands Mistassins sur lesquelles veillait le chef Sesibaourat, ce bienveillant hôte qui les avait accueillis durant la tourmente iroquoise. À cette étape de son voyage qui commandait quelque civilité, afin d'étendre le rayonnement de l'influence française dans l'hinterland, le père Albanel eut l'occasion d'enseigner les premiers rudiments de la foi aux Indiens rencontrés. Toutefois, anxieux d'atteindre son but et de se rendre jusque sur les rives de la mer du Nord, il différa les cérémonies du baptême et invita ses nouveaux catéchumènes à le retrouver au lac Saint-Jean lorsqu'il y reviendrait à son retour.

8. Selon toute vraisemblance, le terme « Koüakoüikoüesioüek » renverrait au même groupe que celui alors désigné par le terme « Oukouingouechiouek » et ne serait qu'une variante orthographique sous la plume des missionnaires.

9. Autre signe de déplacement significatif, circonstanciel ou permanent, on note au registre des baptêmes, celui d'un Oukouingouechiouek aussi loin à l'est que la rivière aux Outardes, en juin 1669 (*SRT* : 4).

Le 23 juillet suivant, le père s'étonna et se réjouit tout à la fois d'avoir été aussi bien obéi : «les Mistasirinins [l']attendoient depuis un mois». Quels Mistasirinins ? Il s'agissait, précisait le missionnaire, de cette première bande rencontrée aux environs de Paslistaskau. De véritables Mistasirinins ? Voilà qui est moins certain, puisque ces catéchumènes furent, pour un certain nombre, inscrits au registre des baptêmes sous l'identification Kouakouikouechiouek. Y eut-il quelques Takouamis parmi ces Mistassirinins identifiés comme Kouakouikouechiouek ? Ceci tomberait sous le sens puisque Paslistaskau, où se retrouvèrent ces Kouakouikouechiouek, était aux confins de l'initial territoire de ces Takouamis. Cette hypothèse trouverait d'ailleurs quelque fondement dans l'attitude du capitaine Moukoutagan qui hésita à réclamer du père Albanel un tribut pour franchir ces terres. S'il faut en croire Parent, le droit de passage ne pouvait s'exiger que dans le cas où une tribu exerçait un contrôle exclusif sur un territoire. Or, la zone autour de Paslistaskau n'était plus occupée en exclusivité par un seul groupe mais, vraisemblablement, par un amalgame de réfugiés qui avaient trouvé protection auprès des Mistassins. Ne revenait-il pas alors à Sesibaourat d'imposer ce tribut ? Une telle lecture colle tout à fait au témoignage des jésuites :

> Sur le soir, nous fimes rencontre de trois Mistassirinins dans un canot [...] j'entray dans la défiance, [que le plus âgé] ne nous voulut faire achepter le passage, mais s'estant apperceu de ma défiance, il essaya de cacher son dessein, ce fut le matin en partant, qu'il s'en expliqua, en me disant, Robe noire, arreste icy, il faut que nostre vieillard, maistre de ce païs, sçache ton arrivée, je m'en vay l'avertir [...] je lui répondis un peu brusquement, est-ce toy qui m'arreste ? Non ce n'est pas moy, & qui donc ? Le Vieillard Sesibaourat (*RJ*-56 : 172).

Le récit de ce voyage du père Albanel, qui met en scène des Kouakouikouechiouek sous le masque de Mistassins, incline par ailleurs à croire à la transformation de cet ethnonyme entre la première et la seconde occurrence dans les *Relations*. En passant de Mistassiniouek à Mistassin, le référent se gonfla. Le premier renvoyait à un peuple occupant des terres sur les rives de l'actuel lac Mistassini, peuple voisin des Outakouamiouek, des Oukouingouechiouek, des Oukesestigouek, des Mouchaouaouastiriniouek. Mistassiniouek céda bientôt la place au second qui engloba l'ensemble de ces petits peuples initiaux sur le large pourtour du lac Mistassini. Arrivant en observateurs aux lendemains de la perturbation iroquoise dans ce secteur, les missionnaires francisèrent un ethnonyme de l'idiome montagnais et en firent un générique particularisant un nouveau groupe parmi ces «petites nations du nord» qui entraient désormais sous la protection du roi de France. Comme le terme «Bersiamite» sur la rive nord du Saint-Laurent, le terme «Mistassin» en usage dans l'hinterland s'employa à la fois comme ethnonyme spécifique pour désigner une tribu particulière et comme générique regroupant un ensemble de petits peuples aux confins de la Traite de Tadoussac, dans sa partie la plus rapprochée de la mer du Nord. C'est à la lumière de ces considérations qu'il convient d'analyser les occurrences du terme «Mistassin» dans les témoignages laissés par les voyageurs et par les missionnaires des XVIIᵉ et XVIIIᵉ siècles.

Les Mistassins

Comme les autres petits peuples de l'intérieur des terres, les Mistassins entrèrent dans l'univers européen de la connaissance par le truchement des informateurs rats-musqués. La première mention de leur existence apparaît, en 1643, dans la longue énumération des groupes autochtones en contact avec «les Chrestiens de sainct Joseph & de Tadoussac», sous l'ethnonyme «Mistasiniouek» (*MNF*-5 : 172). Pourtant, avant même que les missionnaires ne pussent apprécier l'état de ce peuple, les Iroquois gagnèrent son territoire et le dévastèrent.

Dès le début de la décennie 1660, les Agniers formèrent une «nouvelle entreprise» : attaquer les «sauvages du Nord» (*RJ*-47 : 148). Atteignirent-ils dès les premières heures de l'hiver de 1661 les bandes mistassines ? Du moins, les jésuites assurèrent que l'ennemi ravagea des campements indiens aussi loin que Nicabau, mais il n'est pas impossible que les raids perpétrés contre des groupes mistassins aient échappé à leur connaissance, alors qu'ils n'avaient pas encore pénétré ces lointaines contrées. Les massacres commis au cours de l'hiver de 1664-1665 trouvèrent pourtant le chemin de la mémoire européenne : «Pour mieux reüssir dans leurs desseins, [les ennemis] se diviserent en trois bandes, & chacune prit son quartier. Trente [allère]nt vers le païs des Mistasiriniens» (*RJ*-50 : 36). Non seulement ces guerriers se rendirent-ils au pays des Mistassins mais ils le traversèrent puisque de funestes traces de leur passage furent observées aussi haut qu'au lac Nemiscau sur l'actuelle rivière Rupert. De passage dans la région à l'été de 1672, le père Albanel déplorait la disparition « d'une grande nation [les Ouinipegouek] qui l'habitoit, il y a huit ou dix ans ». Selon le témoignage de ses guides indiens, les Iroquois se seraient rendus à Nemiscau au cours de l'hiver de 1663 et y auraient dispersé les peuples qui y habitaient[10]. La rivière Rupert étant devenue une des voies importantes de circulation des fourrures, les Iroquois s'y seraient fortifiés et y auraient intercepté les convois au cours des années suivantes. Vers 1665, soit le même hiver où leur présence chez les Mistassins fut confirmée par les missionnaires, les Iroquois firent main basse sur un groupe de quelque 80 personnes à ce même refuge de Nemiscau. Devenu trop dangereux, le lieu aurait alors été entièrement abandonné, « les originaires s'en étant écartés » (RJ-56 : 182). Lorsque les jésuites apportèrent aux Mistassins la bonne nouvelle de la parole de Dieu et de la paix conclue, vers la fin de la décennie 1660, c'était un peuple déjà amputé d'une partie de ses effectifs et perturbé sur son territoire qu'ils rencontrèrent. D'ailleurs, les attaques iroquoises avaient été d'autant plus dévastatrices que ces peuples chasseurs du nord, qui n'avaient jamais rencontré l'ennemi sudiste (RJ-47 : 148), avaient peu l'habitude de ces guerres inter-tribales.

Inconvénient notable pour le commerce français, depuis que les Iroquois avaient fermé les routes du sud, les fourrures extraites du pays des Mistassins prenaient dès lors, elles aussi, la direction de la baie d'Hudson. Agent de Dieu et des marchands, le père Albanel fut alors député pour ramener à la cause de Sa Majesté très Chrétienne et très colbertiste les Mistassins et les autres tribus réfugiées dans les contrées nordiques, aussi loin que Miskoutenagachit (embouchure de l'actuelle rivière Eastmain appelée *Akautogan*, c'est-à-dire *rivière impraticable* par les Indiens ; Rouillard et Proteau : 16). En quête d'âmes et de fourrures, le jésuite se mit en route au début du mois d'août 1671, sous la conduite des neveux du *dux* de Tadoussac. Un mois et demi plus tard, en halte à Nataschegamiou, il rencontra ses premiers Mistassiriniens qui, en compagnie d'Attikamègues, revenaient de la traite à la mer du Nord où des

---

10. Le témoignage rapporté par le père Albanel recoupe celui rendu par Guillaume Couture, l'un des compagnons des pères Druillettes et Dablon, lors d'un voyage au lac Nicabau en 1661 (C^{11}A-10 : 165-173).

gens de plusieurs tribus dérangées s'étaient « establis pour le commerce » (*RJ*-56 : 156)[11].

Lorsque vint le temps de se remettre en route, la saison était trop avancée. L'équipage du jésuite opta alors pour hiverner à Nataschegamiou[12], pays « assez peuplé d'orignaux, & de caribous », et où « le castor & le porc epy s'y estoit multiplié depuis sept à huit ans que personne ne chassoit dans ces vastes forests » (*RJ*-56 : 160). Au cours de cet hivernement, le père Albanel eut la consolation de faire la rencontre d'un vieillard mistassin, en provenance de Miskoutenagachit[13] et en route pour Québec, où « ses enfans s'estoient refugiez [...] du temps des incursions des Iroquois » (*RJ*-56 : 162). Ce vieux Mistassin était apparenté au capitaine de Tadoussac qui avait demandé à ses neveux de l'accompagner : « ses propres neveux, ou petits fils, qui me menoient dans le voyage de la Mission, & de la découverte du Nord » (*RJ*-56 : 162)[14].

Le vieux Mistassin n'était toutefois pas venu seul de la baie d'Hudson. Le capitaine Ouskan, de la tribu algonquine des Mataouchkarinis dont une partie habitait pour lors le sud de la baie, à l'est des Monsonis, avait lui aussi fait ce long chemin. Pour se ménager les grâces et la protection des Français, Ouskan se fit très pressant auprès du père Albanel afin de se voir conférer le sacrement du baptême. Le missionnaire ne jugea

11. Les côtes de la mer du Nord où s'étaient réfugiés les Mistassins ne faisaient pas partie de leur territoire traditionnel. On retiendra pour preuve l'argument soulevé lors des négociations avec l'Angleterre concernant la baie d'Hudson qui tendait à tracer ses limites aux confins du pays des Mistassins afin de conserver ce peuple et leurs territoires de chasse dans l'étendue de la Traite de Tadoussac (*RAPQ, 1947-1948* : 219).

12. D'après les cartes de l'époque et le journal du voyage de Normandin, Nataschegamiou correspondrait à la fourche sur l'actuelle rivière Ashuapmushuan où se déverse l'affluent venant du lac Chigoubiche. Nataschegamiou serait alors au cœur du traditionnel pays des défunts Mikouachak.

13. Le père Albanel ne mentionnait pas le lieu de départ du vieillard, mais il précisait que ce dernier avait parcouru quelque « quatre cens lieuës » lorsqu'il fit sa rencontre, ce qui situe son point de départ bien au-delà des rives du lac Mistassini. Pour sa part, le père de Crespieul évaluait à 300 ou 400 lieues la distance de Chicoutimi à Nemiscau. Considérant que le père Albanel était à quelques dizaines de lieues en amont sur l'Ashuapmushuan et qu'il référait à un franc 400 lieues, on peut penser que son vieillard était fort près de la mer du Nord.

14. Bien que le terme neveu puisse simplement évoquer une relation d'allié, la surcharge littéraire *propres neveux ou petits fils*, sous la plume du missionnaire, tendrait plutôt à décrire un lien familial et non une simple alliance.

toutefois pas son zèle suffisant pour le faire enfant de Dieu. Ce refus du père aigrit Ouskan, qui tenta alors de lui « fermer le passage de la rivière » (*RJ*-56 : 166), et de convaincre ses guides que le chemin était trop fatigant et trop dangereux. Il est vrai que l'Ashuapmushuan menait à son pays, mais après bien des lieues et maints portages. Faisant fi des irritations d'Ouskan, qui « n'avoit aucun pouvoir », le père Albanel convainquit deux des Mistassiriniens venus de la mer du Nord avec les Attikamègues et ayant hiverné avec lui, de lui servir de guide pour la seconde portion du voyage.

Parvenu à la hauteur des terres, le père Albanel fut confronté à un capitaine au pouvoir bien établi. Il entrait dans le pays des Mistassins et le chef Sesibaourat comptait bien tirer quelque tribut du passage de la Robe Noire. Représentant de Sa Majesté, le missionnaire n'entendait pas s'assujettir à quelconque chef indien. Évoquant l'investissement consenti par le roi de France pour apaiser toutes ces contrées, il imposa au chef des Mistassins la libre circulation des sujets de ce grand roi « sur cette terre conquise par ses armes » (*RJ*-56 : 174). Empathique toutefois au malheur de son peuple, et conformément aux coutumes qui établissaient les modalités du droit de passage, il lui offrait une natte « pour couvrir les fosses de [ses] morts, qui ont esté tuez par l'Iroquois [... et pour ceux qui avaient] échapé leurs feux, & leur cruautez »[15]. Bien sûr, il ne manqua pas de rappeler aux Mistassins qu'ils devaient reprendre leur ancien chemin du lac Saint-Jean. Son message fut bien reçu. Sesibaourat ne fit aucune opposition à la poursuite de son voyage et accepta le rendez-vous qu'il lui fixait en Piékouagamie sur le chemin du retour.

Au-delà du lac Mistassini, la route vers la mer du Nord était parsemée d'embûches. Et le père Albanel faillit en mordre ses oints doigts de ne pas avoir administré le sacrement du baptême à Ouskan. Son guide mistassin, visiblement peu habitué à parcourir ce trajet, « s'égara par deux fois », obligeant la troupe à de longs et périlleux portages (*RJ*-56 : 180), avant de parvenir, enfin, aux rives du lac Nemiscau où, une dizaine d'années

---

15. Bien qu'il respectât ainsi la coutume obligeant les étrangers à payer un droit de passage, le père Albanel évita d'inscrire son geste dans un acte de subordination. Le contexte et le discours laissent plutôt entendre que les Français considéraient pouvoir circuler à leur guise sur ce territoire réclamé par leur roi. Aussi, par cette offrande de présents, le père Albanel cherchait davantage à gagner la fidélité de ce peuple à la couronne de France qu'à assujettir Louis XIV et ses sujets aux prétentions d'un peuple autochtone.

plus tôt, habitait « une grande nation sauvage », les Ouinipegouek[16]. Ce peuple, qui occupait en fait non seulement les rives du lac mais aussi celles de la rivière Nemiscau jusqu'à son embouchure dans la baie James[17], ne sortait alors de l'anonymat des petits peuples du nord que pour s'ajouter au tableau des disparus, puisque le père Albanel ne rencontra, là aussi, que désolation : « On y voit encore les tristes monumens du lieu de leur demeure, & les vestiges sur un islet de roches, d'un grand fort fait de gros arbres, par l'Iroquois, d'où il gardoit toutes les avenuës, & où il fait souvent des meurtres » (*RJ*-56 : 182). Débarrassé de la gênante présence iroquoise, ce pays dévasté de ses occupants initiaux fut rapidement réoccupé : dès l'été de 1672, le missionnaire y rencontrait 150 Mistassins qui y chassaient (*RJ*-56 : 208)[18].

Parvenu à destination sur la rive orientale de la mer du Nord, « a une pointe que les Sauvages nomment Scontenagachy », le père Albanel y trouva « un grand nombre » de fugitifs. La facilité avec laquelle le missionnaire discuta avec ses hôtes, comme en témoigna Paul Denys de Saint-Simon qui l'accompagnait, convainc de leur identité : il s'agissait à coup sûr de membres de la grande tribu montagnaise (C[11]A-10 : 98v°). Au capitaine Kiaskou, le missionnaire rappela les avantages de la paix avec les Iroquois, gagnée par les armes du roi de France. N'osant aborder directement la question de leur commerce avec les Anglais qu'ils rencontraient sur les rives de leur refuge nordique, il les invita néanmoins indirectement à retourner sur leurs terres libérées des incursions ennemies et les engagea à « peschez, chassez, & trafiquez par tout », sans crainte des Agniers (*RJ*-56 : 192). Portant son christianisme en étendard, il les exhorta à recevoir le baptême. Ceux qui mordirent à l'hameçon garni de

---

16. C'est sur le témoignage des jésuites et des fermiers, qui établissaient une nette différence entre ces deux peuples, que les Ouinipegouek sont distingués des Mistassins (*SRT* : 150 ; C[11]A-7 : 220).

17. Croyant que le père Silvy rencontrerait les Ouinipegouek au cours de son voyage à la baie d'Hudson, en 1684, son confrère avait noté : « *P. Sylvi ad portum Nelson apud 8inipeg8irini8ets* » (*SRT* : 148). Certes, Port Nelson était du côté occidental et non oriental de la baie. Bien qu'erronée, cette entrée ne dénote pas moins que les jésuites croyaient pouvoir rencontrer les Ouinipegouek sur les rives de la mer du Nord, ce qui laisse croire qu'ils considéraient que leur pays s'étirait alors jusqu'à l'embouchure de l'actuelle rivière Rupert.

18. L'usage générique que faisait le père Albanel du terme « Mistassin » empêche de préciser leur origine ethnique.

l'appât chrétien furent alors invités à venir au lac Saint-Jean l'été suivant afin de parfaire leur éducation chrétienne et, subséquemment, à recevoir le baptême. Fin stratège, le jésuite ne leur avait pas demandé de mettre fin à leur traite avec les Anglais de la mer du Nord, mais n'avait-il pas assuré aux Français une part substantielle des résultats de la prochaine saison de chasse?

Tel que relevé ci-devant, lors de son retour au lac Saint-Jean, le père Albanel retrouva les Mistassins qui l'attendaient au lieu et au temps de leur rendez-vous préalablement fixé. Remplissant sa promesse, il conféra le baptême à trente adultes, qu'il invita à rester « au lac pour y passer l'Hyver » (*RJ*-56 : 210). Grâce à la bienveillance des jésuites, l'ancien pays des Kakouchak compterait ainsi des Mistassins parmi ces Indiens « des Nations estrangeres qui y abord[ai]ent de divers costez, depuis la paix » (*RJ*-56 : 156). Conséquent avec ses observations antérieures, le missionnaire ne précisait pas l'ethnonyme de ces domiciliés « plus anciens Chrestiens » qui aideraient ces Mistassins à se fortifier dans la foi, les regroupant tous sous l'expression diffuse des « gens qui habitent ce lac » (*RJ*-56 : 210).

Mandé par le gouverneur Louis de Buade de Frontenac de porter assistance à son confrère en mission dans la zone s'étirant entre les lacs Saint-Jean et Mistassini, le père de Crespieul alla passer l'hiver de 1672-1673 avec une autre bande de Mistassins, au lac Waconichi. Les efforts français se multipliaient afin de court-circuiter le commerce avec les Anglais; par cette présence missionnaire auprès des groupes mistassins, on cherchait incidemment à rediriger vers les navires français les fourrures des Indiens qui avaient adopté les sentiers et les terres du nord.

Les Mistassins cédèrent à cette pression soutenue des Français, prirent nombreux les voies du sud et chassèrent souvent dans ces zones nouvelles, hivernant même sur les terres arrosées par l'actuelle rivière Péribonka, à laquelle ils donnèrent un moment le nom de rivière des Petits Mistassins. Leur présence ne se fit pas seulement sentir sur les terres occidentales des défunts Rats-Musqués et des feus Kakouchak, mais également sur le territoire des Mouchaouaouastiriniouek où ils s'établirent, en compagnie d'autres Indiens étrangers descendus de Miskoutenagachit. Les missionnaires notèrent avec fierté qu'ils formaient désormais « la nouvelle mission de M8chau 8raganish, chez les Mistassins » (*TRT* : 107 ; *RJ*-59 : 40-44).

Pour les jésuites, cette double mission fut un succès. Ils firent un grand nombre de nouveaux chrétiens : à lui seul, en 1673, le père de Crespieul en baptisa « cent deux, tant enfants qu'adultes, et entre autres deux de leurs chefs » (*RJ*-59 : 42). Ils convainquirent la plupart d'entre eux de descendre l'année suivante à l'endroit où ils feraient leur mission ; assurément les Indiens y viendraient avec leurs fourrures. Et, ainsi, les jésuites ramenèrent les Mistassins dans le giron français : aussitôt la rencontre de Mouchau Ouraganich terminée, ces derniers partirent pour Québec porter leurs respects au gouverneur.

À l'instar de toute nouvelle mission, le chemin ouvert par le baptême ne tarda pas à conduire ces néophytes aux portes du royaume des cieux. Comme le notait le missionnaire : « Ces bon[s] Sauvages n'avaient point encore vu de missionnaires avant moi ». Or, cette troupe de Mistassins n'avait pas encore atteint Québec que « presque tous furent malades, et quatre ou cinq des plus âgés moururent » (*RJ*-59 : 44). Combien de ceux qui retournèrent à la mer du Nord périrent en chemin ? Aucun témoin européen ne les ayant accompagnés, leur nombre restera conjecture, mais conjecture qui ne pourra nier la triste réalité. D'ailleurs, dans leur relation de 1675, les jésuites confirmaient le passage de la Faucheuse : les missions s'étaient augmentées par le crédit de plusieurs chefs de quelques nouvelles bandes, « entre autres des Mistassins qui, nonobstant les maladies dont Dieu les a affligés depuis leur baptême, sont demeurés fermes dans la foi, et en ont fait profession publique, mourant très-bons chrétiens » (*RJ*-59 : 252).

Malgré ces funestes « dommages collatéraux », les peuples qui s'étaient réfugiés à la mer du Nord ne cessèrent de descendre vers les postes du Domaine. En 1676, le père de Crespieul notait l'arrivée à Chicoutimi de nouveaux Mistassins venus avec des Kouakouikouechiouek « qui pour la 1ere fois estoient descendus en ce lieu » (*RJ*-60 : 244). Dès lors, les Mistassins firent régulièrement partie des ouailles desservies depuis les postes de Chicoutimi et de Métabetchouan (*RJ*-61 : 76-86), ou lors d'excursions jusqu'à Mouchau Ouraganich et au lac Echitagamat, soit cette région à l'est de l'actuel lac Albanel, que fréquentaient les Mistassins (*RJ*-63 : 254-256). Fortement engagés dans la mission du lac Saint-Jean, les Mistassins veillèrent même à son entretien, en 1677, en faisant don de « dix-huit peaues d'orignal et cinq castors » (*SRT* : 154).

Dès lors également, ils furent victimes de la maladie mortelle qui accompagnait le baptême, ou qui le devançait, dans le cas de ceux qui avaient « négligé de se confesser, quand ils le pouvoient » (*RJ*-63 : 248). Évoquant les impénétrables voies du Seigneur, les jésuites notaient, au mitan de la décennie 1680, que plusieurs chefs de tribus réfugiées à la mer du Nord qui s'étaient montrés réfractaires à leur enseignement avaient pitoyablement péris dans les bois sans le secours des sacrements. Ainsi, entre autres, étaient partis Kaouistaskaouat, le chef des Mistassins, Ka Mistasihanet, le chef des Kouakouikouechiouek, Sesibaourat, le chef du grand lac des Mistassins, et Ouskan, le chef des Mataouchkarinis (*RJ*-63 : 248-250). Décapitées, ces bandes. N'y a-t-il pas lieu de croire que les chefs indociles ne furent pas les seuls à être ainsi balayés par un mal mystérieux ou par la furie de quelque congénère emporté par l'eau de feu ?

Comme les autres tribus du Domaine du roi, les Mistassins souffrirent de la pénurie d'animaux consécutive à la surchasse pratiquée vers la fin du XVIIᵉ siècle. Les plus vulnérables semblent avoir été les Petits Mistassins, soit ces bandes qui avaient émigré du côté des petits lacs à l'est de l'actuel lac Albanel, sur ce territoire initialement identifié aux Mouchaouaouas-tiriniouek et qui se distinguaient des Grands Mistassins du grand lac Mistassini. Dès les premières années du XVIIIᵉ siècle, les adjudicataires s'inquiétèrent de leur absence prolongée. L'année 1705 fut particulière-ment catastrophique. Le commis Robert Drouard de Chicoutimi écrivait qu'il n'avait reçu d'eux « aucunes nouvelles ». Quant aux bandes hivernant dans la région de Nicabau, elles étaient menacées de famine : « Tous les sauvages de ce poste ne sétoient point trouves aux deux rendévous qu'ils avoient de par devers eux pour ce voir et que dés l'autonne ils jeusnoient ». Les nouvelles que le commis reçut bientôt du lac Saint-Jean n'eurent rien pour calmer les appréhensions des marchands ; plus la saison avançait, plus le silence des Indiens laissait présager de funestes conséquences : « je crains beaucoup du costé des Petits Mistassins, les sauvages du lac les croient tous morts de faim ». La situation chez les Grands Mistassins n'inspirait guère plus confiance (C¹¹A-25 : 84).

Malgré ces malheurs anticipés, les Indiens du lac Saint-Jean et de Nicabau comptaient sur les forêts mistassines pour leur survie (C¹¹A-25 : 87). Aussi, formulèrent-ils en 1705 l'intention d'aller chercher refuge auprès des Grands Mistassins : « pour obténir de Mirouabech, chef du lieu, des terres pour y chassér et abandonnér le lacq. Les sauvages de Nék8bau en feront autant, ainsi des autres » (C¹¹A-25 : 85). Ces nouveaux déplacements n'allaient qu'ajouter aux mélanges déjà inextricables de ces vestiges épars, reconstitués au hasard de la traite et des pressions missionnaires. Cet afflux de chasseurs n'allait pas pour autant accroître l'activité commerciale dans cette zone du Domaine : « Les Mistassins qui donnoient autrefois du proffit, ont donné a Chécoutimy plus de mil livres de perte ces deux années dernieres par les mauvais retours », déplorait-on vers 1706 (C^{11}A-19 : 213v°). Des vingt chefs de famille qui descendaient autrefois traiter sur les bords du Saguenay, le commis de Chicoutimi n'en rencontrait plus que neuf. La ressource faunique se raréfiant dans les vieilles zones de chasse, il leur fallait désormais trapper plus loin dans les terres, et la mer du Nord se rapprochait d'autant de l'habitat naturel des ressources.

C'est sur de telles notes lugubres que se clôt, pour un long moment, l'observation directe de ce peuple. Mentionnant en 1709 sa présence sur les affluents du lac Saint-Jean, Raudot ne donnait aucun détail supplémentaire (RLAS : 109). De même, au passage, Charlevoix le mentionnait dans une liste de peuples traitant à la mer du Nord ou autrefois en commerce avec les défunts Attikamègues (*HDGNF-3* : 180). Comme leurs congénères et partenaires de traite, les Mistassins de Charlevoix avaient « presque tous ont été détruits par le Fer des Iroquois, ou par les maladies, suite de la misere, où la crainte de ces Barbares les avoient réduits » (*HDGNF-3* : 186). Avec un peu moins de chauvinisme et de parti pris, il aurait pu aussi ajouter « ou par les maladies que leur apportèrent les missionnaires et la misère où les réduisirent les marchands ».

Lorsque le père Laure se présenta dans ces parages vers 1720, il y rencontra un peuple « reduit a peu de gens » (*RJ*-68 : 42). Autrefois puissant sur la route du nord, il avait fondu, au fil des décennies, et ne formait plus qu'un groupuscule, comme les « Chek8timiens Piék8agamiens, Nék8bauïstes, Chomouch8anistes [et] Tad8ssaciens » (*RJ*-68 : 52). Inscrit dans une telle énumération, il y a même lieu de penser que l'ethnonyme survécut moins sur la cohérence maintenue de ce groupe qu'à une évocation topographique, à l'instar d'autres peuples. Il suffira de rappeler le projet évoqué par le commis Drouard au début du xviiie siècle pour donner quelque fondement à cette hypothèse de la communauté composite mistassine, « fusion de deux ou trois groupes différents » (Rousseau, 1948 : 14). Mais aussi, n'avait-elle pas recueilli les rescapés kouakouikouechiouek, ses voisins et compères commerciaux, disparus des annales jésuites ? Il est par ailleurs piquant de remarquer que le père Laure, qui maîtrisait encore mal le montagnais, utilisa l'algonquin pour ses premières leçons de catéchisme (*RJ*-68 : 52). Il reconnaissait pourtant que la « langue purement Algonkine » lui était de peu d'utilité, et pour cause, car l'influence de ce groupe ne pouvait être que très limitée. Et, depuis le temps qu'ils fréquentaient les groupes montagnais, ces Algonquins n'étaient-ils pas déjà largement acculturés ?

L'avancée française dans les forêts du Domaine du roi repoussait à ses confins la présence animale et indienne. Les lieux de foire et d'échange entre tribus se situaient toujours plus loin à l'intérieur des terres. Après Tadoussac, après le pays des Kakouchak, après Nicabau, après Mouchau Ouraganich, il fallait désormais se rendre au lac Onistagane, dans le pays identifié aux premiers Ounaskapi : « Les Mistassins même sy rendront [... et] 8nichtagan sera comme un rendés vous Commun ou tous les sauvages de ces cantons se rendront » (*RJ*-69 : 116). Tel que formulé, le témoignage du père Laure laisse croire qu'Onistagane n'était qu'un lieu de rendez-vous commode pour les Mistassins désirant commercer avec les autres tribus du nord. Comment alors lire cet autre passage où il parlait des « sauvages de mana8an et d'8nichtagan » (*RJ*-69 : 108) ? Les rives de ces lacs n'étaient vraisemblablement pas désertes, mais il semble toutefois que les petites bandes qui y habitaient avaient été noyées par des peuples plus considérables et plus nordiques qui y trouvaient un lieu d'échange à leur convenance.

Malgré tous les efforts des Français pour s'attacher les Mistassins, ceux-ci ne perdirent jamais leur habitude d'aller échanger quelques fourrures avec les Anglais de la baie d'Hudson ; du moins un groupe d'entre eux et, certes, plus particulièrement ceux qui s'en étaient rapprochés en glissant à l'ouest sur les terres des Ouinipegouek de Nemiscau. Comme les Français avant eux, les commis de la compagnie britannique notèrent à plusieurs reprises la présence à leurs postes de « many strange Indians from Mistassini and inland from Richmond » (Rich et Johnson : 337), et ce, tout au long de la deuxième moitié du xviiie siècle. D'ailleurs, la mer du Nord semble s'être faite de plus en plus attractive, drainant nombre d'entre eux dans son voisinage, témoignait Edward Chappell au début du xixe siècle (Chappell : 166).

Les impératifs du commerce européen avaient donc eu raison de cette tribu originellement à l'abri sur son lac Mistassini. Les ressources fauniques, difficilement renouvelables, vinrent à manquer sous l'afflux des immigrants. Comme leurs congénères, les Mistassins cherchèrent d'autres territoires de chasse ou, pire, se réfugièrent à proximité des postes de traite où ils servirent de main-d'œuvre aux marchands. Les «nouveaux Mistassins» qui s'installèrent sur les bords du lac Mistassini quelque temps plus tard n'étaient plus que l'ombre des premiers.

CHAPITRE 3

LES PEUPLES DE LA CÔTE-NORD

Entre autres à cause de la politique de la chasse gardée, les groupes autochtones en aval de Tadoussac mirent un temps à se faire connaître des explorateurs et des missionnaires français. Comme leurs congénères du pays piékouagamien, les Bersiamites, les Papinachois, les Oumamiouek restèrent un long moment confinés au nombre des « petites nations » méconnues. Plus que leurs voisins laurentiens et saguenayens, cependant, les Bersiamites embrouillèrent longtemps le savoir européen. On a relevé la confusion des jésuites quant à leur identité (*MNF*-8 : 313). À cette thèse avait adhéré Guillaume Delisle, alors qu'il localisa les « Oumamiouek ou Betsiamites » à la hauteur de Sept-Îles sur sa carte de 1703. Obscure à souhait, ce fut peut-être même sous l'appellation « Esquimaux » qu'ils quittèrent la protohistoire pour se révéler au monde européen. Sous ce pseudonyme complexe, les Bersiamites furent en fait parmi les premiers à entrer en contact avec Champlain, en 1603, alors qu'il longeait la côte depuis le travers d'Anticosti jusqu'à Tadoussac : « Là est une nation de sauvages qui habitent ces pays, qui s'appellent Exquimaux, ceux de Tadoussac leur font la guerre » (*WSC*-5 : 177).

Ce passage du récit de voyage de Champlain comporte quelques ambiguïtés, puisque le terme « Esquimaux » est mal associé à la description donnée de la côte. Champlain y désignait-il plus précisément les Bersiamites, voisins des Rats-Musqués de Tadoussac, contre lesquels il paraît naturel qu'ils aient entretenu quelque animosité ? Cette interprétation trouve quelque fondement dans l'annotation en marge de ce passage précisant qu'il s'agissait de « lieux pres de Tadoussac ». Ne va-t-il pas de soi d'y identifier des Bersiamites ? Pourtant on sait, par les seules guerres iroquoises, que les animosités entre peuples ne se développaient pas uniquement entre voisins ; les Rats-Musqués de Tadoussac pouvaient aussi bien être en froid avec les Indiens de *Chisedech* (Sept-Îles) que ceux de *Lesquemin* (Les Escoumins). Par ailleurs, le « Là » de Champlain renvoie non seulement à « là, près de Tadoussac », mais à l'ensemble de la côte parcourue, puisqu'il est appuyé dans le texte par le démonstratif pluriel « ces pays ». « Exquimaux » pourrait alors tout aussi bien évoquer les Oumamiouek ou les Papinachois, que les missionnaires jésuites découvrirent un demi-siècle plus tard. Si la confusion des observateurs contemporains complique quelque peu la compréhension que l'on a aujourd'hui de ce petit peuple nordique, une analyse minutieuse des différents témoignages permet de reconstituer avec réalisme l'état de la question à l'époque de Champlain et des premiers missionnaires.

Les Bersiamites

Pour clarifier le référent se cachant sous le terme bersiamite, il convient d'évaluer la thèse de Campeau à savoir que, dans leurs écrits, les premiers observateurs employèrent ce terme comme un générique pour désigner les différents groupes indiens de la côte. Cette thèse, formulée à partir d'une lecture attentive des écrits des jésuites, concorde avec la lecture du récit de Champlain, où son terme « Exquimaux » est à rapprocher des « Bersiamites » des jésuites. Toutefois, Campeau précisait que le terme ne pouvait être qu'un générique, il désignait également, à l'occasion, une tribu spécifique voisinant les Rats-Musqués[1]: « Les Betsiamites formaient celle qui était la plus rapprochée de Tadoussac. Mais les jésuites donnaient alors leur nom [...] à l'ensemble des indigènes de la même côte nord jusqu'au-delà de Sept-Îles » (*MNF*-6: 716/59, 5: 161/14, 8: 36*). Une telle lecture divise les Indiens du futur Domaine du roi en deux grandes entités. À Tadoussac et dans le bassin du Saguenay, auraient vécu des Montagnais, comprenant des Rats-Musqués, des Kakouchak, des Takouamis, des Mikouachak, etc.; alors que sur la côte se seraient retrouvés des Bersiamites, regroupant des Ouperigou-Ouaouakhi, des Papinachois, des Oumamiouek, des Outchestigouek et ceux de Chisedech. Cette thèse a comme premier mérite de lever l'ambiguïté sur le sens véritable du terme, tout en peaufinant celle de Thwaites, qui soutient que les termes « Bersiamite » et « Oumamiouek » renvoyaient à un seul et

---

1. Les écrits de Charlevoix appuieraient cette thèse (*HDGNF*-1: 308).

même peuple (*RJ*-59 : 273/7). Comme second mérite, elle trouve des
assises géographiques dans la cartographie de Champlain : en 1632, il
publiait une carte montrant les Montagnais dans l'axe Tadoussac–lac
Saint-Jean–lac Mistassini et les « Sauvages Bersiamistes » dans la profondeur des terres sur la côte. Enfin, elle permet de résoudre l'apparente
contradiction que pose la juxtaposition de ces ethnonymes dans certaines
énumérations. D'autant plus que ce fut dans une telle énumération, qui
les démarquait par rapport aux Bersiamites, que les Oumamiouek trouvèrent une première existence textuelle, en 1642 (*MNF*-5 : 161).

Notons-le d'emblée, la juxtaposition de ces deux ethnonymes apparaît
très peu souvent dans les *Relations* des jésuites. La première fois, elle provient du père Le Jeune qui, enivré par son enthousiasme apostolique,
énumérait cette multitude qui allait bénéficier de l'implantation d'une
nouvelle mission. Pour sensibiliser ses lecteurs français, n'avait-il pas intérêt
à démontrer avec emphase la grandeur de l'œuvre et à préciser le plus
possible cette myriade de peuples ? Dans cette envolée littéraire, valsèrent
ensemble Bersiamites et Oumamiouek, en présence d'Oupapinachiouekhi
et de sauvages de Tadoussac (*MNF*-5 : 161). La seconde juxtaposition des
deux ethnonymes, en date de 1661, sortit de la plume du même père
Le Jeune, dans un contexte littéraire similaire. Trois missionnaires pour les
peuples en aval de Québec suffisaient à peine à la tâche. Pour les nombreuses tribus le long du fleuve, tout le zèle d'un seul pasteur ne pouvait
répondre aux besoins de la mission. Plusieurs de ces «bons Sauvages»
avaient dû apprendre «d'eux-mesmes les prières, sans autre maistre que le
Saint-Esprit». Heureusement pour eux, «le feu de dévotion [...] ne s'éteint
pas [...] par la véhémence des froids et par l'abondance des neiges»; mais
malheur aux missionnaires qui laisseraient périr ces âmes déjà toutes prêtes,
car le feu de la dévotion se perd «par le grand éloignement des Églises et
des pasteurs». Voilà donc le contexte apostolique de la mission du père
Pierre Bailloquet, lequel poussa jusqu'à l'embouchure du Saint-Laurent.
Au cours de ce voyage, il visita «sept ou huit nations différentes». De ces
sept ou huit peuples, le père Le Jeune n'en mentionnait que quatre. De ces
quatre, une seule nouvelle tribu, celle des *Monts Pelez*, qui trouva là une de
ses rares mentions. Quant aux trois autres, il s'agissait de celles que le
supérieur des jésuites localisait traditionnellement sur la Côte-Nord : les
Papinachois, les Bersiamites et les Oumamiouek (*MNF*-9 : 611). Bien
qu'elles ne fussent pas alors nommées, les tribus des Outchestigouek, des

Ouperigou-Ouaouakhi et de Chisedech viendraient ici combler ce nombre des sept ou huit indiqué par le missionnaire.

Si Bersiamites et Oumamiouek devaient être deux appellations pour désigner une seule tribu, comme le propose Thwaites, comment alors expliquer, autrement que par une quelconque bévue, que le père Le Jeune, dans la colonie depuis fort longtemps et bien informé de la réalité indienne, juxtaposasse à l'occasion ces deux groupes dans ses descriptions du paysage autochtone sur la rive nord du fleuve ? La position de Campeau s'avère non seulement plus respectueuse de la mémoire du missionnaire, dont on ne saurait nier l'expérience du monde indien, mais encore, elle permet de saisir le processus par lequel les jésuites peaufinèrent graduellement leurs connaissances sur ce coin isolé de la colonie. En effet, au fur et à mesure que se raffina leur savoir et que le peuple oumamiouek sortit des ombres de l'ignorance, le générique « Bersiamites » tendit à disparaître. Ainsi, en 1650, commentant l'ouverture de la chasse gardée, le père Ragueneau s'émerveillait que le changement de politique des Rats-Musqués de Tadoussac facilitât l'évangélisation des « autres nations », désormais « invitées de venir demeurer auprès d'eux pour apprendre le chemin du ciel » (*MNF*-7 : 766). Quelles « autres nations » mentionnait-il ? Les Oupapinachiouek, qui avaient déjà reçu la foi et les « 8mami8ek qui habit[ai]ent les terres voisines de l'Isle d'Anticosti » (*MNF*-7 : 766). L'emploi que faisait le père Le Jeune de cet ethnonyme, dans la relation de 1640, soutiendrait encore l'interprétation de Campeau. En écrivant qu'en remontant le Saint-Laurent « on rencontr[ait] les peuples de Chisedech & les Bersiamites [...] En suite on trouv[ait] les Sauvages de Tadoussac », Le Jeune semble en effet avoir alors englobé sous ce terme les groupes qui furent connus plus tard sous les appellations Papinachois et Ouperigou-Ouaouakhi, qui habitaient, pour l'un, le secteur limitrophe de Tadoussac et pour l'autre, le bassin de la rivière Manicouagan.

Plus encore que cette citation, c'est l'ensemble du discours des missionnaires sur les peuples de la Côte-Nord qui incite à souscrire à la thèse de Campeau plutôt qu'à celle de Thwaites[2]. Le terme « Bersiamite », que

---

2. Pour de telles considérations, on ne saurait souscrire entièrement aux propos de Laflèche qui juge inutile la réédition des écrits des jésuites par Campeau (Laflèche : 84). Toutefois, on tombera d'accord avec lui quant aux versions latines ; une traduction aurait mieux servi la jeune communauté scientifique qui n'a pas connu le cours classique, et qui manie mieux le langage informatique que la langue de Cicéron.

l'on retrouve dans les écrits des jésuites de 1635, pose d'ailleurs sans ambiguïté cette valeur de plus grand englobant auquel se confondraient par la suite les Ouperigou-Ouaouakhi. En dehors de l'ethnonyme utilisé, une caractéristique s'impose : ces petits peuples étaient pris entre deux tomahawks, celui des Rats-Musqués de Tadoussac et celui des Micmacs de Gaspé. La première mention de cette animosité posait des Ouperigou-Ouaouakhi en guerre avec les Rats-Musqués : « ils ne manqueroient de venir à la traitte avec les François, n'estoit que les sauvages de Tadoussac les veulent tuer quand ils les rencontrent ». Le père Le Jeune s'interrogeait, en 1635, si ces Ouperigou-Ouaouakhi n'étaient « point ceux que nous appellons Bersiamites » (*MNF-3* : 74). La seconde mention mettait les Micmacs à la chasse aux Bersiamites, dans la région de Sept-Îles, au mitan de la décennie 1640. Témoin de ce massacre, le père André Richard, en poste en Acadie, déplorait ces « exploits de guerre qu'ils avoient fait à Chichedek, Pays des Bersiamites, où ils avoient tué sept Sauvages & emmené treize ou quatorze prisonniers la pluspart enfans » (*MNF-6* : 389). Prenant exemple sur leurs alliés de Tadoussac, qui avaient pacifié leurs rapports avec les Ouperigou-Ouaouakhi, les Micmacs soutenus par les Montagnais conclurent eux aussi une paix avec « les Betsiamites, qui habitent les terres du costé du nort à soixante lieues au-dessous de Tadoussac » (*MNF-6* : 691), c'est-à-dire avec les tribus papinachoise et oumamiouek, « première proye qui leur tomb[ait traditionnellement] entre les mains » et dont le massacre servait à les « appaiser [... de] l'ennuy et [de] la tristesse » que causait dans leur rang l'implacable Faucheuse (*MNF-6* : 390)[3].

Malgré l'engagement solennel des Micmacs, les Bersiamites *lato sensu* restèrent sur leurs gardes durant plusieurs années. Encore en 1652, certains d'entre eux n'osaient « paroistre sur les rives du grand fleuve, de

---

3. Ce type de guerre de deuil et d'apaisement jouait un rôle vital dans la culture micmaque. Les Micmacs auraient même cru que les shamans des peuples bersiamites étaient plus puissants que les leurs et qu'ils pouvaient pratiquer une sorcellerie capable de les tuer à distance. Ce qui expliquerait ces raids meurtriers nécessaires pour venger les blessés et les morts (Martijn, 1986 : 201-202). D'un point de vue moins magique et plus mercantile, qui prend fortement appui sur des valeurs du xxᵉ siècle, d'autres soutiennent que les raids micmacs cherchaient à effrayer les Bersiamites et à les éloigner de la côte, et partant, du commerce avec les Européens, ce qui aurait conservé aux Indiens de Gaspé leur rôle d'intermédiaires privilégiés (Parent, 1985 : 309-311).

peur d'y rencontrer leurs ennemis [...] qui traversent le grand fleuve, pour les aller massacrer» (*MNF*-8 : 313-314). C'est d'ailleurs avec suspicion qu'ils accueillirent le père de Quen, venu ouvrir la mission de l'Ange-Gardien, et qui fut l'irrité témoin de cette crainte viscérale. Qui étaient donc ces inquiets Indiens, « poursuivis par les Sauvages de Gaspé », aux-quels le père de Quen allait enseigner le chemin du salut? Des Oumamiouek, que le bon père croyait mieux connaître sous le nom de Bersiamites. Au grand dam des missionnaires, la tradition séculaire du peuple micmac devait longtemps résister au geste commandé par les « loix de l'Evangile » et performé à « l'Isle Percée » (*MNF*-6 : 691-692). En 1661, les jésuites déploraient que les hostilités se poursuivissent malgré leur enseignement : « Ayant passé tout l'hyver dans [le] dessein » de faire la guerre, les Micmacs se rendirent au printemps, comme à leur habitude, sur la rive opposée du Saint-Laurent, où ils attaquèrent et tuèrent les premiers venus qu'ils rencontrèrent. Qui tombèrent alors sous leurs arquebuses? Des Papinachois, dirent les missionnaires (*RJ*-47 : 222-230). Ces exemples tirés aux différents temps de la connaissance que les jésuites avaient des tribus du nord montrent assez que, pour un moment, ils eurent recours à un ethnonyme générique pour désigner toutes les vic-times « bersillées ». Sans considération pour le lieu d'origine de ces der-nières, les premières narrations de ces hostilités mettaient en scène des Bersiamites. Après une meilleure expérience du pays et une visite des lieux, ils gagnèrent en précision, si bien que les indéterminés Bersiamites de Sept-Îles attaqués par les Micmacs devinrent plus tard des Oumamiouek et des Papinachois (*MNF*-6 : 389/7).

Avant 1650, alors qu'ils n'avaient pas encore visité les petits peuples rencontrés depuis peu à Tadoussac, les missionnaires recouraient surtout au terme « Bersiamites » (*MNF*-5 : 161/14, 7 : 143/7). Après cette date, le générique « Bersiamite » fut graduellement relégué aux oubliettes, alors que commencèrent à apparaître de façon régulière les Oumamiouek et les Papinachois. Entre ces deux temps lexicaux, une occurrence charnière : « De la mission de l'Ange-Gardien au pays des Oumamiouek ou Bersiamites » (*MNF*-8 : 313).

Œuvrant auprès des différents peuples autochtones, les missionnaires réajustèrent plus rapidement leur vocabulaire que les agents royaux en poste dans la colonie. Chez ces derniers, le générique « Bersiamite » eut un plus long usage. L'étirement de ces Bersiamites *lato sensu* sur la longue rive nord jusque vers les terres fermes vis-à-vis l'île d'Anticosti les mettait, aux yeux des coloniaux « du sud », à proximité du peuple esquimau, plus nordique. Dans ce secteur de la colonie, les agents royaux n'avaient pas à gérer une contestation territoriale semblable à celle des Pays d'en Haut, nul besoin « administratif » d'avoir une connaissance exacte des peuples y habitant. Sous leurs plumes, l'ambiguïté linguistique pouvait perdurer, sans véritable conséquence politique. Ainsi, peut-on lire dans le texte du traité de paix de 1666, que les Iroquois ne lèveraient plus la hache de guerre contre les Hurons et les Algonquins habitant sur la rive nord du Saint-Laurent depuis les Bersiamites Eskimos jusqu'aux Grands Lacs (Jaenen : 61).

Après avoir levé cette première ambiguïté concernant l'utilisation du générique « Bersiamite », il convient d'en éclairer une seconde concernant la réelle présence d'une tribu bersiamite dans les environs de Tadoussac à l'époque des premiers contacts. Il faut ici revenir à ces petites tribus avec lesquelles les Rats-Musqués entretenaient des relations commerciales dans la première moitié de la décennie 1640. Grâce à leurs néophytes, les jésuites purent dès lors porter à l'agenda de leur future mission apostolique « les Kakouchakhi, [...] les Mikouachakhi, les Outakouamiouek, les Mistasiniouek, Oukesestigouek, Mouchaouaouastiirinioek, Ounachkapiouek, Espamichkon, Astouregamigoukh, Oueperi-goueiaouek. Oupapinachiouek, Oubestamiouek, Attikamegouek » (*MNF*-5 : 711-712). L'absence des Bersiamites dans cette liste provenant d'informateurs ratsmusqués, alors qu'y apparaît une myriade d'autres petits peuples qui ne laissèrent que peu de traces dans l'histoire, tend à confirmer que l'ethnonyme « Bersiamite » était, comme celui de « Montagnais », de facture européenne et ne reposait nullement sur une connaissance transmise par des informateurs autochtones.

Rebondit alors la question de l'épellation du terme. Ce n'est que tardivement que s'imposa l'orthographe betsiamite. Tout au long des quatre décennies de production annuelle de leurs *Relations*, les jésuites employèrent toujours l'orthographe bersiamite[4]. Cette forme doit être associée au terme *bersiller*, c'est-à-dire *réduire en petits* morceaux et au

---

4. À la lecture des *Relations* des jésuites, on ne relève qu'une exception, sous la plume du père Jacques de La Place, missionnaire en Acadie. Dans un mémoire sur le Domaine du roi, daté de 1733, on y retrouve également la mention d'un poste à la pointe des *Bersiamistes* (C[11]A-59 : 364v°).

terme *bersel*, c'est-à-dire *cible, but des flèches*, en usage en ancien français. La fabrication de cet ethnonyme s'inscrit alors, elle aussi, en toute harmonie avec la mentalité européenne : on avait appelé Montagnais les Indiens des régions montagneuses de Tadoussac, on appela Bersiamites ceux qui servaient de cible aux Rats-Musqués et aux Micmacs. Traduite dans une telle conception métropolitaine, la réalité coloniale faisait naître un néologisme : devinrent « Bersiamites », ces Indiens qui habitaient sur la côte, en aval du pays des Montagnais, et que ceux-ci combattaient, *bersillaient*.

C'est donc en vain qu'on chercherait une étymologie montagnaise à cet ethnonyme au radical bien français. C'est d'ailleurs en partant d'un radical déformé en *Bethsiamis* qu'un érudit du début du xxᵉ siècle établit que l'ethnonyme signifiait autrefois en montagnais *place aux lamproies*. Si tel était le cas, les Bersiamites auraient alors été la tribu de l'anguille. On peut nourrir d'autant plus des doutes quant à la véracité de cette traduction quand on lit, un peu plus loin, que ce même auteur traduisait *Manikuagan* par *là où l'on donne à boire*. Cette traduction semble relever de l'anachronisme. Quel aurait pu être l'intérêt des Indiens du xviᵉ siècle de désigner ainsi une rivière et un lac (Rouillard : 69, 73) ? La formulation laisse plutôt croire à une signification formulée au temps de la traite des fourrures *là où l'on donne à boire de l'eau-de-vie*. À quelques lieues en aval du poste des Papinachois, l'embouchure de la rivière Manicouagan devenait en effet un endroit idéal de traite illicite. La traduction de ce toponyme par *lieu où on enlève l'écorce pour les canots* semble mieux convenir à la réalité indienne antérieure au commerce des fourrures et correspond au lexique montagnais colligé par le père Bonaventure Fabvre à la fin du xviiᵉ siècle, qui traduisait *manik8amin* par *aller aracher ecourse pour canot* (*RM* : 137).

De l'analyse étymologique de l'ethnonyme et de l'absence de celui-ci dans l'énumération du père Le Jeune, il appert que les Rats-Musqués n'avaient pas de voisins Bersiamites, mais que ceux ainsi désignés par les missionnaires, par la suite et de façon plus spécifique, étaient en réalité les Ouperigou-Ouaouakhi. Le lexique du père Fabvre confirmerait cette lecture : *8iperig8e8a8ak* se traduisait *peuples au des8s de Tad8ssak* (*RM* : 235). Cette observation doit donc guider notre lecture de la trajectoire empruntée par le terme « bersiamite », comme le présentent les occurrences du terme dans les *Relations*, si l'on veut tenter de saisir avec quelque justesse le sort de la petite tribu voisine des Rats-Musqués, qui semble avoir laissé son empreinte dans la toponymie en donnant son appellation francisée à une rivière de la Haute-Côte-Nord.

C'est par la présence à Québec de la malade Anne Ouetata Samakheou, que les jésuites découvrirent, en 1635, l'existence des Ouperigou-Ouaouakhi (*MNF-3* : 57-59). Malgré leur « peu de cognoissance » (*MNF-4* : 617) sur ces derniers, le père Le Jeune et ses confrères n'hésitaient pas à vanter leur docilité, à les qualifier d'« agneaux », à mettre sur la fureur des Iroquois leur réticence à descendre à Sillery, et à les décrire comme de zélés aspirants à la connaissance de Dieu (*MNF-5* : 161-162, 447-448). Pourtant les Ouperigou-Ouaouakhi avaient autant à craindre à rester sur leurs terres qu'à descendre à Sillery, puisque les Rats-Musqués n'hésitaient pas à les massacrer pour défendre leur chasse gardée. Que restait-il de ce « petit peuple dans les terres » (*MNF-5* : 161), lorsque les Rats-Musqués se décidèrent à lui ouvrir les portes de Tadoussac ?

Les écrits des missionnaires permettent difficilement une évaluation démographique de cette « petite nation » (*MNF-4* : 617). Tout au plus, renseignent-ils que les Ouperigou-Ouaouakhi, dénommés pour lors Bersiamites, formaient le gros d'une dizaine de cabanes d'Indiens étrangers installés à Tadoussac en 1646 (*MNF-6* : 716)[5]. L'évaluation des méfaits des maladies épidémiques parmi ce groupe spécifique reste tout autant délicate. Toutefois, il y a tout lieu de croire que le contact de certains Ouperigou-Ouaouakhi avec les Européens à Tadoussac fut d'une mortelle conséquence, tout comme il le fut pour les groupes mieux documentés par les écrits des jésuites. Du témoignage même de la première Ouperigou-Ouaouakhi identifiée par le père Le Jeune, les gens de cette tribu « mourroient aussi souvent que les autres nations errantes » qui fréquentaient les Français (*MNF-3* : 577-578). Leur contact assidu avec les missionnaires accéléra l'hécatombe, ce qui les amena bientôt à souscrire à une relation

---

5. Pour sa part, Campeau croit reconnaître, dans ces Bersiamites, des Oumamiouek de Sept-Îles. Comme il s'agit de la première année de l'ouverture de la chasse gardée de Tadoussac, il semble plus logique d'y voir la présence des Ouperigou-Ouaouakhi, proches voisins des Rats-Musqués, que celle d'un peuple éloigné de quelque 80 lieues. D'autant plus que les missionnaires identifièrent de façon plus précise les Oumamiouek, en 1650, et notèrent que ces derniers commençaient alors à paraître à Tadoussac (*MNF-7* : 766). Au mieux, il s'agit là d'un emploi de Bersiamites dans son sens générique, qui évoquerait alors la présence de nombreux Ouperigou-Ouaouakhi et de quelques membres d'autres tribus, vraisemblablement des Papinachois, occupant la rive nord laurentienne.

de cause à effet entre l'évangélisation et la mort, comme en témoignait, en 1747, un Bersiamite hospitalisé à Québec. À la proposition des religieuses lui parlant de baptême, celui-ci « respondit qu'il ne vouloit point encore mourir, s'imaginant que ce sacrement de vie luy donneroit la mort » (*MNF*-7 : 143). Ce fut assurément un peuple fort déstructuré et décimé qui s'introduisit dans la chasse gardée saguenayenne, vers 1646.

Ces funestes propos marquent, à quelques occurrences près, la fin des mentions de ce groupe dans les *Relations*. Les seules autres apparitions d'Ouperigou-Ouaouakhi sous la désignation Bersiamites se rencontrent sous la plume du père de Quen, en 1652, qui les fondait au groupe des Oumamiouek de Sept-Îles (*MNF*-8 : 313) ; sous celle du père Le Jeune, en 1661, qui les mentionnait comme peuple distinct parmi les « sept ou huit nations différentes » visitées par le père Bailloquet lors de son voyage sur la Côte-Nord (*MNF*-9 : 611), et sous celle du père Richard, en 1662, qui les situait encore en amont des Papinachois, près de Tadoussac (*RJ*-47 : 220-222). Ces deux dernières mentions semblent plus traduire les souvenirs nostalgiques des missionnaires qu'une description de la réalité du moment. Au début de la décennie 1660, cantonné en Acadie, le père Richard redonnait, momentanément vie aux Bersiamites-Ouperigou-Ouaouakhi, disparus depuis plus d'une décennie des *Relations*, et les situait encore comme les voisins immédiats des Indiens de Tadoussac (*RJ*-47 : 220-222). Le père Richard vivait loin des lieux décrits et sa connaissance de la rive nord lui venait de ses ouailles micmaques, ce qui expliquerait la discordance de son témoignage. D'ailleurs, n'écrivait-il pas, en 1645, que les Bersiamites habitaient à la hauteur de Sept-Îles, donc en aval des Papinachois : « à Chichedek, pays des Bersiamites » (*MNF*-6 : 389) ? De quels Bersiamites parlait-il précisément en 1662, des voisins de Tadoussac initialement connus comme des Ouperigou-Ouaouakhi ou de ces Bersiamites *lato sensu* qui habitaient la longue Côte-Nord ? Quant au témoignage tardif du père Le Jeune, il doit être confronté à celui du père Ragueneau de 1650, alors que ce dernier commentait l'ouverture de la chasse gardée. Dans son énumération des « autres nations » qui prendraient « le chemin du ciel », il mentionnait les Papinachois et les Oumamiouek (*MNF*-7 : 766). Des Ouperigou-Ouaouakhi, qui auraient dû être les premiers à bénéficier de l'ouverture de la chasse gardée, puisqu'ils étaient les voisins immédiats des Rats-Musqués, il n'était nullement fait mention. Cette omission ne traduisait-elle pas la triste réalité ?

À cet égard, des propos du père de Quen formulés en 1652 s'avèrent déterminants pour la compréhension du témoignage des jésuites : la disparition du groupe distinct des Bersiamites-Ouperigou-Ouaouakhi paraissant invraisemblable, le missionnaire crut devoir les retrouver sous les traits des Oumamiouek. Hypothèse à laquelle souscrivit le père Le Jeune qui les inscrivit, lui aussi, dans sa liste des « sept ou huit Nations différentes » visitées par le père Bailloquet en 1662[6]. Pourtant, on peut raisonnablement conclure de l'ensemble de ces témoignages que les Bersiamites-Ouperigou-Ouaouakhi disparurent comme groupe distinct sur un territoire déterminé aussi tôt que la fin de la décennie 1640, soit dans le mouvement transfiguratif qui s'opéra avec l'ouverture de la chasse gardée. Autorisés à descendre à Tadoussac, à recevoir librement l'enseignement religieux des missionnaires et à échanger tout aussi librement leurs fourrures avec les Européens, les Bersiamites-Ouperigou-Ouaouakhi auraient aussitôt entrepris leur migration vers l'ouest. Cette mouvance trouva bientôt écho dans la cartographie qui, par la main de Jean-Baptiste-Louis Franquelin, les situa dès 1700 à l'extrémité ouest du Domaine du roi, alors qu'en 1681, il les avait localisés sur la côte entre Tadoussac et Sept-Îles. En se fondant, pour un grand nombre, aux vestiges des Rats-Musqués, les Bersiamites-Ouperigou-Ouaouakhi seraient devenus les éléments souches de cette nouvelle tribu montagnaise de Tadoussac ; si bien que, dès la seconde moitié du xviie siècle, ils disparurent des *Relations* en tant que groupe formellement identifié.

C'était donc à bon escient que Charlevoix, en 1721, les inscrivit sur la liste des peuples disparus (*HDGNF*-3 : 186), et que Raudot, en 1709, les omit de sa description « des differentes sortes de sauvages » (*RLAS* : 98-99). Faut-il alors s'étonner qu'ils ne soient pas tombés sous le regard du père Laure, en 1731[7] ? En conséquence, ce pays formé du bassin de l'actuelle rivière Betsiamites, qui aurait été le leur, devint, dès le début de

---

6. Le père Lalemant hésita et préféra parler en 1660 des « *néophites des Sept-Isles* » (*MNF*-9 : 494).

7. Les mémoires sur le Domaine du roi, rédigés à la fin du xviie siècle et tout au long du xviiie siècle, ne firent, eux non plus, jamais mention de cette tribu. De même, un bilan des missions jésuites, dressé en 1703, faisait abstraction des *Bersiamites* (*RJ*-1 : 219). Signalons enfin que la dernière carte française à faire mention de ce peuple fut celle de Guillaume Delisle, produite en 1703, et sur laquelle apparaît cette significative inscription : « Oumamiouek ou Betsiamites ».

la seconde moitié du xviie siècle, celui des Papinachois. Voilà pourquoi le père Nouvel ne fit pas mention de leur présence dans cette région lorsqu'il traversa cette rivière en compagnie de ces derniers, en 1664 (*RJ*-49 : 38, 44). Voilà pourquoi également les mémoires concernant la ferme de Tadoussac dans le dernier quart du xviie siècle marquaient le changement d'appellation des lieux initialement identifiés à leur occupation ; entre l'embouchure du Saguenay et le poste de Mille-Vaches, se trouvait un autre lieu de rendez-vous pour la traite : « les Bersiamistes ou Papinachois » (C^{11}A-7 : 216-222).

Voisins immédiats des Ouperigou-Ouaouakhi, les Papinachois furent les premiers à se glisser sur ces territoires de chasse abandonnés. Ils ne furent pas les seuls. Par la suite descendirent d'autres peuples des terres du nord-est. À la lecture du rapport du père Charles-André Arnaud, rédigé au milieu du xixe siècle, il appert que, par la rivière Betsiamites, descendaient pour lors des Naskapis provenant initialement du lac Ashuanipi. Rapportant les paroles d'un Indien chassant dans le secteur de cette rivière, le père Arnaud écrivait à l'archevêque de Québec, que ce catéchumène né et élevé dans les terres arrosées par le lac Ashuanipi et ses affluents et dans le secteur de Sept-Îles, avait abandonné cette région pour se diriger vers l'ouest dans l'ancien pays des Ouperigou-Ouaouakhi, où il chassait dorénavant (*RMDQ*-13 : 54-55). Tadoussac marquait vraisemblablement à l'origine les limites du pays des Rats-Musqués et l'entrée des territoires bersiamites *lato sensu*. Pointe excentrée de ce territoire, Tadoussac perdit rapidement cette vocation frontalière, lorsque les Rats-Musqués s'y imposèrent à demeure à la suite des fréquents mouillages des bateaux français. Au demeurant, à cette époque, c'était plus souvent du côté de Sept-Îles que se rassemblaient les Ouperigou-Ouaouakhi et les Papinachois (*MNF*-8 : 128/52).

Les Papinachois

Ce fut sous l'appellation de « Papiraga8'ek » que les Papinachois, pour leur part, parurent sous la plume des Français, en 1640 (*MNF*-4 : 578). Ils s'extrayaient alors de l'anonymat de la multitude des « petites nations du nord ». On les disait en contact commercial avec les « Utakd'amiuek » et avec d'autres Indiens de la région du lac Nicabau, chez qui les Algonquins allaient en traite. Dès l'année suivante, les missionnaires formèrent quelque projet évangélique à leur intention, et le père Vimont écrivait qu'il s'attendait à ce que les « Oupapinachiouekhi » se joignissent à la mission de Saint-Joseph établie à Sillery (*MNF-5* : 161). Ces vœux, il les réitérait en 1642, mais l'entreprise missionnaire avait déménagé ; on attendait désormais les « Papinachi8ekhi » à la future mission de Sainte-Croix de Tadoussac (*MNF-5* : 448).

Les jésuites cultivaient l'optimisme que les Indiens christianisés répandaient « le nom de Jésus-Christ dans toutes ces petites nations avec lesquels ils [avaient] quelque commerce » ; nul doute pour eux que les Oupainachiouekhi avaient « ouy parler de [leur] saincte foy » (*MNF-5* : 711-712). Plus optimiste encore fut Charlevoix qui, en 1721, n'hésita pas à les mettre sous l'œil des missionnaires de Tadoussac dès la décennie 1630. L'éloignement des événements faussait quelque peu sa vision, puisque ce ne fut qu'avec l'abandon de la politique de la chasse gardée que Tadoussac s'ouvrit aux tribus voisines. C'est donc avec un enthousiasme hâtif que Charlevoix peignait les Papinachois, les Bersiamites et les Kakouchak sous les traits d'habitués de longue date à Tadoussac, en 1640 (*HDGNF-1* : 221). Au mieux, certains Papinachois y séjournèrent dès 1643 : sans les mentionner, les missionnaires annonçaient alors que les Indiens de la Gaspésie et d'autres de la Côte-Nord s'apprêtaient à monter à Tadoussac (*MNF-5* : 708). Vraisemblablement, y étaient-ils en mai 1646, alors qu'on y vit débarquer des Ouperigou-Ouaouakhi (*MNF-6* : 716) auxquels ils auraient pu se joindre. Assurément, ils étaient du nombre de ces « Sauvages des nations du Nord [séjournant] à Tadoussac » en 1647.

Leurs premiers contacts avec des Européens furent, pour eux aussi, couronnés d'une mortalité accrue. Ces Indiens, dont l'ethnonyme rappelait qu'ils aimaient « à rire un peu » (*RJ-68* : 98), perdirent assurément de leur « sous rire presque continuel » (*RJ-52* : 222), en remontant dans leur pays, en 1647, après avoir reçu les premiers rudiments de la religion catholique : « A peine en avoient-ils connoissance que la maladie les saisit et les poursuivit jusques dans le fond de leurs grands bois, où elle en égorgea un bon nombre » (*MNF-7* : 354). Le père Lalemant ne tarissait pas d'émerveillement devant cette sainte hécatombe :

> [...] la foy de ces nouvelles églises n'est pas encore fortement éprouvée par le feu et par le glaive. Elle a néantmoins ses tyrans. Ce sont les épidémies ; ce sont les morts fréquentes ; les guerres, les massacres, et ensuitte les calomnies

des payens et des sorciers [...], si bien qu'on diroit quasi parmy ces peuples que vouloir estre chrestien et vouloir abréger sa vie, c'est la mesme chose. Les peuples du Nord[8] qui faisoient paroistre l'an passé tant de feu pour la foy ont esté acceuillis de ces tyrans [...]. A peine furent-ils retirez de Tadoussac, où ils avoient presté l'oreille avec amour aux véritez chrestienne et présenté leurs enfans au baptesme, que la mort se jetta sur ces petits innocens et la maladie, sur une grande partie de leurs parens (*MNF*-7 : 171).

Malgré ces funestes conséquences, « la nation du rire » redescendit l'année suivante vers Tadoussac ; l'attrait de la traite s'imposait sur leur répulsion pour la religion, que le missionnaire se languissait de transformer en passion. Bien que le moment de leur premier passage à Tadoussac reste approximatif, ils devinrent rapidement des habitués de la place, comme l'affirmait Charlevoix : « Outre les Montagnez, qui étoient les Habitans naturels des environs de Tadoussac, on voyoit encore souvent dans ce parti [...] des Papinachois » (*HDGNF*-1 : 308). Ses prédécesseurs le confirment : en 1650, les Papinachois avaient déjà reçu la foi à Tadoussac (*MNF*-7 : 766). Ils y étaient alors par ailleurs si nombreux qu'ils comptaient même un des leurs parmi les deux capitaines qui y habitaient (*MNF*-7 : 766/1).

La mission au pays des Papinachois ne prit naissance qu'en mai 1661, alors que le père Bailloquet y fut destiné (*MNF*-9 : 633). Cette visite à domicile lui permit de situer ses ouailles avec plus de précision. Si l'ordre d'énumération des peuples rencontrés était évocateur de leur localisation, il faudrait conclure que les Papinachois constituaient pour lors la tribu la plus à proximité des Rats-Musqués, puisque ce jésuite disait avoir contacté « les Papinachois, les Bersiamites[,] la nation des Monts Pelez, les Oumamiouek et autres alliées de celle-cy » (*MNF*-9 : 611). Le témoignage rendu vers la même époque par son confrère de Gaspé inciterait, au contraire, à les situer beaucoup plus en aval. D'une part, celui-ci inversait la localisation des Bersiamites et des Papinachois : « en montant plus haut, sur les mesmes rives, on trouve les Papinachiouekhi, les Bersiamites, en suitte » (*RJ*-47 : 220) et, d'autre part, il les repoussait jusqu'à la hauteur de l'île d'Anticosti, où ils furent victimes d'une chasse menée par les Micmacs (*RJ*-47 : 228-240). Comme des voyages d'exploration, ces premières incursions missionnaires parmi les Papinachois

8. Les Papinachois faisaient certainement partie des « peuples du nord » mentionnés ici.

fournissaient de nouvelles données, fragmentaires, qui se raffinèrent au fil des séjours. Le courageux père Nouvel, qui accompagna ces nomades dès 1663, fut en mesure de les situer avec plus de précision. Les observations consignées à son journal dessinent un pays papinachois qui s'étendait, en 1663, des Escoumins à la rivière aux Outardes, sur la côte, et jusqu'aux rives du lac Manicouagan, à l'intérieur des terres sur la rive nord du fleuve.

La région des Escoumins était-elle un territoire papinachois? C'est du moins «à Esseigiou» [Les Escoumins] que ces Indiens abordèrent la rive nord du fleuve après leur séjour avec les Montagnais sur la rive sud au cours de l'hiver de 1664. Ils s'y installèrent et firent bonne chasse. «Ce fut alors que les Papinachois glorieux de céte chasse me dirent, quelques Montagnez t'ont dit que nostre pays est un méchant pays, que tu y mourrois de faim si tu y venois avec nous; tu vois maintenant qu'ils n'ont pas dit vray» (*RJ*-49: 38). C'est donc de la bouche même des Papinachois que les jésuites prenaient connaissance de leur pays. Quittant cet endroit, ils avancèrent sur leurs terres et s'arrêtèrent huit jours à la rivière du Sault-au-Mouton, puis gagnèrent la rivière Portneuf où ils traitèrent avec des gens «qui descendoient des terres». Ces échanges terminés, le groupe s'engagea en direction de la rivière aux Outardes, par laquelle les Papinachois entraient dans les terres et se rendaient jusqu'au lac Manicouagan. Au cours de la remontée de la rivière aux Outardes, certains membres se séparèrent de l'expédition «pour aller joindre leurs familles», pendant que le reste du groupe poursuivit son chemin, par un portage, pour atteindre la rivière Manicouagan qui menait à destination. Sur les bords du lac Manicouagan, le missionnaire retrouva «soixante & quatre ames [qui] s'étoient assemblez en cét endroit pour faire leur trafic avec leurs Compatriotes; qui habitent le long du grand fleuve saint Laurens» (*RJ*-49: 38-50, 61: 76).

Si les Papinachois se sentaient à demeure à partir des Escoumins, il semble cependant qu'ils aient concentré leur occupation du territoire dans le périmètre des rivières Portneuf et Manicouagan. Cette localisation observée *in situ* confirme la thèse de la disparition des Ouperigou-Ouaouakhi à la hauteur de la rivière Betsiamites, comme le montre l'absence d'allusion à ces derniers dans le journal du père Nouvel: «nous vismes en passant les ravages que le Tremble-terre à fait aux rivieres de Port neuf; l'eau qui en sort est toute jaune, & elle garde cette couleur bien avant dans le grand fleuve, aussi bien que celle des Bersiamites» (*RJ*-49 : 44). Absence de Bersiamites à la rivière Betsiamites en 1664, mais aussi présence de Papinachois à cette même embouchure plusieurs années plus tôt : «j'en trouvay vingt trois qui avaient esté baptisées par les Peres de nostre Compagnie, lors que leurs parens avaient paru à Tadoussac, ou à la riviere des Bersiamites : les uns estoient aagez de douze ans, les autres de quinze, les autres d'environ vingt» (*RJ*-49 : 58). Le territoire papina-chois s'étendait tout au plus jusqu'à Sept-Îles comme le confirma le père Louis Nicolas, en 1673. Dans un mémoire pour son éventuel successeur, celui-ci spécifiait que «den haut» de ce lieu, c'est-à-dire en amont sur le fleuve, il n'y pouvait venir que les Papinachois, alors que «den bas» se pointeraient les Oumamiouek (*RJ*-59 : 56). La Chesnaye qui connaissait bien la Traite de Tadoussac pour en avoir été, à un moment, l'adjudica-taire après avoir été le représentant de la Compagnie des Indes occiden-tales, leur accordait sensiblement le même territoire, et les donnait à demeure jusqu'à Sept-Îles.

Tablant sur les récits des missionnaires, il appert que les Papinachois formaient deux groupes : ceux de l'intérieur, qui n'avaient presque pas de commerce avec les Européens, et ceux qui voyageaient, qui fréquen-taient les Montagnais et qui, à l'occasion, se rendaient même traiter avec les Takouamis et jusqu'à la mer du Nord (*RJ*-56 : 156, 50 : 20-34). Dans son mémoire de 1673, le père Nicolas préparait son confrère à voir surgir des Papinachois «des Terres ou des bords de la mer» (*RJ*-59 : 56). Mais cette tribu en était essentiellement une des terres, «du fond des forests» (*RJ*-50 : 118) ; «Ces peuples sont toûjours errants dans les forests, & se rendent chaque année dans un lieu, sur le grand fleuve de saint Laurens, pour leur commerce à cinquante lieuës plus ou moins, au dessous de Tadoussac» (*RJ*-52 : 218), comme l'écrivaient ses confrères quelques années plus tôt. C'était là qu'ils revenaient après leurs voyages de traite, comme en témoignait ce Papinachois, rencontré au lieu-dit des Papinachois par le père Nouvel, en 1669, et qui racontait avoir été baptisé à Chicoutimi, en 1663, par le père Druillettes (*RJ*-52 : 220). Cet été-là, ils furent quelque «deux cents cinquante & six personnes» à quitter leurs forêts et à descendre «aux Papinachois[,] pour leur traite» et pour rece-voir les secours spirituels des jésuites. Leurs terres débordaient de four-rures ; les administrateurs jugèrent, au début de la décennie 1670, qu'il convenait d'y établir un poste permanent (Caron, 1984 : 65). Aux îlets

Jérémie, désormais, descendirent les Papinachois. Ce fut là que le père de Crespieul, en 1674, instruisit « pendant six ou sept jours [...] cinq cabanes de Papinachois » qui l'y attendaient (*RJ*-59 : 26).

Par leur éloignement du centre des activités de la colonie, ils pouvaient espérer que, dans leurs forêts « bien avant dans les terres » (*RJ*-52 : 220), ils seraient à l'abri des raids agniers. C'était méconnaître l'enthousiasme de ces guerriers, qui poussèrent leurs attaques jusque dans ce territoire en aval de Tadoussac. Quelques années auparavant, soit au mitan de la décennie 1660, cinq membres d'une même famille, « dans les bois, pour chercher à vivre [avaient été] inopinément attaquez par dix Iroquois » (*RJ*-51 : 76). Christianisés, ces Papinachois attirèrent l'attention des missionnaires. Combien d'autres périrent, dans l'anonymat, d'un tomahawk iroquois qui, sans crier gare, décolle ; d'un estomac et d'un foie détruits par des écarts d'alcool ; d'un tête-à-tête sournois et sans égard, de la petite vérole ? Les maux qui avaient frappé leurs voisins de Tadoussac n'allaient pas les épargner. Ce seul hiver de 1670 faucha bon nombre de Papinachois qui avaient osé quitter leurs forêts pour admirer la civilisation européenne. Ceux qui eurent la force de se rendre jusqu'au missionnaire « ressembloient plustost à des Monstres qu'à des hommes ; tant leurs corps estoient hideux, décharnez & chargez de pourriture ». À peine les soins spirituels furent-ils prodigués à ses moribonds qu'une « Cabane pleine de personnes mourantes » réclama le missionnaire sur l'île Verte (*RJ*-53 : 60-70).

Malgré les visites régulières des missionnaires dans leurs lieux de traite, les Papinachois échappèrent à une observation continue. Ce ne fut qu'en 1677 que les jésuites envoyèrent un des leurs passer « l'hiver avec les Papinachois qui sont au-dessous de Tadoussac, ce qu'aucun missionnaire n'avait encore fait » (*RJ*-61 : 74). L'établissement d'un « poste ou bureau parmy la nation des Papinanchois » (C[11]A-10 : 158), dans le dernier quart du XVIIe siècle, rendit impossible une lecture des fluctuations de population, puisque les pères ne rencontrèrent plus, dès lors, que ceux qui descendirent des terres pour venir commercer à ce poste. Pire, le long abandon des missions du Saguenay, au début du XVIIIe siècle, rejeta les Papinachois dans la noirceur protohistorique. Avant que le père Laure n'entrât en contact avec eux, en 1720, ceux-ci s'étaient en partie fondus aux Montagnais chassant dans la zone du Saguenay et du lac Saint-Jean. Un premier témoignage en ce sens est livré par le père Joseph Jouvency, qui écrivait, en 1703, que les missions du Domaine du roi desservaient «Montagnæi, Papinachii, Mistassini, & aliæ passim gentes errabundæ» (*RJ*-1 : 218). Constat confirmé par les Indiens eux-mêmes lors de l'enquête concernant le pillage et les incursions destructrices des Abénaquis dans le pays piékouagamien en 1705. Les Montagnais alors interrogés «ont repondû qu'ils nont point veu d'autres nations chasser sur leurs terres autres que les Papinachois qui sont de leurs mêmes terres» (C¹¹A-25 : 33-36vº).

Le témoignage alors recueilli par Raudot traduit l'état de confusion ethnique qui régnait en ce tournant de siècle dans la zone Tadoussac–lac Saint-Jean. Les registres d'état civil alertent déjà par la récurrence d'expressions plus qu'inusitées. Dans la liste des Indiens confirmés par l'évêque, en 1669, le rédacteur indiquait comme origine ethnique : «Tadussacenses et Papinachenses» (*RS* : 290-292), comme si le mélange des deux peuples s'était, dès lors, produit. Plus étrange, semble l'attribution d'une origine papinachoise à des individus identifiables à la tribu montagnaise, comme ce fut le cas de Martin Etinechkaouat, que l'on pourrait croire, par le patronyme, l'un des descendants de Jean-Baptiste Etinechkaouat, chef présumé montagnais à Sillery, aux premiers temps des missions. On a déjà signalé l'incertitude qui couvre l'origine ethnique de ce chef ; qu'un de ses successeurs, au même «patronyme», fut identifié comme Papinachois établirait encore plus clairement qu'il n'y avait plus beaucoup de rat-musqué dans les «dux Montanensis» de la fin du XVIIᵉ siècle.

La cérémonie au cours de laquelle on faisait «ressusciter un Capitaine» (*RJ*-52 : 222-224), décrite par le père François Le Mercier, servait, disait ce dernier, à introniser un nouveau chef. Dans le contexte où le titulaire du capitanat provenait d'un peuple autre que celui du feu chef, la cérémonie ne prenait-elle pas des airs de rituel d'adoption. C'étaient les parents du défunt qui présentaient le successeur, c'étaient eux qui le dépouillaient de ses anciens habits et qui le revêtaient de ses nouveaux, c'était l'épouse du défunt qui le couvrait d'un «tour de tête», symbole d'autorité, enfin c'étaient encore les parents de l'ancien capitaine qui faisaient les présents aux tribus représentées. Plus que l'assurance de la continuité du leadership, cette cérémonie ne cherchait-elle pas aussi à maintenir la cohésion du groupe ? Ce qui s'avérait d'autant plus crucial quand ce dernier se dotait d'un chef emprunté à une tribu voisine qui faisait de plus en plus corps avec lui. N'était-ce réellement qu'une coïncidence (mais le hasard n'existe pas) que cette cérémonie de résurrection du capitaine « montagnais » prit place dans la relation des jésuites précisément dans la séquence narrative qui ramenait le père Nouvel de sa mission chez les Papinachois en 1669 : « Aprés que le Pere Nouvel fut retourné de sa Mission des Papinachois, l'on prit enfin la resolution de remplir la place du fameux Capitaine Noel Tekoüerimat qu'on avoit laissé par l'honneur qu'on rendoit à sa vertu, & à son courage, sans successeur depuis plusieurs années, selon la coutume des Sauvages » (*RJ*-52 : 222) ?

La communauté des Rats-Musqués s'était très tôt effritée. Dès le milieu de la décennie 1640, elle avait dû abandonner sa politique de la chasse gardée ; en 1669, elle se donnait un chef papinachois ; en 1706, des Montagnais (mais en étaient-ils vraiment ?) déclaraient à l'intendant Raudot qu'ils ne faisaient plus de division entre eux et les Papinachois. Certes, les quelques Rats-Musqués, s'il en restait, ne contrôlaient plus les limites de leur territoire traditionnel ; ils en étaient incapables politiquement, militairement et démographiquement. Les Papinachois, qui avaient attendu plus d'une décennie pour bénéficier d'un accès direct aux Européens à cause de la restriction qui leur était imposée, trouvèrent là une occasion idéale pour prendre la relève et participèrent bientôt au système d'échange qui s'implantait de Tadoussac jusqu'à la mer du Nord. Introduits en douce à la faveur de la levée de la chasse gardée, ils s'habituèrent aux rives du Saguenay. Zone d'attraction par le commerce qui s'y transigeait et par la présence missionnaire, Tadoussac attira les Papinachois, qui n'y vinrent pas seulement en traite et en retraite, mais également pour exploiter ce territoire de chasse qui manquait désormais de chasseurs. Le père en poste dans le Domaine du roi, en 1667-1668, passa d'ailleurs l'hiver à « faire des courses aux environs du Fleuve du Saguené, pour chercher ses brebis [qui se composaient] des Sauvages de Tadoussac, & et quelques-uns de ceux de Sillery, de Gaspé & des Papinachois » (*RJ*-51 : 270).

Voilà qui fournirait une explication à cette poussée « papinachoise » concomitante d'une raréfaction « montagnaise » dans les registres d'état civil, pour le dernier quart du xviie siècle. On notera encore leur rapprochement de Tadoussac au fil des témoignages. Bien que ces données ne sauraient être retenues pour leur valeur absolue, on note une diminution constante dans l'évaluation de la distance qui les séparait de l'embouchure du Saguenay, ce qui corroborerait ce lent mais continuel glissement vers l'ouest : en 1661, les Papinachois étaient signalés dans les parages de l'île d'Anticosti, soit à plus de 80 lieues de Tadoussac, alors qu'en 1669, ils n'en étaient plus qu'à 50 lieues ; en 1672, cette distance s'était rétrécie à 30 lieues ; en 1688, elle n'était plus que de 15 ou 20 lieues (*RJ*-47 : 220, 52 : 218, 56 : 86). La présence papinachoise s'imposa ainsi sur toute la côte et dans le pays saguenayen. Leur dialecte remplaça même le montagnais, comme en témoigna l'interprète Charles Cadieu de Courville, qui affirmait, en 1684, avoir « une parfaite connoissance » des peuples occupant la Traite de Tadoussac « par l'intelligence des langues Algonquines et Papinashoises » parlées par les Indiens desdits lieux (C^{11}A-6 : 435).

Prise en compte dans l'étude des langues autochtones d'Amérique du Nord, cette présence à Tadoussac d'une population papinachoise « montagnisée » renouvellerait la question de l'évolution du montagnais et obligerait à une réinterprétation des témoignages certifiant, par exemple, que les Papinachois « parl[ai]ent tous Montagnais » (*RJ*-52 : 218). Certes, ils parlaient le montagnais puisque les Papinachois étaient, en fait, ces « nouveaux Montagnais de Tadoussac » ! Les missionnaires en poste dans le Domaine pouvaient goûter quelque facilité à se faire entendre de ce peuple lorsqu'ils allaient en mission sur la côte, puisque « le fons de leur langue est Montagnes » (*RJ*-59 : 56). Pourtant, les deux communautés papinachoises ne subirent pas les mêmes pressions linguistiques, si bien que leur langue montagnaise évolua de façon différente ; ce qui fit dire au père Nicolas en 1673 que le montagnais des Papinachois des terres en aval sur la côte était « Beaucoup different de celuy de ceux qui viennent a Tad8ssak et chek8timi et a Pig8agami » (*RJ*-59 : 56). C'était un témoignage semblable que livrait le père Laure, en 1730, quand il relevait des terminaisons différentes dans la langue des Papinachois des îlets Jérémie et de leurs compatriotes de Chicoutimi : « nos papinachois [...] ont aux terminaisons pres des mots la même langue que ceux de Chek8timi » (*RJ*-68 : 100). Il est à croire que l'arrivée massive de Papinachois sur les anciennes terres des Rats-Musqués contribua en partie à la transformation de la langue montagnaise observée par les linguistes (C^{11}A-6 : 435). Aux dires même d'interprètes contemporains, cette langue montagnaise parlée à Tadoussac, à cette époque, était en fait le dialecte papinachois : du moins, Cadieu témoignait, en 1684, être interprète « des langues Algonquines et Papinashoises ».

Si les Papinachois étaient « en très petit nombre », comme l'écrivait Raudot au début du xviiie siècle (*RLAS* : 106), ils ne pouvaient s'étirer sur un aussi grand territoire sans laisser vacantes des zones de leurs terres traditionnelles. De celles-ci, seules les rives du lac Manicouagan semblent encore les accueillir dans le second quart du xviiie siècle, comme en témoigne Cugnet dans un mémoire de 1744 (C^11A-109 : 159). Dans leur migration en amont sur le Saint-Laurent, ils avaient abandonné leur poste côtier : on était allé autrefois « aux Papinachois », on se rendait désormais aux îlets Jérémie – « les Ilets-Jeremie ou Papinachois », écrivait le père Laure vers 1730 (*RJ*-68 : 26). « Anciennement, ils avoient une jolie chapelle située avec leur village dans une grande baye a 4 lieüs du nouvel etablissement des Ilets. Elle s'appelle encore aujourd'huy la baye des Papinachois » (*RJ*-68 : 100). Pourtant, comme le constatait La Chesnaye lors de son voyage d'exploration du Domaine du roi, en 1731, on ne pouvait plus parler que de l'ancien havre des Papinachois, là où il y avait autrefois un établissement de plus de 300 individus. Cet abandon semble même s'être opéré dès la fin du siècle précédent, puisqu'on rencontrait déjà, en 1683, à l'embouchure de « la riviere de L'assomption a trente Lieües plus que bas que le saguenay », des « Etechemins, et autres peuples du Nort » (*RJ*-62 : 222). Souvenir d'une présence marquée dans la toponymie, les Papinachois restés sur place étaient à peine assez nombreux pour motiver l'effort missionnaire réorganisé dans le deuxième quart du xviiie siècle, et le père Laure comptait justifier son travail apostolique dans la région sur l'apport d'Indiens étrangers : « il y aurait a esperer pour la religion et le domaine si le Roy leur accordoit un missionnaire resident qui attireroit plusieurs etrangers qui iroit voir a leur tour les francois employez a la Riviere Moysi, aux 7 Isles et leurs Sauvages » (*RJ*-68 : 100). Ses successeurs oublièrent peu à peu l'appellation « Papinachois » ; important lieu de traite, cette terre fut désormais désignée par son nom de poste du roi (*RJ*-69 : 128, 136).

Par contre, par leur présence accrue au Saguenay et au lac Saint-Jean, et par leurs continuels va-et-vient entre leurs anciens et leurs nouveaux territoires, ils laissèrent leur trace dans la toponymie chicoutimienne : « la belle rivière des Papinachois » (actuelle Shipshaw). Nommée ainsi par les voyageurs parce qu'elle servait de voie de communication entre Chicoutimi et la tête de la rivière Betsiamites, cette rivière menait les Papinachois à leur territoire ancestral. Par elle, on atteignait également la rivière des Mistassins qui conduisait au lac Mistassini (*RJ*-59 : 28, 46).

Fut-ce des Papinachois que le père Coquart rencontra, en 1750, lors de sa visite des postes de traite ? Son mémoire ne contient aucune trace de leur identité. Il confirme, cependant, qu'une maladie infectieuse avait, quelques années auparavant, ravagé les habitués de Tadoussac et des îlets Jérémie. Elle semble avoir particulièrement moissonné dans la population adulte, laissant nombre d'orphelins. Comme remède à ce problème social, il suggérait de relocaliser ces enfants abandonnés à Tadoussac où périclitait l'activité commerciale, à la suite de la diminution de la population indienne habituée à ce poste : « ces orphelins qui patissent dans les terres [...] des islets Jeremie repeupleroient peu a peu le poste de Tadoussac, et la chasse en seroit plus avantageuse » (*RJ*-69 : 96). Des orphelins papinachois deviendraient Tadoussaciens, avec la bénédiction des autorités coloniales... comme on était loin de l'époque de la chasse gardée ! En fait, ces Papinachois n'allaient-ils pas simplement renflouer les effectifs de compatriotes qui y avaient émigré au siècle précédent ? Le père Coquart ne se sentait-il pas d'autant plus à l'aise de proposer une telle mesure qu'il concevait bien que les habitués de l'un et l'autre lieux formaient un même groupe composite ?

Cette « petite nation du nord » aurait-elle vu trop grand pour sa capacité démographique et pour les ressources fauniques de son territoire ? Avant même les observations du père Coquart, l'intendant Hocquart n'écrivait-il pas, en 1733, que le poste des Papinachois avait dû être fermé, tellement le débit des pelleteries avait chuté ? Les ressources fauniques s'épuisaient, les Indiens du lieu cherchaient leur subsistance sur d'autres territoires. Même Tadoussac n'était plus un poste rentable : il « ne s'en trouvoit pas plus abondant parce que les sauvages des Papinachois alloient traitter a la coste du Sud aux Sept Isles, a Mingan » (C^{11}A-59 : 353v°). Il ne faudrait pas se laisser abuser par l'emploi de l'ethnonyme comme désignation topographique et confondre ce lieu avec le peuple. Hocquart empruntait l'expression : « les sauvages des Papinachois » et non « les Papinachois ». Quels Indiens fréquentaient alors ce secteur du Domaine du roi ? Vraisemblablement encore quelques Papinachois dans une masse d'Indiens mal déterminée ; assurément, l'expression indique qu'ils n'étaient pas les seuls. Le contexte confirme, de surcroît, qu'ils n'étaient pas nombreux, ni d'un groupe ni d'autres. Il allait de soi, par la toponymie, que l'on associât le peuple papinachois au poste des Papinachois; comme Tadoussac était, pour les Européens du XVIIᵉ siècle, le lieu des Montagnais. Et, comme la tribu montagnaise qui se gonfla avec l'ouverture de Tadoussac aux autres peuples, la diaspora imprégna l'identification « papinachois » aux autres chasseurs et traiteurs qui se mirent à fréquenter le poste des Papinachois devenu le poste des îlets Jérémie. Prenant le relais du terme « montagnais », l'appellation « papinachois » enfila le dossard du générique.

C'est dans ce contexte qu'il faut resituer le témoignage de Nicolas-Gaspard de Boucault qui avançait, dans un ouvrage rédigé peu avant la fin du Régime français, que les Papinachois occupaient les terres de la région de Mingan et au nord de l'île d'Anticosti, soit dans le pays traditionnellement attribué aux Oumamiouek (EPC: 29; *OCBL*: 530-531). Par son emplacement dans le texte, on pourrait croire que l'auteur tirait cette information du récollet Emmanuel Crespel, qui avait fait naufrage sur l'île d'Anticosti, en 1736. Pourtant dans son récit, le père Crespel ne livrait pas l'identité des Indiens qui vinrent le secourir (Crespel, 1742). Par ailleurs, ce passage de Boucault rappelle étrangement le témoignage du père Richard, en mission auprès des Gaspésiens, qui faisait savoir en 1661 que ses Indiens avaient fait la chasse aux Papinachois dans cette même région (*RJ*-47: 220-230). Si ce témoignage d'une présence papinachoise sur l'actuelle Basse-Côte-Nord dans le deuxième quart du XVIIIᵉ siècle était retenu, il tendrait à corroborer l'hypothèse du déplacement des Papinachois. Ceux-ci se seraient retrouvés, vers la fin du Régime français, sur des territoires qu'ils n'exploitaient pas traditionnellement, puisque les observateurs du XVIIᵉ siècle s'accordaient pour étendre leur territoire au plus bas jusqu'à Sept-Îles. Le témoignage de Boucault trouve d'autant plus de crédibilité qu'il relance un constat effectué vingt ans auparavant par le père Laure, qui écrivait, en 1730, que depuis les îlets Jérémie « jusqu'a LaBrador les habitans au fond montagnez s'appel[ai]ent Papinachois » (*RJ*-68: 98).

Mais encore, les principaux intéressés dans la ferme de Tadoussac notaient qu'en 1741 seules « quarante familles sauvages » (C¹¹A-66: 192) dépendaient des postes des îlets Jérémie et de Manicouagan. Des Papinachois? L'auteur ne précisait pas. Pourtant, il n'hésitait pas à identifier les Naskapis au poste de la rivière Moisie. Dans leur mémoire de 1744, François-Étienne Cugnet et Guillaume Estèbe rappelaient toutefois la présence de quelques Papinachois dans le voisinage des Naskapis. Quelques vestiges de cette tribu s'étaient donc depuis peu retirés dans leurs terres traditionnelles les plus nordiques (C¹¹A-109 : 159). N'était-ce pas la disparition des principaux membres de ces quarante familles de réfugiés papinachois que constata le père Coquart, en 1750, en évoquant une récente maladie qui, par ces ravages, avait laissé tant d'orphelins ? Du moins, un siècle plus tard, son successeur fut formel, les Indiens qu'il rencontra au lac Manicouagan n'avaient plus les traits du peuple qui riait. Par la rivière Manicouagan, il montait alors rencontrer les Naskapis qui nomadisaient au nord-ouest de ce secteur. Si l'on doit s'interroger sur le sens de l'ethnonyme employé par le père Arnaud, on ne peut se méprendre sur l'état de la population qui occupait ces lieux : « il y avait parmi ces pauvres gens bien des malades, des veuves et de petits orphelins, mais peu de chasseurs » (*RMDQ*-11 : 77).

Que les orphelins rencontrés par le père Coquart eussent été Papinachois ou d'une tribu immigrante ne devait pas changer le projet. Sans se préoccuper de leur appartenance territoriale, le missionnaire allait les transmuter en Tadoussaciens (*RJ*-69 : 96). N'y a-t-il pas lieu de croire que ces migrants n'étaient pas papinachois, quand Charlevoix affirme que ces derniers, comme leurs voisins Montagnais « avec lesquels ils partageaient leurs terres », n'étaient plus inscrits, en 1721, qu'au rang des peuples qui habitaient autrefois les terres « en remontant le fleuve Saint Laurent », et dont parlaient « les anciennes *Relations* » (*JVAS* : 426)⁹ ?

À sa façon, le père Laure constatait lui aussi la profonde transformation du paysage humain sur la côte laurentienne. De ses prédécesseurs du xviie siècle, il avait appris que le peuple papinachois tirait « son nom de son sous rire presque continuel » (*RJ*-52 : 222). Dans son *Apparat français-montagnais*, il ajoutait « papinagusiu », qui évoquait un « visage riant ». Le désaccord entre le sens de la racine de l'ethnonyme et la réalité observable de cette tribu le conduisait à noter sceptiquement : « je n'ai point aperçus rire [les Papinachois] plus que les autres Sauvages montagnais » (*AFM* : 678-679). Ce commentaire introduit dans le lexique de la langue montagnaise, qu'il compila à son arrivée dans les postes du Domaine du roi, offre un indice de plus que le déplacement des peuples

---

9. Conacher évoque aussi la disparition du peuple papinachois dans le cours du xviiie siècle (Du Creux : 580).

et le mélange des membres de ces «petites nations du nord» avaient modelé un nouveau caractère papinachois.

Assurément la population papinachoise n'était plus ce qu'elle était au temps des premiers contacts. Sa présence dans la production cartographique laisse même suggérer qu'une importante partie de ses effectifs prit la direction de l'ouest. En 1694, le cartographe Pierre Raffeix les situait au lac Huron, localisation que reprenait Gaspard Chaussegros de Léry, en 1725. Ce témoignage cartographique peut, certes, étonner. Pourtant, au début du XVIIe siècle, le cartographe Franquelin et son compère Delisle positionnaient les Papinachois dans la région de Chibougamau, pour le premier, et au lac Saint-Jean, pour le second. Lubie de cartographes travaillant loin des terres qu'ils dessinaient? La localisation des Papinachois dans la région du lac Saint-Jean, sur la carte produite par l'atelier Delisle, ne reflétait-elle pas cette transformation du paysage humain que les missionnaires observaient dans le Domaine du roi depuis déjà la décennie 1660?

Loin de n'être qu'un fantasme de cartographe, la présence papinachoise dans la région des Grands Lacs, au milieu du XVIIIe siècle, est confirmée par plusieurs sources. Notons d'abord qu'en 1736, lors de son «Dénombrement des nations sauvages qui ont rapport au gouvernement de Canada», Pierre-Jacques Payen de Noyan signalait leur présence au nord du lac Supérieur: «au nord de ce lac est, Michipicoton. Les Papinachois et les Gens des Terres, les premiers y sont ving guerriers et ont pour armes un lievre» (C[11]A-66: 250). Un second témoignage parvient du chef des Potéouatamis qui adressait une requête au gouverneur Charles de Beauharnois, à l'occasion du meurtre d'un Français par un jeune Papinachois du lac Huron. Les congénères de ce dernier prièrent alors leurs voisins du lac Michigan d'intercéder en leur faveur – «les Papinachois sont venûs me troûver et m'ont dit [...] prie pour nous, toy que tous les gens des lacs apellent leur oncle» – afin «d'obtenir grace pour le jeune insensé qui a fait ce mauvais coup» (C[11]A-74: 15). Intégrés à leur nouvel environnement géographique et humain, ces apatrides se joignirent aux autres peuples de la région lors des raids contre les établissements de la Nouvelle-Angleterre, à l'occasion de la guerre de Succession d'Autriche (C[11]A-115: 254sq). Quelque temps plus tard, on les rencontrait en même compagnie dans une délégation auprès des Français: «Arrivée a Montreal de sept Sauvages Papinaches du Lac huron qui viennent pour voir leur pere, on leur a reproché que de leurs gens avoient Esté participans du coup fait a la cloche Et on leur a dit que le moyen de se montrer de véritables Enfans Estoit de livrer les meurtriers» (C^{11}A-87 : 214v°). N'est-ce pas là une indication sérieuse d'une mouvance qui dépassait le nomadisme traditionnel?

Si les mentions d'une présence papinachoise dans les Pays d'en Haut sont incontestables, elles ne gomment pourtant pas leur signalement dans les terres du Domaine du roi, au cours de la même époque. Alors que Payen de Noyan les signalait uniquement à l'ouest de la colonie, le copiste de Québec, qui reprit son document, conserva la mention des Papinachois au lac Supérieur, et en ajouta une seconde, en les inscrivant sur une liste des peuples de la zone orientale : «Eskimaux, Micmacs, Amalécites, Papinachois» (C^{11}A-66 : 236). Cette rectification complétait les renseignements que Payen de Noyan avouait être incapable de fournir (C^{11}A-66 : 248). Là ne fut pas la seule modification apportée par le copiste en ce qui avait trait aux Papinachois. Alors que l'homme de terrain chiffrait à vingt le nombre de guerriers de cette tribu, à Québec on les multiplia : «On trouve a Michipicoton un petit vilage de Papinachois qui peut mettre sous les armes quarante guerriers» (C^{11}A-66 : 239v°). Moins que le nombre pris comme un absolu, c'est l'idée du copiste qu'il faut retenir de ce témoignage. Vu de Québec, le peuple papinachois devait paraître sous-évalué par Payen de Noyan. Disparus du Domaine du roi, ces Papinachois ne pouvaient qu'avoir gagné en grand nombre les territoires de l'ouest, plus hospitaliers et plus riches en ressources animales. Nombreux devaient-ils encore être ces hommes qui avaient refusé l'adaptation à la pêche commerciale en remplacement de leur mode traditionnel de subsistance. Le nombre de vingt guerriers, soit tout au plus une centaine d'individus, pouvait paraître faible par rapport à l'effritement de ce groupe observé dans la zone du poste des îlets Jérémie. Aussi, en doublant les effectifs papinachois dans le secteur des Grands Lacs, le copiste ne traduisait-il pas en réalité l'état de désagrégation de ce peuple dans la zone de traite laurentienne sous son observation?

Cette interprétation de la variation entre les chiffres de Payen de Noyan et ceux du copiste épouse, par ailleurs, les observations des contemporains qui ne situaient plus que vaguement les Papinachois sur leur territoire traditionnel. Par exemple, le père Laure, qui ne se rendit pas au-delà des îlets Jérémie, notait de façon large que les Papinachois «au fond montagnez» occupaient les terres depuis la rivière Betsiamites jusqu'au Labrador (*RJ*-68 : 98). Quant à ceux qui avaient glissé en territoire ouperigou-ouaouakhi, au cours de la seconde moitié du xviie siècle, ils s'étaient eux aussi largement évaporés. Dans son relevé des chefs indiens rencontrés dans les différents postes, l'intendant Hocquart mentionnait bien, en 1733, une vingtaine de familles aux îlets Jérémie et quelque vingt-quatre autres à l'intérieur des terres. Prudent, il ne précisait pas l'appartenance tribale. Et pour cause, la reconstitution des effectifs humains du Domaine y avait conduit des Indiens d'horizons multiples. Dans la perspective missionnaire qui était sienne, le père Laure témoignait que la remise sur pied de la «prétenduë capitale du Saguené» et de sa «petite eglise edifiante» s'était faite grâce à «120 adultes qu'on avoit ramassez» (*RJ*-68 : 80-82). Regroupés à Notre-Dame-de-Bon-Désir par le missionnaire pour des fins apostoliques, ces 120 adultes, dont quelques Micmacs (*RJ*-68 : 106), l'avaient aussi été dans le Domaine par les soins des marchands et des administrateurs coloniaux pour des fins commerciales. Qui pourraient désormais qualifier la filiation de ces familles de chasseurs-pêcheurs[10] ? À bon droit, le père Laure usa-t-il du gentilé «Tadoussaciens» pour parler des quelque 25 familles qui, du reste, n'avaient «presque rien de sauvage» et qui composaient cette mission «autrefois de pres de trois mille hommes» (*RJ*-68 : 76). Ce choix lexical n'était pas commandé par son manque de connaissance, puisque le père Laure notait qu'il avait hiverné avec eux pendant quatre ans ; ces ouailles tadoussaciennes n'étaient assurément pas des Papinachois, puisqu'il situait ces derniers beaucoup plus en aval sur la côte.

D'ailleurs, à leur tour, ces nouveaux «Papinachois-Tadoussaciens» résistèrent mal au choc microbien, comme le constata quelque temps plus tard le père Coquart. Recrutés par les adjudicataires, ces domiciliés périrent rapidement, laissant de nombreux orphelins et, à en croire le jésuite, surtout de nombreuses orphelines : «Il seroit aisé d'augmenter le nombre des chasseurs dans ce poste ou il se trouve une assés jolie jeunesse» (*RJ*-69 : 122). Quel meilleur appât, selon le missionnaire, pour attirer une nouvelle vague de chasseurs qui pourraient rendre à nouveau le commerce avantageux. Ces nouveaux chasseurs furent implantés sur

---

10. Un fils issu d'une de ces familles fut, par exemple, inscrit aux registres des baptêmes et sépultures sous l'appellation papinachois, mais fut hospitalisé à l'Hôtel-Dieu comme montagnais (Trudel, 1960 : 79/48).

un territoire qu'ils ne maîtrisaient pas, est-il étonnant qu'ils ne se fussent pas sentis d'ardeur à la chasse dans l'épaisseur des forêts? Les migrations forcées par les impératifs commerciaux n'eurent pas les succès escomptés. Longtemps les commis des postes se plaignirent des Indiens qui vivaient sur le magasin, ce qui augmentait les coûts d'exploitation puisqu'il fallait approvisionner les postes en plus grande quantité de farine, de pois et de lard. Recrutés et entraînés pour la chasse au loup-marin sur le fleuve, ils performaient à la satisfaction des marchands; livrés à leur propre ressource en forêts inconnues, ils revenaient invariablement le ventre creux: ils «reparoissent denuez de tout, maigres à l'excez, et toujours avec cette entrée immanquable ni-paska-bag8anan, nos mourons de faim», comme l'écrivait le père Laure (*RJ*-68: 55).

Communauté fragilisée par un mode de vie qui s'adaptait mal aux impératifs d'un commerce européen qui s'imposait, les Papinachois furent forcés à la migration. Nombre d'entre eux allèrent occuper les terres vacantes de la région saguenayenne; d'aucuns se réfugièrent, peu après l'époque des raids iroquois, dans la région des Grands Lacs; tandis que d'autres, peu nombreux, descendirent le fleuve et s'installèrent sur les anciennes terres des Oumamiouek. Et l'ancien pays papinachois devait devenir, pour un certain temps, une sorte de «pays fantôme», le temps que la faune se reconstituât. Entre-temps, un autre peuple commença à exploiter la ressource animale en augmentation aux limites septentrionales du pays papinachois. Bientôt, en effet, les observateurs notèrent la présence des Naskapis dans ces secteurs.

Les Naskapis

Les Naskapis, encore plus que leurs voisins de la côte, tardèrent à se faire connaître des missionnaires et des explorateurs européens. S'ils apparurent dans les écrits des jésuites, en 1643, ce fut pour disparaître pour un long moment, près de cent ans, alors qu'on retrouve quelques mentions de leur présence dans les rapports d'officiers royaux ou dans les mémoires de commerçants vers la fin du Régime français.

C'est dans la longue énumération que faisaient les jésuites de la «quantité de petites nations circonvoisines [...] sorties de ces grandes forests du nort [...]» (*MNF*-5: 700), que l'on retrouve une première mention de l'existence de ce peuple: «les Kakouchakhi, [...] les Mikouachakhi, les

Outakouamiouek, les Mistasiniouek, Oukesestigouek, Mouchaouaoua-stiirinioek, Ounachkapiouek, Espamichkon, Astouregamigoukh, Oueperi-goueiaouek, Oupapinachiouek, Oubestamiouek, Attikamegouek» (*MNF-*5 : 711-712). Il convient ici de reprendre l'analyse de cette séquence si l'on veut jeter quelque éclairage sur ces «Ounachkapiouek». Après l'arc formé par les peuples étalés du sud du lac Saint-Jean jusqu'au lac Mistassini étudié précédemment, dans quelle direction se dispersaient les autres tribus mentionnées?

L'énumération se poursuivait avec les Oukesestigouek (Outchesti-gouek). Comme le suggèrent certains linguistes, l'étymologie du mot renvoie à la notion de «grande rivière» (Mailhot, 1983 : 96 ; Rogers et Leacock : 187). Associant les Oukesestigouek des jésuites aux Indiens de Chisedech de Champlain, ces linguistes ont tout de suite cru à une évoca-tion de la rivière Moisie qui se déverse près de Sept-Îles, région attribuée habituellement à ces Indiens de Chisedech. Repositionnés dans la logique de la séquence énumérative, il y aurait tout lieu de croire que les Outches-tigouek étaient plutôt le peuple de la «grande rivière» qui traversait au nord du lac Mistassini et qui allait se jeter dans la mer du Nord. Les Outchestigouek auraient alors habité les rives de l'actuelle rivière Eastmain – désignée comme la grande rivière qui vient de la baie des Esquimaux – plutôt que celles de la rivière Moisie.

Redescendant vers le sud-est, les informateurs indiens mentionnaient ensuite les Mouchaouaouastiriniouek, peuple à l'est du lac Mistassini dans le secteur de la source des rivières Mistassini et Mistassibi coulant vers le lac Saint-Jean. Les énigmatiques Ounachkapiouek prennent ensuite place, suivis des Espamichkon et des Astouregamigouek, que l'on retrouve dans la profondeur des terres de l'actuelle Haute-Côte-Nord. Suit enfin la séquence des Oueperigoueiaouek, des Oupapinachiouek et des Oubestamiouek, peuples du littoral laurentien.

Loin d'être une simple liste de peuples épars à l'intérieur des terres, débitée au hasard, l'énumération des jésuites était un véritable dénom-brement, relevé selon un tracé géographique structuré. Confrontés à cette même information, les cartographes Delisle avaient eux aussi tenté de saisir la logique de cette énumération, en avaient déduit une distribution circulaire et avaient tracé un croquis en conséquence[11]. L'ordre choisi

---

11. Retenant les Kakouchak du lac Saint-Jean comme point de départ et les Attikamègues de la Haute Mauricie comme point d'arrivée, les Delisle distribuèrent ces

suggère un tour d'horizon qui apparaît plus que normal, si l'on prend pour acquis que les informateurs indiens étaient des Rats-Musqués de Tadoussac. Ceux-ci auraient fourni aux missionnaires une liste de peuples avec lesquels ils étaient en commerce. L'énumération décrivait une sorte d'arc aux limites du bassin hydrographique dont l'embouchure était sous la gouverne des Rats-Musqués. C'est donc dans cet ensemble structuré qu'il faut évaluer la place des Ounachkapiouek. Suivant l'hypothèse linguistique proposée par Pentland, l'ethnonyme trouverait sa racine étymologique dans l'expression « là où quelque chose disparaît ». Tablant sur cette donnée et ne tenant pas compte que les Naskapis d'origine avaient pu se déplacer sur le territoire, José Mailhot proposa l'explication « gens de l'endroit où ça disparaît » ; ce qui, selon elle, pouvait tout à fait être logique « pour désigner un groupe situé très loin vers l'est » (Mailhot, 1983 : 96-97).

Si les Ounachkapiouek avaient habité les lointaines terres du Labrador, auraient-ils été mentionnés par les Rats-Musqués comme faisant partie des peuples avec lesquels ils étaient en commerce ? Eussent-ils traité avec eux, n'auraient-ils pas été mentionnés à la suite des Oubestamiouek ? Intercalés entre la séquence des peuples du nord du lac Saint-Jean et ceux des terres arrosées par les rivières sillonnant la rive nord du Saint-Laurent, ne faut-il pas établir le territoire naskapi initial loin à l'ouest du plateau labradorien et inclure ce peuple dans la brochette des tribus nomadisant à l'intérieur des limites du Domaine du roi ? La distribution géographique des autres peuples mentionnés dans l'énumération laisse une plage vide à la hauteur du lac Manouane, secteur qui aurait été le territoire initial des Naskapis. Et si, pour les Rats-Musqués, cet ethnonyme devait signifier quelque chose qui disparaît, peut-être faudrait-il chercher du côté des arbres, qui perdent de leur taille aux marches du plateau labradorien. Hypothèse qui trouverait une seconde explication linguistique dans la langue naskapie elle-même, où l'on trouve le son « naask8a » dans de nombreuses expressions relatives aux arbres. On notera encore que les jésuites faisaient eux-mêmes remarquer en 1640 que les « méridionaux »

peuples dans le sens inverse des aiguilles d'une montre, inversant ainsi les localisations ; ANF, MAP 6JJ/75B, croquis 14,18. Leur appréciation valait toutefois mieux que celle de Nicolas Sanson qui inscrivit en bloc ces « nations du Nort » au Labrador, représentation cartographique sur laquelle Mailhot appuie les prémisses qui fondent sa thèse sur les Naskapis (Mailhot, 1983 : 86).

Takouamis étaient en relation commerciale avec des Papiraga8'ek (Papinachois), donc des peuples du nord-est, qui vivaient dans un pays si froid « que les arbres ne viennent pas à juste grandeur » (*MNF-4* : 578). Or, les Ounachkapiouek du lac Manouane se situeraient grosso modo à la même latitude et sur le même type de sol que les Papinachois de la Manicouagan.

Ce constat implique que l'on doive entrevoir pour ce peuple un sort semblable à celui qui fut réservé aux autres tribus du vaste bassin hydrographique des lacs Saint-Jean et Mistassini, et que l'on reconstitue leur histoire en parallèle avec les aléas du Domaine du roi. Or, on sait que les attaques iroquoises du XVIIᵉ siècle avaient modifié profondément le paysage humain de « la profondeur des terres ». Les Écureuils avaient été anéantis, les Kakouchak avaient péri peu après, les Takouamis avaient fui vers les Mistassins, les Oukouingouechiouek avaient gagné les rives de la mer du Nord, les Mistassins avaient été refoulés plus au nord, les Rats-Musqués avaient été décimés ; même les Papinachois, peuple très oriental, avaient été atteints par les Agniers. Situés dans l'axe lac Saint-Jean–Côte-Nord, les Ounachkapiouek ne pouvaient avoir été à l'abri de ces raids meurtriers et perturbateurs. De même, puisqu'ils faisaient partie de ces tribus habituées dans le Domaine du roi, à la fin du XVIIᵉ siècle, ils subirent également les contrecoups de l'effondrement du commerce dans cette région. Sous cette double contrainte, les Ounachkapiouek, poussés vers le nord et vers l'est, auraient alors entrepris d'occuper des terres laissées vacantes à la suite de la dispersion des anciennes tribus de la grande famille bersiamite (pris ici dans son sens générique). Ils se seraient fondus à leurs voisins peu populeux, les Espamichkon ou les Mouchaouaouastiriniouek, et auraient poussé vers le nord, en direction des Outchestigouek. Par leurs contacts avec ces derniers, le peuple composite des futurs Naskapis aurait dans la suite noué des liens commerciaux avec les Britanniques qui opéraient leurs postes de traite depuis la baie d'Hudson, les seuls alors en mesure de leur acheter leurs fourrures. C'est dans cet état que, vers la fin du XVIIᵉ siècle, les entrepreneurs Louis Jolliet et François-Joseph Bissot les « redécouvrirent », cabanés loin dans la profondeur des terres.

Sortis de l'anonymat des « petites nations du nord » aux premières heures apostoliques de la colonie, les Naskapis ne reparurent toutefois, dans les textes, que lors de la controverse qui entoura la délimitation du

Domaine du roi et sa reconstruction, aux lendemains de sa dévastation humaine et faunique. Dans son ordonnance de 1733, l'intendant Hocquart mentionnait en effet que le Domaine comprendrait le lac des Naskapis situé au nord du poste de Mingan, et ce, malgré les prétentions de certains entrepreneurs, dont les héritiers de Jolliet. En argumentant sur l'accessibilité des Naskapis dans leurs mémoires respectifs, François-Étienne Cugnet, le régisseur de la Traite de Tadoussac, et Joseph de Fleury Deschambault de La Gorgendière précisaient un peu plus la localisation de ce groupe (C^{11}A-59 : 307v°). Il ressort de cette polémique que les Naskapis étaient alors à portée de Sept-Îles. C'était, par ailleurs, précisément afin d'être en mesure d'envoyer « en traitte dans le lac des Naskapis, distant du bord du fleuve de plusieurs journées de chemin » (C^{11}A-59 : 301), argumentait Cugnet, que les concessionnaires de Mingan avaient déplacé leur établissement vers la rivière Moisie.

La contradiction des textes quant à la localisation du lac fréquenté par les Naskapis force à s'interroger sur cette nouvelle ambiguïté. Cugnet, qui désirait faire inclure le lac Ashuanipi dans les limites du Domaine, situait le « lac des Naskapis » à une distance raisonnable de Sept-Îles. Quoi qu'à « plusieurs journées de chemin » du bord du fleuve, ce lac était plus accessible par la rivière Moisie relevant du Domaine que par toutes autres voies. À cette affirmation, La Gorgendière et associés rétorquèrent que Cugnet était « très mal informé de la distance de ce Lac » (C^{11}A-59 : 303v°). Celui-ci ne pouvait être inclus dans la carte du Domaine que traçait Cugnet, vu son éloignement. Les premiers à avoir tenté de rejoindre ce lac, plaidaient-ils, furent Louis Jolliet et François-Joseph Bissot. Leur première exploration leur avait demandé « plus de deux mois de marche ». Ce voyage à l'intérieur des terres mena les marchands à un « lac des Naskapis » qui semblait alors « plus du côté de la Baye d'Hudson que du fleuve St. Laurent » (C^{11}A-59 : 303v°). Offusqué de l'accusation d'ignorance que formulaient les concessionnaires de Mingan, le régisseur du Domaine répliqua qu'il était « mieux informé de la distance du Lac des Naskapis que les déffendeurs ne voudraient l'insinuer ». Réfutant leur argument, il objecta que « celuy qui exploite le poste de la Rivière Moisy y envoye tous les ans, et les engagés qui y vont ne mettent que trois semaines ou un mois au plus à y aller et en revenir » (C^{11}A-59 : 306). À cette réponse, La Gorgendière répliqua que « la personne qui exploite le poste de la Rivière Moisy peut avoir des Nouvelles de ces endroits dans le peu de tems que le Sr Cugnet dit, cependant le Sr Bissot a fait plus de Cent Lieuës au Travers des Terres pour s'y rendre » (C^{11}A-59 : 307v°). À la lumière de ces mémoires, il appert que le « lac des Naskapis » de Bissot et de La Gorgendière était situé plus loin dans les terres et plus à l'ouest que le « lac des Naskapis » de Cugnet. Alors que le régisseur du Domaine voyait là un autre poste qui méritait d'être exploité avec régularité, les concessionnaires trouvaient, pour leur part, qu'il coûtait trop d'efforts pour ce qu'il pouvait rapporter : « au surplus il [Bissot] n'y a point envoyé depuis qu'il y a été, les Voyages etans d'ailleurs trop dispendieux ». Ne faut-il pas croire que les uns et les autres ne référaient pas à la même réalité géographique ?

Les mêmes mémoires de 1732-1733 indiquent que les explorateurs Louis Jolliet et François-Joseph Bissot avaient entrepris leur voyage dans les terres « environ trente sept à trente huit ans » auparavant (C^{11}A-59 : 303v°), soit vers 1695-1696, époque de la nouvelle collaboration entre Jolliet et son beau-frère Bissot, en société depuis le 9 novembre 1695 pour l'exploitation de la concession de Mingan. On sait que la Traite de Tadoussac était alors en très piteux état, que le nombre d'Indiens habitués dans le Domaine était en rapide diminution et que plusieurs d'entre eux s'étaient repliés vers le nord. À la suite du déclin du Domaine, ces marchands n'avaient pas lésiné sur la dépense pour attirer les Indiens « et rompre les intrigues qu'ils avaient avec les Anglois » (C^{11}A-59 : 307v°). Ce fut alors que Jolliet et Bissot explorèrent leur « lac des Naskapis », à deux mois de chemin dans les terres et du côté de la baie d'Hudson. Toutefois, la découverte ne fut pas aussi rentable que prévu. Aussi, les concessionnaires explorateurs n'y donnèrent aucune suite. Une vingtaine d'années plus tard, soit vers 1720-1723, alors qu'on réorganisait l'exploitation du Domaine, les héritiers des concessionnaires de Mingan entreprirent de relancer la traite et organisèrent des voyages dans l'intérieur des terres. « Les motifs qui les [leur] ont fait entreprendre n'ayant d'ailleurs pour but que d'attirer les sauvages et les détourner d'aller aux Anglois » (C^{11}A-59 : 307v°). Marchant sur les pas de leurs devanciers, ils retrouvèrent un « lac des Naskapis » « à plus de cent lieües au travers des terres ». Comme ceux-ci, également, ils renoncèrent à ces voyages trop coûteux. Ils cherchèrent plutôt à se ménager les services d'intermédiaires indiens qui feraient la traite avec les lointains Naskapis ; du moins, c'était là ce que soupçonnait Cugnet : « il peut être vray aussy que les deffendeurs n'i aillent point, mais ils y envoyent des sauvages affidés qui débauchent ceux du Lac des Naskapis et font la traitte avec eux au préjudice des Traittes du Domaine» (C¹¹A-59: 306).

Depuis leurs voyages de 1720-1723, les concessionnaires de Mingan n'entreprenaient plus eux-mêmes le périple à leur «lac des Naskapis». Ils se contentaient, désormais, des services d'intermédiaires. Si les Naskapis avaient changé de lac dans l'intervalle, ils auraient très bien pu l'ignorer. Entraînés dans la mouvance de la réorganisation du Domaine, les Naskapis auraient-ils été influencés par les intermédiaires de Bissot qui trafiquaient à Mingan et seraient-ils passés à l'est? Du moins, l'inco-hérence des localisations du «lac des Naskapis» dans les mémoires amène fortement à croire que les uns et les autres ne parlaient pas du même lac, s'ils parlaient des mêmes Naskapis! Par ailleurs, on notera que cette étendue d'eau, désignée sous le nom de «lac des Naskapis» dans les mémoires de Cugnet et dans les ordonnances de Hocquart de la même période, était en fait le lac Ashuanipi, déjà connu des Français sous ce nom et identifié sous ce vocable sur la carte du père Laure. La traduction de ce toponyme soulève par ailleurs de nouveaux doutes. Il désignerait un lac qui attend «les eaux des autres lacs ou marécages pour se décharger» (Rouillard et Proteau: 21); un tel lac représentait-il un environnement adéquat pour un peuple dont la survie reposait en partie sur les ressources halieutiques?

Vraisemblablement avec l'intention de favoriser son ami Cugnet par l'élimination des différentes lézardes par lesquelles fuyait la fourrure du Domaine, l'intendant Hocquart leva toute ambiguïté en désignant le lac Ashuanipi sous le nouveau vocable «lac des Naskapis». Ce faisant, il annihilait toute revendication ou contestation de la part des concession-naires de Mingan[12]. Localisés sur les rives du lac Ashuanipi, au moment crucial où se dessinaient les limites légales de la Traite de Tadoussac, les Naskapis inscrivirent momentanément leur marque dans la toponymie

---

12. Contrairement à ce que soutient Mailhot, ce n'est pas dans l'ordonnance de Hocquart, du 23 mai 1733, mais dans les mémoires de Cugnet et des concessionnaires de Mingan, que le toponyme «lac des Naskapis» paraît pour la première fois dans les écrits de l'époque. Cette lecture des faits infirme l'hypothèse voulant que ce fussent Jolliet et Bissot qui rebaptisèrent le lac Ashuanipi en lac des Naskapis. D'ailleurs, cette ethno-linguiste extrapole tendancieusement les données archivistiques (*MBIL*-7: 3210) lors-qu'elle fait correspondre le lac initial des Naskapis à l'actuel lac Ashuanipi (Mailhot, 1983: 87).

en imprimant leur nom au lac sur les rives duquel ils venaient de s'établir. Ayant eu gain de cause avec cette ordonnance de l'intendant, Cugnet ne s'embarrassa plus, par la suite, de cette synonymie topographique. Dans un protêt signifié en 1743, il était devenu clair que les deux appellations ne renvoyaient pas au même lac; c'est du moins ce que suggère leur juxtaposition: «Le S[ieur] Fornel ne l'a choisi [Jean Pilote] que par ce qu'[...] Il l'a crû plus capable qu'aucun autre de faire la Traitte, et d'attirer a lui les sauvages du Domaine des Lacs de Naskapis, Atchoüanipi, Manikouagan, Mistassins et Chobmouchouane» (C^{11}A-70: 79-80).

Au moment de la rédaction de son ordonnance, Hocquart avait-il pris sa décision sur les témoignages du père Laure? Rien de moins certain. Pourtant, le missionnaire n'avait-il pas inscrit les Ounescapi quelque part au nord du poste à l'embouchure de la rivière Moisie? Il faut alors se demander sur quelle information, puisqu'à aucun endroit dans sa relation il n'est fait mention de ce peuple. Notons d'abord que le père Laure écrivait que depuis les îlets Jérémie «jusqu'a LaBrador les habitans au fond montagnez s'appellent Papinachois». Ces Indiens, qu'il fréquentait à Tadoussac, à Bon-Désir et aux îlets Jérémie, lui étaient bien connus. Il ne semble pas, toutefois, qu'il s'aventurât plus avant sur la côte et qu'il se rendît jusqu'à Sept-Îles. On se souviendra de la difficulté éprouvée par ses prédécesseurs dans la mise sur pied de cette mission.

Un voyage apostolique dans cette région reposait largement sur la bonne collaboration des marchands qui desservaient ces postes; or, les commis de la traite nourrissaient des dispositions si hostiles envers le missionnaire que celui-ci dut même abandonner sa mission de Notre-Dame-de-Bon-Désir (*RJ*-68: 96; *DBC*-2: 373). Le père Laure ne put donc connaître ses ouailles potentielles plus en aval sur le fleuve et n'en parla qu'en termes vagues: les «compatriotes éloignez [des Papinachois]», les «Sauvages [... de] la Riviere Moysi [et] aux 7 Iles», ou encore, les *Sauvages du Labrador* (*RJ*-68: 100, 116). Il appert de la juxtaposition de ces expressions, que le Labrador du père Laure ne correspondait pas à l'espace désigné aujourd'hui par ce toponyme. Pour ce dernier, le Labrador commençait vers Sept-Îles et la rivière Moisie, là où n'habitaient pas ses ouailles papinachoises, là où commençait le pays de ses ouailles virtuelles dont il ne connaissait pas l'ethnonyme.

Pourtant, sur sa carte produite l'année suivante, il inscrivait les Naskapis précisément dans son Labrador, au nord de la rivière Moisie.

N'a-t-on pas lieu de croire que le complément d'information lui fut donné par quelque personne digne de confiance à Québec? À tout le moins, on reconnaîtra que l'emplacement de ses Ounescapi, à l'ouest du lac Ashuanipi, faisait bien le jeu de Cugnet qui disputait à ses opposants la traite dans cette partie de la colonie. S'appuyant sur leur crédit réciproque, l'intendant et le missionnaire fixèrent au lac Ashuanipi les Naskapis qui étaient en mouvance depuis un demi-siècle.

Dans leur déplacement vers l'est, les Naskapis n'auraient en fait qu'imité leurs congénères oukouingouechiouek et takouamis. Comme le constata le capitaine népissingue Aouatanik qui le traversa vers 1658, c'était là un «païs où trois nations [avaie]nt esté désolées depuis deux ou trois ans [...] et contraintes de se réfugier chez les autres plus éloignées» (*MNF-9*: 471). L'une de ces trois tribus était celle des Oukouingouechiouek. Victime elle aussi des raids iroquois au milieu de la décennie 1650, elle avait fui sous la pression de l'ennemi et avait abandonné ses terres initiales aux sources de la rivière Nottaway pour gagner l'intérieur des terres sur la rive nord, dans la région de la rivière aux Outardes. Ce fut là que, une vingtaine d'années plus tard, les missionnaires retrouvèrent les Oukouingouechiouek et les baptisèrent (*SRT*: 4-5). N'avaient-ils pas entraîné dans leur migration certains de leurs voisins, dont des Naskapis?

Ces derniers revinrent par ailleurs à l'agenda des administrateurs coloniaux vers les débuts de la décennie 1740[13]. Dans un rapport de 1744 sur son projet de réunir la baie de Kessessakiou au Domaine, contresigné par son associé Estèbe, Cugnet reparlait de nouveau des Naskapis et les inscrivait dans la grande famille des Montagnais. Avec leurs congénères, les Naskapis étaient situés loin dans «la profondeur des terres du Domaine», tellement loin qu'ils ne pouvaient «se rendre dans les postes qui y ont été établis qu'avec beaucoup de difficultés», tellement loin qu'ils auraient eu, à cette époque, toutes les peines du monde à se rendre chez les missionnaires de Tadoussac. Mais les Naskapis avaient des voisins encore plus nordiques qu'eux, qui ne connaissaient «les françois et les anglois que par [la] relation des autres Sauvages qui traittent avec les Uns et les autres». Ces voisins habitaient un pays où ne se trouvaient point les «écorces propres a faire des canots», ce qui les obligeait souvent à se

---

13. Les contacts avec eux se firent dès lors plus fréquents et certains furent enrôlés comme esclaves par des bourgeois de Québec (Trudel, 1960: 79/49).

rendre aux postes de traite à pied. Ces nordiques voisins avaient des habitudes bien différentes : ils ne pratiquaient la chasse aux martres et aux renards que pour en consommer « les Peaux a leur habillement et Et a ceux de leurs Enfans », mais encore, ils s'attachaient « seulement a la Chasse des animaux qui peuvent les nourrir et ne tuent que le Caribou et les ours blancs ». La localisation de ces voisins si différents permet de circonscrire le pays alors habité par la famille montagnaise de Cugnet : « ces Sauvages [...] occup[ai]ent toute l'étenduë de Païs depuis le lac des Naskapis jusqu'au détroit de Bellisle, tant du costé de la Baie d'hudson, que du costé du fleuve St. Laurent ».

La précision géographique de ces groupes indiens pour lors inconnus des explorateurs vient, du coup, repositionner les groupes montagnais énumérés par Cugnet. Au sud d'une ligne ne dépassant pas le 53e parallèle, s'étendait le pays des Mistassins, des Outchestigouek (Chichertigaux), des Papinachois et des Naskapis. L'ordre de l'énumération propose même un positionnement d'ouest en est, de l'actuel lac Mistassini à l'actuel lac Ashuanipi, localisant les Mistassins à l'extrémité occidentale de cet axe et les Naskapis à son extrémité orientale. Ce positionnement situait les Papinachois sur les profondeurs de leur territoire traditionnel dans la région du lac Manicouagan et laissait aux peu connus Outchestigouek, approximativement, les rives de l'actuel lac Manouane, soit les terres qu'auraient initialement occupées leurs congénères naskapis, vidées par le déplacement de ceux-ci vers l'est. Ce furent par ailleurs ces nouveaux habitués des lacs Manouane et Onistagane que se disputèrent par « mille petites ruses pour les attirer » les commis des postes de Chicoutimi et des îlets Jérémie, vers la fin du Régime français (RJ-69 : 108).

À la fin de la décennie suivante, alors que grondaient les tambours de la guerre de Sept Ans, le chevalier de Lapause mentionnait, dans son état des postes établis sur la rive nord du Saint-Laurent, la présence de Naskapis chez le sieur Jean-Louis Volant à Mingan. Ils y avaient vraisemblablement été attirés par les Montagnais qui fournissaient au seigneur la main-d'œuvre nécessaire à son exploitation de l'huile de loup-marin. Mais ce contact entre les deux communautés devait être de date récente, puisque, en 1732, lorsque le sieur de La Chesnaye voulut entreprendre la visite des limites du Domaine de roi, les Montagnais de Sept-Îles objectèrent qu'ils ne pouvaient l'accompagner. Ils prétextèrent alors ne pas connaître la rivière qui menait au pays de leurs voisins dans les terres

(C^{11}A-58 : 251-255), ce qui laisse croire qu'ils n'étaient pas des domiciliés de longue date dans la région. Bien différents de ces Montagnais « qui ne vont dans les terres que l'hiver y faire la chasse pour vivre », les Naskapis habitaient dans la profondeur des forêts, où ils faisaient leur chasse et ne venaient « à la mer qu'au printemps et en repart[ai]ent à la fin de Juin » (EPC : 219). Cette observation vient confirmer la lecture faite précédemment du mémoire de Cugnet : les Naskapis du deuxième tiers du XVIIIe siècle n'étaient plus de ces groupes si éloignés qu'ils ne pouvaient descendre aux postes déjà établis sur la côte, ils pouvaient désormais se rendre sans trop de peine aux postes de traite.

Le chevalier de Lapause précisait dans son rapport que les Naskapis n'étaient pas les seuls à venir faire la traite à Mingan, un autre groupe les y rejoignait : les Tigestigones (autre variante orthographique et phonétique des Outchestigouek). Ceux-ci occupaient, toutefois, des territoires moins éloignés que les premiers : « Ceux qui se tiennent dans les terres se nomment Tigestigones et Naskapris [sic], ces derniers vont les plus loin faire leur chasse ». Ensemble, ces deux groupes ne formaient qu'une petite communauté : « Ceux qui descendent traiter depuis Maingant jusqu'au cap Charles ne sont pas au nombre de cent familles en tout ». En divisant ce nombre entre les deux communautés, et en le multipliant par le facteur communément admis de cinq membres par famille, une évaluation même généreuse donnerait tout au plus un total de 400 Naskapis. Ce groupe restreint devait en plus, selon Lapause, combattre sa propre indolence : « ils sont extrêmement paresseux et se détruisent tous les jours ». Plus qu'un jugement de valeur, ce constat doit se lire dans le contexte environnemental. Dans le pays des Naskapis comme ailleurs, des décennies de traite avaient raréfié la faune, qu'on ne pouvait désormais débusquer qu'en allant de plus en plus loin. Non seulement la famine menaçait l'équilibre de la communauté, mais aussi l'alcool, fortement recherché comme article de traite. Devant ce triple péril, le militaire français posait le plus sombre pronostic : « je suis persuadé que dans 20 années d'icy, il y en aura pas de la race ». Et c'était là sans compter sur le danger permanent que représentaient leurs belliqueux voisins, les Esquimaux, qui venaient « quelquefois dans ces postes [...] pour les ravager et faire la guerre aux Sauvages de la traite » (EPC : 219).

Sur ces témoignages se referme l'observation française des Naskapis. Depuis les témoignages des missionnaires jusqu'à ceux des marchands, un mouvement d'ouest en est se dessine. Les Ounachkapiouek des jésuites, retracés à l'est du lac Mistassini avant l'augmentation des raids iroquois dans les pays laurentien et saguenayen, s'étaient déplacés jusqu'au lac Ashuanipi. C'est là qu'on les retrouva vers le milieu du xviiie siècle, après que Jolliet et Bissot les eurent rencontrés quelque part entre ces deux points géographiques au tournant du siècle. Les Naskapis des marchands, qui couraient les fourrures jusqu'aux limites du plateau labradorien, poursuivirent leur déplacement vers l'est. Ils s'approchaient lentement des territoires esquimaux au moment du changement de régime colonial, alors que les explorateurs britanniques notèrent leur présence dans la zone du détroit de Belle-Isle.

Des observations de certains explorateurs britanniques, vers la fin du Régime français, montrent que les Naskapis continuèrent leur déplacement vers le soleil levant. Par exemple, Henry Pollexfen, employé de la Compagnie de la baie d'Hudson et chef au fort Richmond, s'interrogeait, en 1756, sur l'étendue de son réseau d'approvisionnement en fourrures. Ses informateurs indiens lui apprirent alors que plusieurs groupes se partageaient les terres ingrates qui s'étendaient à l'est de la baie: «The Pishepoes are the nearest to the southward. Cawpachisqua's tribe that is called Eartiwinepecks lays to the southeast. The Nepiscuthenues lays to the Northeast. The Nashcoppees along way beyond them... to the eastward. The Esquimaux take up the rest of the northern coast» (Morantz: 8). La distance extrême qui semble séparer l'informateur du groupe naskapi identifié trahit le peu de contact entre l'un et l'autre. Bien loin au-delà des groupes mentionnés, il y avait des Nashcoppees, quelque part vers l'est, voisins des Esquimaux. La transposition cartographique de ces données reste assurément fragile. Pourtant, ici encore, le respect de la séquence énumérative tombe sous le sens. Au sud et relativement près du fort Richmond, on rencontrait les Pishepoes; leurs terres correspondraient alors vraisemblablement aux rives de la rivière Grande Baleine et du lac Bienville. Ce groupe obscur serait vraisemblablement le même que celui dénommé Pishapocanoes avec lesquels les Abitibis rivalisaient pour la traite avec les Britanniques de la baie James, en 1674. Ils étaient alors localisés sur la rive occidentale de la baie (Oldmixon: 390). Leur déplacement d'ouest en est apporte ici une preuve de plus à la thèse de l'important remaniement territorial qui marqua l'histoire des peuples autochtones au cours du xviie siècle. Au sud-est des Pishepoes, s'étendait le pays des Cawpachisquas. Celui-ci serait à situer aux environs du lac Caniapiscau. Hormis l'analogie phonétique entre l'ethnonyme et le toponyme, les coordonnées de ce lac correspondent parfaitement à une orientation sud-est par rapport au fort Richmond. Au nord-est des Pishepoes, le territoire des Nepiscuthenues s'étirerait le long des côtes de la baie d'Ungava, dans le secteur de Fort Chimo. Loin de ces peuples, à l'est, se trouvaient des Nashcoppees; or, dans une parfaite trajectoire orientée sud-est, un axe prenant son point de départ au fort Richmond, traversant le pays des Pishepoes et le lac Caniapiscau, aboutit précisément au lac Ashuanipi, terres d'adoption des Naskapis, d'après les explorateurs français. Jusqu'alors, il y a tout lieu de croire que, par le terme « Naskapi », Français et Britanniques désignaient le même peuple habitué dans un pays aux limites orientales du Domaine du roi, voire au-delà de ces limites.

Une quinzaine d'années plus tard, un compatriote de Pollexfen, George Cartwright, observait des canots de Nasquapicks dans les eaux du littoral atlantique, « near Denbigh, and on several points of the coast north-west of the Straits of Belle Isle » (Hind : 101). Dans une lettre datée du 12 septembre 1774, il informait le *Board of Trade* qu'une famille naskapie était venue au cap Charles, durant l'été, et avait traité avec les gens du poste « about fifty pounds worth of Fur » (*MBIL*-6 : 2772). On ne saurait s'étonner de cette présence naskapie au cap Charles à cette époque puisque déjà, avant la Conquête, les marchands français traitaient avec eux à ce poste, comme l'avait observé le chevalier de Lapause (EPC : 219). Avant même le changement de régime colonial, les Naskapis avaient donc poussé leur migration jusqu'aux extrémités orientales de la terre ferme. Dans cette même lettre rédigée au cours d'un voyage de traite, Cartwright rapportait quelques observations faites dans la région de la baie Sandwich. Ses hommes, précisait-il, « saw no sign of any Uropean having dwelt there, [par contre], it is a place much frequented by the Nescaupick Indians » (*MBIL*-6 : 2772). Une autre observation du même Carthwright, quatre ans plus tard, confirme la fréquentation désormais permanente de ces Naskapis dans la région du cap Charles : « [they] were the same whom I had seen at Caribou two years ago [...] they would return in a day or two, and bring all the rest of the tribe, whom they had left at Caribou [à quelques lieues au nord de cap Charles] » (Townsend : 251).

Les Naskapis de Cartwright mouillaient alors assurément dans des eaux traditionnellement esquimaudes. On peut facilement conjecturer que cette tribu d'Indiens explorateurs et migrants, initialement localisés dans la région du lac Manouane, entra en conflit avec les groupements esquimaux fréquentant les côtes du Labrador et les rives de ses principaux plans d'eau à l'époque des premiers contacts. Si ces affrontements ont échappé à l'œil européen, ils ont toutefois laissé une trace dans la littérature orale esquimaude (Tanner-2 : 482).

Parlait-on des mêmes Naskapis? Du moins, la description qu'en donnait Cartwright les inscrivait dans la race de ceux qui allaient en traite au poste de Moisie, quelques années plus tôt : «a People who subsist by hunting, they are good Furriers, speak broken French, are Roman Catholics, and have traded with the Canadians many years» (*MBIL*-6 : 2772). Pour les Britanniques, ces Ounachkapiouek qui s'étaient réfugiés au lac Ashuanipi furent rapidement confondus aux Montagnais christianisés. Ne s'étaient-ils pas eux-mêmes fondus aux Indiens du littoral, avec lesquels ils étaient de plus en plus fréquemment en contact? Le père Arnaud rapportait, pour sa part, que les difficiles conditions de traite dans les postes anglais du Labrador, au milieu du xixe siècle, chassèrent de nombreux Indiens des terres vers le littoral où ils allèrent grossir les effectifs autochtones à Sept-Îles (*RMDQ*-13 : 60-61).

Tels les Naskapis des marchands français, les Nescaupicks des Britanniques appartenaient à la grande famille montagnaise, comme le couchait Cartwright dans son journal : «The Mountaineer Indians, with whom we are acquainted» (Townsend : 159-160). Si ce passage laisse planer quelque doute, une autre entrée de son journal lève toute ambiguïté : «This afternoon [4 octobre 1778], four Nescaupick, or Mountaneer Indians came here in two canoes» (Townsend : 251). Comme les explorateurs et les missionnaires de langue française avant lui, qui avaient parlé de Bersiamites ou d'Oumamiouek, Cartwright mentionnait des Naskapis ou Montagnais. La double mention signifiait moins que les deux termes étaient «parfaitement interchangeables», comme le propose José Mailhot (Mailhot, 1983 : 89), que l'importance de resituer le particulier dans le générique. Cette façon de noter l'information rendait davantage justice à l'humble réalité historique.

Ce qui importait d'autant plus, car l'usage se répandait d'opposer sous les termes «Naskapi» et «Montagnais» les Indiens en contacts récents et sporadiques d'avec ceux qui avaient subi une forte influence européenne. C'est en effet à cette époque que le terme «Naskapi» commença à s'embrouiller. Dans son article portant sur l'appellation d'origine, l'évolution temporelle et la distribution spatiale du terme «Naskapi», José Mailhot a démontré, il y a quelques années, que cet ethnonyme avait eu une portée aussi relative que celui de «Montagnais». Comme ce dernier, le terme «Naskapi» évolua d'un sens particulier vers un sens générique. Au point de départ, il désigna un groupe déterminé, en l'occurrence cette tribu indienne qui vivait dans le secteur des lacs Péribonka et Manouane et qui migra bientôt vers le lac Ashuanipi, d'où elle descendait occasionnellement sur la côte pour aller traiter. Bientôt, il devint un englobant courant pour désigner l'ensemble des tribus du nord, et plus particulièrement celles qui n'avaient pas encore connu les «bienfaits» de la civilisation européenne. Pour ces raisons, le référant «Naskapi» apparaissant dans les correspondances ou dans les journaux de voyage du XIXe siècle renvoie à une réalité toute différente. Si les témoignages concernant les Naskapis pouvant être relevés dans les archives du XIXe siècle sont encore nombreux, ils portent cependant sur un groupe élargi qui n'a plus rien à voir, ni géographiquement ni ethniquement, avec les Ounachkapiouek retracés par les jésuites, au milieu du XVIIe siècle.

Retenir la thèse que le terme «naskapi» des sources anglo-saxonnes ne pouvait équivaloir à celui sous les plumes françaises n'empêche pas, pour autant, de relever ce que les observateurs britanniques ont dit de ces Naskapis. À cet égard, les résultats d'une enquête ethnographique réalisée par Lucien McShan Turner méritent quelque attention. Lors de cette enquête menée à la fin du XIXe siècle, les anciens de la tribu naskapie domiciliés dans la région de Fort Chimo racontèrent que « their original home was in a country to the west, north of an immense river, and toward the east lay an enormous body of salt water » (Turner: 103). Turner crut que ces anciennes mémoires naskapies évoquaient un lieu situé dans les territoires du nord-ouest à distance de la baie d'Hudson. Selon « the best information [he] could obtain on the subject, [ses informateurs] have been driven to their present location during the wars waged against them by the Iroquois in times long gone by and remembered only in tradition ». Il rapportait ainsi la tradition orale que lui transmirent ces mêmes vieilles mémoires naskapies: « Many years ago war was waged upon them by the people whose name is remembered with terror even to this day. Most cruel atrocities were perpetrated, and in despair they fled from the land of their fathers, where they had lived as a numerous people, and were pursued by their merciless foes until but a remnant reached what is now known as the "Hight of Land"».

Les Naskapis de Turner étaient-ils d'une souche différente de celle des Naskapis de Cugnet? N'ont-ils pas vécu un destin similaire? Ces Chimofortins, comme d'autres groupes naskapis de la toundra, n'étaient-ils pas, en réalité, du nombre de ces « petites nations du nord » que les missionnaires du xviie siècle évoquaient continuellement. Comme bien d'autres de ces petites tribus de l'intérieur des terres, ils auraient souffert des raids iroquois qui marquèrent la vie en Nouvelle-France au milieu du xviie siècle. Plus populeuse que bien d'autres groupes de cette région, tels les Écureuils et les Kakouchak, victimes de génocide, la tribu des Chimofortins aurait-elle alors échappé à une disparition complète grâce à une poignée de personnes dispersées, épargnées par une fuite éperdue vers le plateau labradorien? Plus vraisemblablement, ces Chimofortins n'étaient-ils pas, en réalité, un amalgame de rescapés d'Écureuils, de Takouamis, de Espamichkon, d'Astouregamigouek, etc. Dans leur mouvance sous la pression iroquoise, ces fugitifs aboutirent sur « a strange land, where they found numerous Eskimo on all sides ». Leur marche vers le nord-est leur fit quitter leurs terres au nord de l'immense rivière Saguenay et empiéter de plus en plus le territoire de leurs obligés hôtes. L'inéluctable se produisit : « Contention and struggles arose », créant un état de guerre permanent. Les débris de la grande famille montagnaise, réchappés des raids iroquois, firent alors face aux continuelles attaques de leurs nouveaux voisins, peut-être moins violentes mais tout aussi sournoises et dévastatrices que celles des Agniers, puisque « some of the battles were attended with great slaughter on both sides ». Ces nouveaux ennemis représentaient toutefois un moins grand danger. Grâce à la traite avec les Français et les Britanniques, les réfugiés auraient bientôt des armes qui leur fourniraient un avantage décisif sur leurs isolés voisins, moins bien alimentés en produits européens.

Rescapés du climat belliqueux qui marqua le xviie siècle, réfugiés sur de nouvelles terres qui offraient une faune et une flore légèrement différentes de la terre ancestrale, ces Naskapis sauvés des feux et des flèches ennemies reconstituèrent lentement leurs effectifs. La littérature orale de Fort Chimo corrobore la thèse d'un déplacement d'ouest en est, retraçable à la lecture des témoignages des différents observateurs des temps coloniaux. Les Chimofortins comme les Ounachkapiouek s'installèrent en squatters sur de nouvelles terres. Incidemment, le sentiment de propriété se faisait moins criant. Judicieusement, les observateurs britanniques pouvaient croire que la grande famille des petits peuples du nord non baptisés occupait en cohabitation sereine l'immense étendue de territoire s'étendant du lac Mistassini jusqu'aux côtes du Labrador. Au demeurant, ces Ounachkapiouek réfugiés au lac Ashuanipi, à proprement parler, n'étaient-ils pas simplement l'un de ces groupes qui avaient joint tardivement les rangs des Montagnais de la Traite de Tadoussac, après leur déplacement d'une extrémité à l'autre du Domaine, en passant du voisinage des Mistassins à celui des Esquimaux et des Oumamiouek?

Les Oumamiouek

Le brouillard scripturaire qui voile l'existence des Oumamiouek, qui occupaient des terres sur la rive nord du Saint-Laurent, se résorbe quelque peu dans le débroussaillage du sens véritable du terme « Bersiamite », tel que présenté ci-devant. Pour reconstituer l'histoire des Oumamiouek, au cours du Régime français, il faut encore transcender la nomenclature des ethnonymes employés par les missionnaires et les explorateurs. Ce fut en effet sous le confus terme d'« Esquimaux » que les Oumamiouek semblent avoir fait leur apparition dans les écrits de Champlain. Par ailleurs, on a déjà relevé la confusion des jésuites quant à ce groupe (*MNF*-8 : 313). Entre ces deux temps d'observation, on croit les deviner sous une appellation vague, évoquant leur lieu de contact sur la côte, en amont de l'île d'Anticosti : « les peuples de Chisedech ». Formaient-ils ces peuples ou n'étaient-ils qu'une des tribus qui avaient « commerce avec d'autres qui sont dedans les terres », comme l'écrivaient les jésuites en 1640 (*MNF*-4 : 617)? Ce secret des Indiens de Chisedech ne fut jamais résolu entièrement par les jésuites. Toutefois, on notera qu'au mitan de la décennie 1670, les missionnaires écrivirent que Chisedech était « proprement le pays des nations qu'on nomme Oumamiois » (*RJ*-59 : 48). De ces témoignages, on peut déduire que *les peuples de Chisedech* et la tribu oumamiouek de Sept-Îles étaient deux expressions synonymiques, renvoyant à une même réalité ethnologique. S'ajouterait à ce dossier de l'interchangeabilité, l'étymologie indienne de ces ethnonymes. Alors que les chercheurs s'entendent pour retenir que, dans la langue montagnaise du Domaine du roi, oumamiouek signifiait *peuple de l'aval* (Rogers et Leacock : 186), le terme *chisedech* était porteur du même sens. Dans le lexique du père Fabvre, *tchich* se traduisait par *proche de l'eau* (*RM* : 367). Les *Tchiche8ek*, qui ne serait qu'une variante orthographique de *Chisedech* lorsqu'on admet que le *8* d'un manuscrit pouvait être pris pour un *d*, auraient donc été un *peuple proche de l'eau*. Ainsi, les deux occasions où les jésuites évoquèrent la synonymie du terme « bersiamite » et d'un autre ethnonyme – *Chisedech*, en 1645, et *Oumamiouek*, en 1652 – renverraient à un seul et même peuple, à moins, bien sûr, que les Oumanionek aient remplacé les peuples de Chisedech, trop tôt ravagé par le choc microbien pour avoir laissé le temps aux observateurs européens de mieux les documenter.

À vrai dire, les Oumamiouek furent longtemps, en quelque sorte, un peuple plus virtuel que réel pour les jésuites, même si ceux-ci, dès 1642, commencèrent à les inscrire sur leur liste de peuples à évangéliser (*MNF-5* : 161). Sans alors les distinguer parmi ceux qui s'amenaient déjà à Tadoussac, ils crurent, quelques années plus tard, avoir baptisé leurs premiers Oumamiouek, en 1643 (*MNF-8* : 128). Pourtant, ce ne fut que lors de leur rencontre avec des membres de cette communauté, à Tadoussac, en 1649, qu'ils relièrent cet ethnonyme à une aire géographique : « Les 8mami8ek qui habitent les terres voisines de l'isle d'Anticosti ont commencé cette année de paroistre » (*MNF-7* : 766). Ceci motiva le père de Quen à sauter, dès le printemps de 1651, dans la chaloupe de « quelques sauvages » en partance pour des havres de la rive nord, afin d'entreprendre une mission volante dans ce pays à quelque « quatre-vingts lieues plus bas que Tadoussac ». Dans la région identifiée à l'anse de Sept-Îles, il rencontra, à l'été de 1651, « un petit nombre » d'Oumamiouek restés « sur le bord du grand fleuve de Sainct-Laurens », alors que plusieurs de leurs congénères s'étaient « dèsjà retirez dans les bois » (*MNF-8* : 128).

Le récit de son voyage fut publié en deux temps dans les *Relations*. Pressé de faire connaître en Europe ce nouveau champ apostolique, le supérieur Paul Ragueneau rédigea à la lumière d'un premier rapport une version brève de cette mission, qui parut sous le titre « De la mission des Oumamioüek », dans la relation de 1650-1651. Ce ne fut que l'année suivante que put être publié le compte rendu exact de ce voyage de mission, entrepris par le père de Quen. Cette précision sur les deux contextes de rédaction n'est pas inutile, puisqu'une lecture rapide pourrait faire croire qu'il s'agit de comptes rendus de deux voyages différents. La confrontation des deux textes prouve indubitablement qu'ils se rapportent à un unique voyage.

La description du lieu où il aborda en fournit une première preuve. S'il s'était agi d'un second voyage, le père de Quen n'aurait-il pas décrit, lors de sa première visite, l'«anse, escarpée de hautes montagnes, ou plustost de hauts rochers, sur lesquels estoit un petit nombre de ces peuples, qui nous regardoient de loing, pour voir si nous n'estions point de leurs ennemis»; aurait-il été reçu avec autant de circonspection par ces néophytes qui se languissaient d'attendre la parole de Dieu? De même, il n'aurait pas manqué d'évoquer dans un premier texte cette guerre que leur livraient les «Sauvages de Gaspé, qui travers[ai]ent le grand fleuve, pour les aller massacrer». Les passages de cette narration concernant l'évangélisation de ce peuple procurent un ultime témoignage. Le père de Quen indique que certains de ces Oumamiouek étaient allés chercher le baptême à Tadoussac, et que la plupart des membres de cette tribu étaient dans «le desir de le recevoir». Ces Oumamiouek étaient vraisemblablement ceux qui étaient venus informer les Rats-Musqués de leur prochain rassemblement à Sept-Îles. Plus loin, le père de Quen s'étonnait du prosélytisme de ses compagnons indiens qui s'étaient improvisés prédicateurs: «s'estans apperceus que ces bonnes gens ignoroient ce que nous leur avons enseigné depuis peu d'années, l'un d'eux prit la parole, pour les disposer à me prester plus favorablement l'oreille». Les Oumamiouek n'avaient pas largement été catéchisés à Tadoussac: «ces choses estoient nouvelles à la pluspart de ces bonnes gens». Ils ne l'avaient certainement pas été l'année précédente, sinon le jésuite n'aurait pas manqué de faire allusion à son précédent passage pour évaluer les progrès de son apostolat, plutôt que de s'exclamer sur son premier groupe de baptisés (*MNF*-8: 313-315).

Le père de Quen leur fit-il la promesse de revenir? Les Oumamiouek l'attendirent en vain; il ne retourna pas à Sept-Îles. Les Oumamiouek christianisés durent même faire preuve d'une dizaine d'années de patience, puisque ce ne fut qu'en 1661 que le père Pierre Bailloquet foula les pas de son prédécesseur. Malgré cette longue privation de pasteurs, ils avaient conservé quelque fondement chrétien, miracle que le père Le Jeune attribua au Saint-Esprit, tout de même aidé dans sa divine tâche par «quelques sauvages chrestiens» que les Oumamiouek avaient eu le bonheur de rencontrer (*MNF*-9: 611). Comme l'écrivait le père

Ragueneau, les Oumamiouek vivaient dans un pays très peu accessible. Terminus du réseau de navigation pour la traite, Sept-Îles ne pouvait être desservi qu'occasionnellement. Petit peuple des terres, les Oumamiouek subirent même la concurrence des Outchestigouek auprès du missionnaire. Ce dernier n'eut en effet d'autre choix, en 1663, que d'attendre ces nouvelles âmes pendant que le marchand qu'il accompagnait attendait leurs pelleteries, plutôt que de gagner Sept-Îles ou l'intérieur de leur pays, à quelque «vingt nuits» du lac Manicouagan (*RJ*-49 : 60). Après une visite du père Nouvel, vers 1665-1666 (*RJ*-50 : 118, 190-192), ils ne revirent les missionnaires qu'en 1670 (*RJ*-53 : 86). Pour cette rencontre, ils avaient dû faire leur bout de chemin, sortir de leur pays et se rendre jusqu'à la rivière Godbout. Des éclaireurs étaient même descendus jusqu'à la rivière Noire [Manicouagan] où était monté le missionnaire (*RJ*-53 : 86). À la rivière Godbout, les Oumamiouek n'étaient d'ailleurs pas seuls ; les Outchestigouek les y avaient rejoints (*RJ*-53 : 58).

La traite dans le Domaine du roi gagnant en organisation, le poste de Sept-Îles vit bientôt le jour et opéra en permanence (Caron, 1984 : 68). Parallèlement à ces activités commerciales, les jésuites planifièrent l'organisation d'une mission régulière. Le père Louis Nicolas fut donc envoyé en éclaireur, en 1673. Durant son court séjour de trois jours, il n'eut l'occasion de baptiser que vingt-six Indiens mais, à la satisfaction de son supérieur, il avait eu le temps nécessaire pour conduire son «étude de faisabilité» d'une nouvelle mission. Dans la relation qui suivit cette entreprise, le père Dablon faisait savoir en France que la mission de son confrère n'était «à proprement parler qu'un essai, car ce Père est allé surtout examiner comment on doit s'y prendre pour travailler efficacement au salut de ces peuples» (*RJ*-59 : 50-52). Le rapport de mission fut également publié sous le titre de «Mémoire pour un Missionnaire qui ira aux 7 isles q[ue] les Sauvages appellent Manis8nag8ch ou bien Mans8nok» (*RJ*-59 : 56-62). Le père Nicolas mettait alors ses confrères en garde que «pour les entendre raisonnablement il [fallait] Bien scauvoir le Montagnes» (*RJ*-59 : 56). Si leur langue tirait son origine de celle parlée par les «Sauvages de Tadoussac», elle était toutefois «Beaucoup different[e]» de celle utilisée par «ceux qui viennent a Tad8ssak et chek8timi et a Pig8agami». Elle comportait entre autres «beaucoup plus de mots et d'idiomes différents» (*RJ*-59 : 50-52). Un tel contraste conduisait le missionnaire à les particulariser davantage et à les identifier comme «une nation des Esquimaux » (*RJ*-59 : 56), quoi que fort distincts. Contrairement à ces derniers, qualifiés d'excommuniés par les premiers missionnaires, ils étaient « naturellement bons et fort traitables [et ils affichaient] des dispositions assez favorables au Christianisme » (*RJ*-59 : 50-52).

Malgré cette volonté de desservir plus adéquatement les tribus de la région de Sept-Îles, les jésuites ne réussirent pas à modifier le profil de leurs visites loin sur la rive nord, qui continuèrent à ne se faire que sur une base très sporadique. Limités à des visites intermittentes et à des rencontres occasionnelles avec ceux, peu nombreux, qui descendaient en traite, ils ne portèrent pas sur les Oumamiouek une lecture en continu. Aussi, on ne trouve pas de mentions spécifiques retraçant les méfaits des épidémies dans ces contrées. Tout au plus, croit-on pouvoir appréhender que ces « sauvages des nations du nord », venant « des païs plus éloignez », périrent en aussi grand nombre que leurs congénères à la suite de leurs premières visites à Tadoussac et des rencontres subséquentes et occasion-nelles avec les marchands et les missionnaires vers la fin de la décennie 1640 (*MNF*-7 : 356). Si les jésuites ne furent pas des témoins oculaires de la propagation des maladies infectieuses parmi les Oumamiouek, ils notèrent toutefois, en 1670, les dangers de la famine qui sévissait dans leur pays et qui les détruisait (*RJ*-53 : 58).

Contraints à une « rationalisation » de leurs activités apostoliques, les missionnaires pouvaient-ils investir autant d'efforts pour le salut d'un si petit nombre, si difficilement accessible ? Car les missionnaires l'avaient constaté dès les tout débuts, les Oumamiouek ne formaient qu'une petite tribu. La narration des pourparlers de paix à l'île Percée, en 1646, sous la pression des Montagnais, donne une première idée de l'insignifiance de ce groupe par rapport aux peuples limitrophes. Furent présents à cette rencontre « plusieurs sauvages montagnais, algonquins, trois de la nation des Sorciers, et deux Betsiamites » (*MNF*-6 : 693). La distribution des représentants des différents peuples présents à la « tente de négociation » trahit la faiblesse numérique de ce groupe. Directement intéressés par la question, puisqu'ils étaient de ceux qui allaient bénéficier de cette paix, les Oumamiouek étaient nettement sous-représentés (si on doit les compter parmi les deux Bersiamites *lato sensu*) ou totalement absents.

Lorsque s'organisa de façon permanente le comptoir de traite de Sept-Îles, les jésuites ne jugèrent pas pertinent de mettre sur un pied ferme la mission de l'Ange-Gardien de Sept-Îles. Aussi, leurs rapports de mission restèrent muets sur l'activité apostolique dans cette partie de la côte. Le prospecteur missionnaire n'entendait pas renouveler son expérience dans cette contrée nordique, comme l'indique le titre de sa chronique : « Memoire pour un missionnaire qui ira aux 7 isles ». Ce texte fut-il de quelque utilité ? Rien de moins certain, puisque les fils de saint Ignace semblent n'avoir porté, qu'à l'occasion, la parole de Dieu dans ces côtes durant les dernières décennies du xviiᵉ siècle. Les âmes à sauver s'avéraient trop peu nombreuses en regard d'autres champs à moissonner. À défaut de l'établissement d'une mission permanente, les jésuites poursuivirent un apostolat sporadique, malgré les sérieuses limites qu'une telle démarche imposait. Le père Jean-Baptiste Boucher, qui s'y rendit en 1677, déplora que l'enseignement religieux s'y perdît faute de missions régulières (*RJ*-60 : 256-258). Après cette date, hormis l'inscription d'un certain nombre de décès aux registres de Tadoussac (*TRT* : 272*sq*), se perd leur trace.

Dans les témoignages des jésuites du xviiiᵉ siècle, l'ethnonyme « Oumamiouek » eut tendance à disparaître pour laisser place aux Papinachois ou à des expressions vagues comme « sauvages de Sept-Îles » ; lorsqu'on en parla ! Déjà vers 1675-1676, les missionnaires présents sur la côte évitaient l'emploi de l'ethnonyme. En poste à Sept-Îles, le pays propre des Oumamiouek, le père Boucher écrivait : « Iay baptisay depuis 6 mois 39 personnes parmy diverses nations que iay visit[ées] » (*RJ*-60 : 258). La région n'était donc plus le pays des seuls Oumamiouek. Son collègue Nicolas, qui l'avait précédé à Sept-Îles, donnait à ses supérieurs un état des baptisés qu'il avait rencontrés lors de son séjour en 1673. Résultat de sa mission : 26 catéchumènes attisés dans leur foi. Parmi les baptisés de Sept-Îles se trouvèrent un couple papinachois et leurs quatre enfants ainsi qu'un dénommé Joseph Wautichiou identifié lui aussi comme Papinachois. Le missionnaire indiquait encore la présence d'un Ouperigou-Ouaouakhi [Bersiamite] et celle d'un couple dont l'homme était de la tribu des Outchisestigou [Outchestigouek] et la femme, de celle de la tribu de Manicouagan, et de leurs six enfants (*RJ*-59 : 60-62). De façon formelle, plus de la moitié des Indiens rencontrés à Sept-Îles n'étaient donc pas des Oumamiouek. Ce témoignage du missionnaire expose indubitablement que cette petite tribu s'effritait elle aussi dangereusement, et que la nouvelle communauté indienne, qui occupait son territoire traditionnel, se composait d'un apport important de membres des tribus limitrophes. On peut dès lors soupçonner que les Mangounchi-riniouek, qui habitaient plus en aval sur le bassin de la rivière Saint-Jean (*HNIO* : 120), furent de ceux qui se mélangèrent aux Oumamiouek. Au cours des années suivantes, les entrées aux registres de Tadoussac évo-quèrent les mêmes métissages : entre Papinachois et Oumamiouek – Thadeus, fils de Sabaskouatan, Oumamiouek, et de Catherine Erigous, Papinachoise ; Laurent, fils de Ouatigouch, Oumamiouek, et de Marie Achistema, Papinachoise – ou entre Oumamiouek et Outchestigouek – Barthélemy, fils de Neouatikoué, Oumamiouek, et de Metouchenou, Outchestigouek ; Esther, fille de Ouatchikou, Oumamiouek, et de Outanimi, Outchestigouek (*TRT* : 272-274).

En 1703, c'était en référence à un passé révolu que le père Jouvency avançait qu'il y avait une mission à Sept-Îles ; on se rappellera que les jésuites avaient abandonné leurs missions dans le Domaine du roi, avec la mort du frère François Malherbe en 1696 et du père de Crespieul en 1702. Ces missions ne reprirent qu'avec la venue du père Laure, en 1720 (*RJ*-68 : 26). Dans son rapport, le père Jouvency mentionnait malgré tout l'existence de trois missions dans l'est de la colonie : l'une dans le district de Chicoutimi, une deuxième sur la rivière Saguenay et une troisième à Sept-Îles. Ils nommaient ensuite les peuples que ces missions avaient desservis : les Mistassins, les Montagnais, les Papinachois, « & alæ passim gentes errabundæ » (*RJ*-1 : 218). Si l'on peut rattacher les premiers au district de Chicoutimi et les deuxièmes à la rivière Saguenay, force est d'associer les troisièmes au poste de Sept-Îles. Qu'étaient donc devenus les Oumamiouek ?

L'observation des jésuites trouve écho dans celle de l'intendant Raudot, quelques années plus tard. Sous la plume de cet officier royal, qui donnait en 1710 une description « des differentes sortes de sauvages », se retrouve la dernière mention d'Oumamiouek dans la région. L'ordre d'apparition des différentes tribus ne semble pas, dans ce texte, évocateur d'une quelconque distribution sur le territoire. Pourtant, la mention des Oumamiouek – devenus pour l'occasion des Oumiamis – en tête d'une liste indiquant le nom des tribus « Sauvages » qui habitaient « depuis les Esquimaux jusqu'aux Temiskamingues » (*RLAS* : 98) incite à croire que ces Oumiamis occupaient encore, au début du XVIIIe siècle, leur territoire traditionnel localisé en aval de Sept-Îles et vers la côte longeant l'île d'Anticosti, c'est-à-dire là où les observateurs les avaient situés avec précision une trentaine d'années plus tôt (*HNIO*: 120). Même après les avoir amalgamés aux Outchestigouek, Raudot évaluait les Oumamiouek à un « très petit nombre » (*RLAS*: 106). Si peu nombreux, comme l'avaient déjà constaté les missionnaires quelque trente ans plus tôt, qu'ils ne valaient même pas une description de la part de l'intendant. Et ce constat était, et de loin, antérieur à la substantielle « réingénierie » à laquelle Cugnet et Hocquart procédèrent dans le Domaine du roi. Est-il étonnant alors que, après 1720, on n'osa plus parler d'Oumamiouek ? Ici encore, le constat de Charlevoix ne semble pas tomber à côté de la réalité. Tellement négligeable, ce peuple, qu'il ne le fit même pas figurer au rang des disparus (*HDGNF-3*: 186).

Pour sa part, le père Laure se contenta en 1730 d'appellations vagues et indéterminées évoquant simplement la présence d'indiens au district de la rivière Moisie. (*RJ-68*: 26, 100). Lorsqu'il précisa leur identité, ce fut pour en faire des Papinachois : « Depuis cet endroit [les îlets Jérémie] jusqu'a La Brador les habitans au fond montagnez s'appellent Papinachois » (*RJ-68*: 98). Le poste de Sept-Îles ne connut pas la joie d'une visite du missionnaire, car le père Laure ne devait pas s'y rendre. On peut se demander si ce dernier n'eut pas raison de concentrer ses efforts plus au sud, le poste de Sept-Îles présentant si peu d'âmes. Son successeur, le père Jean-Baptiste Maurice, poussa son zèle jusqu'à ce poste, à l'hiver de 1743-1744. Dans son journal, il relatait que son séjour s'étira du 10 novembre au 1er juin, mais ne mentionnait aucune rencontre significative. Ce ne furent pourtant pas les occasions de les glisser dans son journal qui manquèrent. Le 10 novembre, un dimanche, jour de son arrivée, il célébra une messe ; aucune mention d'une présence indienne. Le reste de l'hiver, il travailla avec quelques Français à la construction d'une chapelle ; là encore, aucune allusion au fait que des néophytes autochtones y aient collaboré. Au début du mois d'avril, il se rendit à Mingan, où il séjourna durant trois semaines, il ne fit mention d'aucune conversion. Le 3 mai, quatrième dimanche après Pâques, il bénit une grande croix de 25 pieds de hauteur que faisait planter le sieur Volant, seigneur du lieu. Il écrivit simplement que cette cérémonie se fit « à la grande satisfaction de tout le monde » ; s'il y eut concours d'Indiens, il ne l'a toutefois pas souligné.

Au cours des sept mois que dura son séjour, le missionnaire enregistra bien quelques baptêmes, célébra cinq mariages et bénit trois sépultures. Plus que le nombre de sacrements, c'est l'identification de ces fidèles indiens qui prend ici toute sa signification. Une poignée seulement composait le troupeau du père Maurice : autour du chef du lieu nommé Jean-Baptiste Nataskamitche8, qui fit baptiser deux enfants et bénir la sépulture de l'un d'eux et de son épouse, on retrouve un couple dans la quarantaine et quelques jeunes adultes qui firent baptiser quelques enfants. Aucun d'eux ne fut toutefois identifié par le missionnaire comme étant Oumamiouek (*TRT* : 101-103, 180, 224). Ces ouailles indiennes composaient vraisemblablement le noyau de la communauté autochtone affidée au poste de traite depuis quelques années. Dans une région qui ne voyait que par intermittence un pasteur, on ne peut pas dire que les néophytes indiens de l'intérieur des terres s'étaient bousculés aux portes du ciel ! À bon droit, le père Coquart, successeur du père Maurice en ces lieux, précisa qu'après la mort de ce dernier, il fut nommé «pour aller confesser les Francois des Postes». Le mémoire qu'il rédigeait en 1750 est d'ailleurs tout aussi silencieux sur les «sauvages de Sept Isles». À peine indique-t-il que les «sauvages de Mingan» débauchaient ces derniers avec l'alcool qu'ils leur traitaient (*RJ*-69 : 122). Enfin, le père Jean-Baptiste de La Brosse marqua peu d'empressement à cette œuvre apostolique, lors de son projet d'hivernement au poste de Sept-Îles, au mitan de la décennie 1770, alors qu'il apprit «que bien peu de familles se présentoient» (*RJ*-71 : 56).

Dans son mémoire sur le Domaine, en 1733, Hocquart chiffrait bien à quarante, le nombre de chefs de famille qui nomadisaient à proximité de Sept-Îles, «tant au bord de la mer que dans les terres» (C^{11}A-59 : 365). Étaient-ce encore des Oumamiouek ? Ou des «Papinachois oumamiouekisés» ? Des «Outchestigouek papinachoisés» ? À moins que ce ne fussent des «Ouperigou-mamiouek papinachoisés...» Toutes les combinaisons ne sont-elles pas permises, quand on sait que des Papinachois étaient de plus en plus souvent signalés dans l'ancien pays oumamiouek et que certains de ces mêmes Oumamiouek s'étaient déplacés vers l'ouest durant cette même période. Un indice sûr de ce déplacement est fourni par le père Laure, qui les localisa dans la région du lac Témiscamingue, vers 1732. Cette localisation qui perdura sous la plume des cartographes, dans la deuxième moitié du XVIIIᵉ siècle, trouve par ailleurs quelque fondement dans la tradition orale des Têtes-de-Boule du Haut Mauricien. Ces derniers rappelaient en effet à l'anthropologue Burger, qui travailla dans la région des lacs Kempt et Manouane entre 1949 et 1953, que leurs ancêtres

« bought part of their present hunting territories from the Omami [who] where at time neighbors of the Attikamegs but when this deal was made the latter were already extinct because of smallpox and in consequence of their numerous wars with the Iroquois » (Burger : 33). Voilà donc des Oumamiouek en marche vers le lac Saint-Jean depuis l'ouverture de la chasse gardée « soldant » les territoires attikamègues à des nouveaux venus Têtes-de-Boule intéressés par ces lieux de chasse et de pêche abandonnés par leurs précédents usagers !

L'exploitation plus systématique de la Côte-Nord dès le début du XVIIIe siècle aurait vraisemblablement accéléré la disparition des Oumamiouek en tant que peuple distinct. Cette région, propice à la chasse à la baleine et au loup-marin vit, en effet, naître à cette époque d'importantes entreprises de fabrication d'huile. De mieux en mieux connue, cette partie du littoral laurentien fut bientôt désignée « Petit Nord ». Dans un contexte d'échanges polémiques sur la question de la présence des Inuit dans le Labrador méridional, Charles Martijn voulut saisir, il y a vingt ans, le sens de cette expression. Basant sa réflexion sur des données anachroniques du XXe siècle au lieu de s'inspirer de témoignages contemporains, il définit alors le Petit Nord comme le littoral s'étirant depuis la Pointe-des-Monts jusqu'à l'actuel village de Natashquan et qualifia de Grand Nord le littoral en aval sur le fleuve, entre l'embouchure de la rivière Kegaska et le poste de Blanc-Sablon. Fort de cet exercice de découpage géographique, il se crut alors fondé d'établir une ventilation ethnographique : « It is possible therefore that the designations "Petits Esquimaux" and "Grands Esquimaux" derived from this practice » (Martijn, 1980a : 85). Cette répartition mettait alors des « Esquimaux Montagnais » au Petit Nord, c'est-à-dire sur l'actuelle Moyenne-Côte-Nord et ancienne Côte-Nord, et des « Esquimaux Inuit » au Grand Nord, c'est-à-dire sur l'actuelle Basse-Côte-Nord et ancien Labrador canadien. De là à donner comme synonymiques les appellations « Oumamiouek » et « Petits Esquimaux », il n'y avait qu'un pas que Martijn cherchait visiblement à franchir.

Si l'identification des Oumamiouek à ces Petits Esquimaux devait trouver quelque logique, c'est moins en référence au découpage géographique anachronique sur laquelle elle repose, qu'en considération de l'idée préconçue nourrie par les Français que le Labrador, à défaut de mieux le connaître, était la terre de ce peuple barbare. Tout comme les Indiens des contrées accidentées avaient été appelés « Montagnais » et comme les victimes bersillées de la Côte-Nord avaient été étiquetées « Bersiamites », les peuples du Labrador ne devaient-ils pas être désignés sous le générique « Esquimau » ? Mais c'est davantage l'imbroglio linguistique alors en usage qu'il faut considérer. En effet, comme l'ont observé Mailhot et ses collègues, l'appellation « esquimau » semble changer de référent selon le locuteur (Mailhot, 1980). Le terme « esquimau » trouvant un équivalent phonétique dans la plupart des langues autochtones parlées à l'est de Trois-Rivières, il aurait, semble-t-il, désigné l'un ou l'autre groupe étranger à celui du locuteur. Ainsi, pour un Micmac, « esquimau » pouvait désigner tout homme de l'autre côté du fleuve ; tandis que pour un Montagnais, il renvoyait à un non-Montagnais de l'Est, soit un Micmac soit un Esquimau-Inuit. Cette interprétation trouve un fondement sérieux dans l'étymologie du mot, tel qu'avancé par Mailhot, qui proposait de remplacer la définition traditionnelle du terme par celle qui évoquerait plutôt quelqu'un parlant une langue étrangère (Mailhot, 1978 : 59-60). Partant de la position géographique des Oumamiouek, habitant aux marches du pays nordique où vivaient les hommes des kayaks, certains chercheurs ont cru que le terme « Petit Esquimau » employé par les récollets pouvait très bien leur seoir.

Plus d'un chercheur s'est mépris sur l'expression « Petit Esquimau », qui n'avait d'abord rien d'une description anthropométrique. Pour sa part, Taylor suggérait en 1978 qu'il s'agissait là d'une allusion à une évaluation démographique : « the adjectives "petits" and "grands" probably referred to relative population size rather than somatic features of individuals » (Taylor : 100). Son hypothèse reposait sur les propos de l'explorateur Jolliet qui avait évalué « en grand nombre » les Esquimaux du Labrador, ce qui accentuait le contraste avec les petites tribus de la côte laurentienne tenues pour numériquement faibles par les jésuites. Pourtant, tout comme il ne doit pas s'entendre comme un qualificatif de hauteur physique, le *petit* des récollets ne renvoyait pas davantage à une donnée de recensement. Pour le bien comprendre, il faut le prendre dans son sens le rapprochant du préfixe *pré* marquant l'antériorité dans le temps ou dans l'espace... ou une antériorité déterminée par rapport à une fin inéluctable.

Il convient de revenir sur les appellations Petit et Grand Nord, et ne perdre ni l'un ni l'autre dans cet exercice cherchant à saisir le sens véritable du témoignage récollet qui a transcendé le temps. Comme les

Canadiens parlèrent des petites et des grandes neiges, pour différencier celles des mois de novembre et de décembre par rapport à celles des temps véritablement froids de janvier et de février (*MNF*-2 : 617), ils usèrent de Petit et de Grand Nord pour distinguer ces régions limitrophes du pays nordique, dans la zone du détroit de Belle-Isle. Contrairement à ce qu'avance Martijn, les hommes du Régime français ne situaient pas dans le Grand Nord la côte vers le poste de Blanc-Sablon. Pour reprendre le découpage géographique avec des données du xviiie siècle, relevons d'abord que c'était à la hauteur de Mingan que les explorateurs traçaient la frontière entre le Canada et le Labrador, lequel s'étirait en 1715 « depuis Mingan [...] jusqua Belysle, et depuis Belysle jusqu'à l'entrée du detroit d'Hudson » (C^{11}A-109 : 19).

Pour un meilleur repère dans l'espace, les explorateurs divisèrent la côte labradorienne en deux segments séparés par l'entrée orientale du détroit de Belle-Isle (carte 3). Le premier, nommé *Coste du Nord*, comprit tout le littoral « depuis les bornes du Domaine jusqu'au cap St. Charles » (Roy-2 : 237), au détour duquel on longeait le second, appelé « Coste des Esquimaux ». Au second, correspondait le Grand Nord, tandis que le Petit Nord découpa le premier dans sa partie orientale et désigna le segment s'étirant de la baie Phélypeaux (baie de Brador) au cap Charles. Ainsi, lit-on dans un mémoire de 1715 sur le Labrador qu'il conviendrait de favoriser un établissement « au Petit Nord dans le detroit de Belysle a lendroit le plus convenable a la baye de Ste. Barbe ou a la baye de Château » (C^{11}A-109 : 21v^o). Dans son rapport de 1718, le capitaine François Martel de Brouague écrivait que les Esquimaux (Inuit) n'étaient descendus « ni au Petit-Nord » ni à la baie de Brador. De même, Hocquart écrivait en 1733, que certains descendaient le fleuve et faisaient la traite dans le Domaine, « sous pretexte de faire ou dentretenir des etablissemens du costé de Labrador ou d'aller en peche au Petit Nord » (C^{11}A-59 : 352). Plus explicite est cet autre passage d'un mémoire de 1715, qui oppose les établissements de la côte laurentienne et de la côte atlantique : « il faut engager deux Canadiens d'aller s'etablir l'un au Petit Nord et l'autre a Kessessaki [et...] donner a ceux qui entreprendront les etablissemens du Petit Nord et de Kessessaki [...] le tiltre de brevet de commandans » (C^{11}A-109 : 21v^o).

Lorsqu'il s'agit de comprendre le texte des récollets, cette démonstration sur le Petit et le Grand Nord devrait elle aussi être taxée d'anachronique. Ces données ne furent en effet en usage que dans la première moitié du xviiie siècle, alors que les récollets réalisèrent leur observation au siècle précédent. La connaissance de ce secteur colonial en était alors à ses balbutiements (carte 4). Hormis le voyage de Jean Bourdon, en 1657, qui visait l'exploration de la mer du Nord et non celle de la côte du Labrador, ce ne fut qu'en 1694 que Louis Jolliet entreprit la cartographie de ce pays. En 1691, lors de la publication de la *Nouvelle relation de la Gaspésie* et du *Premier établissement de la foy dans la Nouvelle-France*, qui font mention des Petits et des Grands Esquimaux, les auteurs ne pouvaient pas avoir une connaissance précise du découpage géographique. Au mieux étaient-ils instruits des appellations en usage en cette fin de xviie siècle.

D'une part, le Labrador n'était pas alors tout à fait ce qu'il devint par la suite. Par exemple, Jolliet écrivait que «depuis balsamon [Blanc-Sablon] qui est le commancement du destroit de belle isle, la coste du nort vâ droit» jusqu'au cap Charles ou Pointe du Détour, et, en doublant cette pointe on entrait dans le Labrador (JLJL: 184). Ce Labrador d'au-

CARTE 3

Croquis de la côte du Labrador (xviiie siècle)

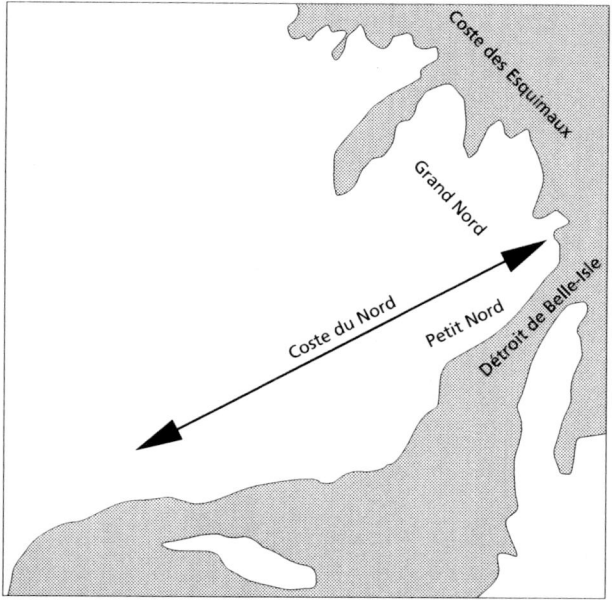

CARTE 4

Croquis de la côte du Labrador (xviie siècle)

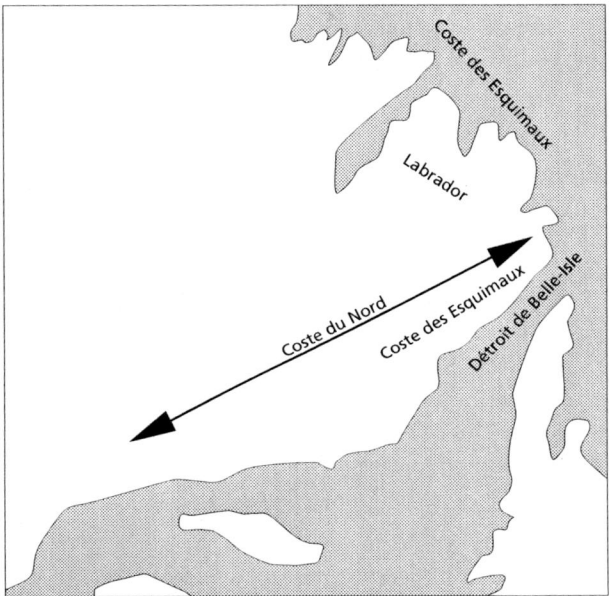

delà du cap Charles se rapprocha au fil des années, si bien qu'au cours de la première décennie du xviiie siècle il en vint à inclure une partie de la *coste du Nort*. Aussi, dans l'acte de la concession accordée à Courtemanche en 1702, on peut lire « au lieu appellé l'abrador pays des sauvages Esquimaux a commencer depuis la riviere appellée Kegaska jusqu'a celle nommé Kesesakiou » (Roy-1 : 13).

D'autre part, la *Coste des Esquimaux* se déplaça elle aussi, permutant même avec la côte du Labrador de Jolliet. À plus d'une reprise dans son journal, Jolliet associa cette terre au-delà du détour de cap Charles au « païs des Esquimaux » et il passa peu après dans l'usage colonial de la désigner « Coste des Esquimaux ». Pourtant, dans les dernières décennies du xviie siècle, l'expression « côte des Esquimaux » s'appliquait à une partie du Petit Nord et en particulier au littoral nord du détroit de Belle-Isle. Par exemple, dans l'acte de la concession accordée à Riverin et à ses associés en 1689, on lit que ceux-ci avaient le droit de faire la traite « depuis les Blancs Sablons situés le long de la dite coste des Esquimaux jusques a trente lieues au destroit dutson » (Roy-1 : 10). Or, comme on l'a vu ci-devant, le poste de Blanc-Sablon se situait au xviiie siècle sur la Coste du Nord ou au Petit Nord et non pas sur la Coste des Esquimaux, expression qui était désormais exclusivement utilisée pour désigner le littoral atlantique du Labrador.

La rencontre de ces données sur les appellations géographiques en usage dans la colonie au tournant du xviiie siècle esquisse un paysage qui concorde peu avec les extrapolations de Martijn. Le véritable découpage géographique du xviie siècle aurait en effet mis fort loin au nord-est les Oumamiouek-Petits-Esquimaux s'il fallait, selon la thèse de Martijn, les inscrire dans le Petit Nord. Aucun témoignage contemporain ni aucun récit de missionnaire ne pourraient corroborer une telle localisation. Force est donc de percer d'une meilleure façon le mystère des Petits Esquimaux des récollets. Ici encore, une lecture attentive des sources semble être la méthode la plus appropriée pour apporter un éclairage nouveau sur la question.

L'extrait du *Premier établissement de la foy* à l'origine des interprétations divergentes et de cette confusion prend place dans la séquence historique où il s'agissait de déterminer quel endroit du territoire exploré par les Français serait le plus convenable, au temporel et au spirituel, pour l'établissement de la nouvelle colonie. Après échange de points de vue et rédaction de mémoires, un consensus se dégagea :

> Qu'à l'égard des nations du bas du Fleuve, & de celles du Nord, qui comprennent les Montagnais, Etechemins, Bersiamites, & Papinachois, les grands & petits Eskimaux : [elles habitaient un] païs inculte, steril, & Montagnieux. Mais au reste fort peuplé de toutes sortes de bestes [...] Les Sauvages y sont errans, vagabonds dans les bois, superstitieux au dernier point, attachez à leurs Jongleries, & sans forme d'aucune Religion, & qu'à l'égard de la plus grande partie, il faudroit beaucoup de temps pour les humaniser.
>
> Que par le rapport de ceux qui avoient visité les côtes du Sud, les rivieres du Loup, du Bic, des Monts Nôtre-Dame, & penetré même par les terres jusqu'à la Cadie, Cap Breton, & Baye des chaleurs, l'isle percée, & Gaspée, le païs estoit plus temperé, & plus propre à la culture. Qu'il y auroit des dispositions moins éloignées pour le Christianisme, les peuples y ayant plus de pudeur, de docilité, & d'humanité que les autres.
>
> Qu'à l'égard du haut du Fleuve, & de toutes les nations nombreuses des Sauvages [...] les terres y estoient beaucoup plus fertiles, & dans un sol, & une temperature plus commode que chez les Sauvages du bas du Fleuve. Que ceux d'en haut comme les Algonquins, Iroquois, Hurons, Nipisiriniens,

Neutres, nation du feu estoient à la verité sedentaires, ces nations estant communement dociles, susceptibles d'instructions, charitables, forts, robustes, patiens : insensibles cependant, & indifferens pour tout ce qui regarde le salut (*PEF*-1 : 92-95).

L'analyse de la structure de l'extrait indique un texte divisé en deux séquences déterminées par l'énumération des peuples du bas et du haut du fleuve. Le fait que l'extrait se présente en trois paragraphes tend un premier piège, dont il faut faire abstraction pour s'attacher au texte ponctué de deux « qu'à l'égard », introduisant les deux idées développées. « Qu'à l'égard du haut du fleuve », était un pays fertile où habitaient les Algonquins, les Iroquois et leurs voisins, peuples qualifiés d'évangélisables. « Qu'à l'égard du bas du fleuve », était un pays séparé en des côtes du sud et des côtes du nord où habitaient les Montagnais, les Etchemins et leurs voisins, peuples errants qu'« il faudrait beaucoup de temps à évangéliser ». La nuance entre les peuples de la rive nord et ceux de la rive sud du fleuve à son embouchure tend un second piège, en ce qu'elle risque de faire perdre de vue que, pour le narrateur, la description du pays de la côte du sud s'inscrivait dans un tout avec la présentation de la côte du nord. À preuve, dans ce paragraphe il n'était fait mention d'aucun peuple même si on qualifiait ceux y habitant comme étant des plus dociles. L'énumération des tribus en ouverture de paragraphe incluait donc celles des deux rives. Ce que l'auteur introduisait de façon des plus claires : « celles du bas du fleuve » et « celles du nord ». La seule présence des Etchemins dans la séquence prouve assez la justesse de cette façon de décortiquer l'extrait. On s'étonnera par ailleurs de l'absence des Gaspésiens, auprès desquels le père Chrestien Le Clercq exerçait son apostolat. Au demeurant, il faut encore savoir si les Etechemins étaient, dans cette énumération, les seuls représentants des « nations du bas du fleuve ». Déjà l'emploi du pluriel alerte : les Etchemins ne devaient pas y être seuls. Les Bersiamites et les Papinachois n'avaient jamais été localisés ailleurs que sur la rive nord. Aux premiers temps de la colonie, les Montagnais avaient bien fréquenté la rive sud vers l'embouchure de la rivière Matane, mais ils avaient abandonné ce secteur depuis fort longtemps. Les auteurs faisaient-ils allusion à une situation révolue ? L'hypothèse paraît trop hasardeuse. Restaient alors les Grands et les Petits Esquimaux. La logique voulant que l'on admette la synonymie entre Inuit et Grands Esquimaux, il ne restait plus que les Petits Esquimaux pour accompagner les Etchemins dans la liste des tribus du bas du fleuve. L'hypothèse n'était-elle pas tout aussi périlleuse?

Si c'était là l'unique emploi de ces appellations, il serait fort risqué de trancher en faveur de l'une ou l'autre de ces hypothèses. Les récollets eurent toutefois recours à ces mêmes dénominations dans la *Nouvelle Relation de la Gaspésie*, dans une présentation du caractère traditionnellement belliqueux des Micmacs.

> Quoique nos Gaspesiens joüissent des douceurs de la paix, & que je parle ici plûtôt de la guerre des anciens de cette Nation, que de ceux d'à present [...]; ils conservent cependant encore un reste de cruauté, & un desir d'aller en guerre contre les anciens ennemis de la Nation, & particulierement contre les Sauvages situez au Nord de l'embouchûre du fleuve de Saint Laurent, qui redoutent nos Gaspesiens, comme les plus terribles & les plus cruels de leurs ennemis.
>
> Nous appellons ces Barbares les petits Eskimaux, pour les distinguer des grands, qui demeurent à la Baye des Espagnols, où les Basques vont faire la pêche de Moruë, avec beaucoup de perils & de dangers, à cause de la guerre implacable qu'ils ont avec ces Sauvages (*NRG*: 417).

Le texte met encore une fois le lecteur devant un extrait divisé en deux segments. D'une part, étaient saluées les bonnes dispositions des Gaspésiens, qui s'étaient finalement avérés humanisables, puisque nombre d'entre eux avaient abandonné leurs anciennes coutumes de massacrer les peuples du nord. D'autre part, on se désolait qu'ils conservassent des sentiments de cruauté gratuite envers leurs anciens ennemis. À ces deux préoccupations correspondaient deux parties du peuple micmac: les «Gaspésiens qui jouiss[ai]ent des douceurs de la paix» et les autres qui cultivaient «le désir d'aller en guerre». Ici, la division en deux paragraphes semble porter secours au lecteur, en lui suggérant l'opposition qui hantait la pensée des missionnaires: d'un côté les pacifiques Gaspésiens gagnés sur la *Sauvagerie*, de l'autre des Barbares insensibles aux enseignements. «Barbares» ne s'appliquaient donc pas aux «anciens ennemis» des Gaspésiens, mais aux «terribles et cruels ennemis» de ces victimes «situés au nord de l'embouchure du fleuve», c'est-à-dire aux Gaspésiens eux-mêmes[14]. L'expression «esquimau» accolée à «Barbares»

---

14. Les rédacteurs recouraient d'ailleurs à cette même tournure d'écriture quelques lignes plus bas (*NRG*: 418).

constituait un autre piège pour le lecteur alors tenté par déduction scientifique d'associer Grands et Petits Esquimaux par la proximité géographique, alors que les récollets procédaient par analogie de mœurs, toute en harmonie avec leur vocation. En ce sens, la fabrication des « Petits Esquimaux » évoquait bien le processus d'humanisation des Micmacs en marche vers la chrétienté.

Ainsi, si on est toujours l'Esquimau de quelqu'un, on ne l'est pas toujours de celui que l'on croit. Sous la plume des récollets, ce vocable signifiait moins quelqu'un parlant une langue étrangère qu'un « Barbare » animé d'un esprit vindicatif. Il s'agissait là, toutefois, d'un usage bien limité, puisque ces rédacteurs furent les seuls écrivains à parler de Grands et de Petits Esquimaux. Bien que missionnant en Gaspésie, le père Le Clercq hivernait régulièrement dans la région de Québec. Au contact de ses confrères, il aurait emprunté à leur vocabulaire le terme *esquimau* et son référent *micmac*, et en aurait usé pour désigner ses propres ouailles rébarbatives à son enseignement. Barbares comme les Esquimaux du Grand Nord, mais un *petit* peu moins, car ils n'étaient pas irrémédiablement perdus.

Pourtant, également influencé par le contexte culturel de ses ouailles gaspésiennes, le père Le Clercq, à deux autres occasions dans son texte, eut recours à ce même néologisme pour désigner cette fois leurs ennemis traditionnels. Ainsi, il identifiait l'île d'Anticosti comme le pays naturel de ces Petits Esquimaux et précisait : « nos Gaspesiens [...] ont désolé deux ou trois fois la Nation des petits Eskimaux » (*NRG* : 418). Dans ce passage, l'expression du récollet évoquait indubitablement des Montagnais *lato sensu*, soit Oumamiouek soit Papinachois, non encore christianisés. Les jésuites ne se rendaient qu'occasionnellement dans ce secteur ; aussi, les occupants de ces basses terres vivaient-ils encore aux marches de la chrétienté nord-américaine.

Ce témoignage récollet illustre on ne peut mieux la confusion qui régnait alors dans l'identification et dans l'appellation de ces peuples de l'aval, avant l'exploration de la côte par Jolliet. Exposé à deux espaces culturels différents par son apostolat en Gaspésie et dans la région de Québec, le récollet emprunta le double référent d'un même mot et fabriqua sa propre terminologie pour désigner les tribus indiennes non encore soumises à l'évangélisation et distinguer (ou confondre) les unes et les autres. Comme le notait Ganong, éditeur de la *Nouvelle relation de la Gaspésie*, le père Le Clercq rédigea certaine partie à la hâte et intercala dans certaines autres des descriptions empruntées à des peuples ou à des contextes différents[15]. On ne saurait donc recevoir son témoignage comme déterminant.

S'il eut un certain succès dans le monde des cartographes français, c'est essentiellement que ce texte récollet collait bien à la représentation européenne du Nouveau Monde et composait avec une expression qui appelait facilement une image mentale. Masquant visiblement la connotation religieuse sous l'expression du récollet, les cartographes saisirent ces « Petits Esquimaux » dans la confusion de celui qui les mettait pour la première fois en scène. Aussi, la cartographie donna existence et consistance de peuple à un générique inventé par les missionnaires dans la tradition de leurs devanciers qui avaient parlé d'« Excommuniés » pour désigner ces mêmes autochtones non chrétiens et que d'autres, plus tard, appelèrent des Naskapis. La mentalité missionnaire tenait le cap à travers les décennies. Pour un soldat du Christ du début du xviie siècle et pour un autre du milieu du xixe siècle, il fallait d'abord séparer le bon grain de l'ivraie, les Barbares des Fidèles. La pensée dichotomique s'appliquait à maints égards dans le champ missionnaire. Cette vision évangélique de la relation échappa-t-elle aux géographes scientifiques du début du xviiie siècle ? À consulter les cartes qui furent produites à la suite de la publication de ces *Relations*, il semblerait bien que le « petits » accolé à Esquimaux ne fut saisi dans son sens premier que par quelques cartographes. Le dévot Claude Delisle, qui colligea les données géographiques des *Relations* des jésuites, semble plus que d'autres avoir communié à l'esprit des récollets. Aussi, guida-t-il la main de son fils cartographe en cherchant à rendre à l'appellation son caractère de générique par une inscription en forme d'arc courant du Labrador méridional jusqu'au centre de l'île de Terre-Neuve.

---

15. La même évaluation vaut pour l'ensemble des récits missionnaires de cette époque, rédigés à partir de notes, de lettres et de journaux de différents observateurs ; s'ensuivait forcément une confusion des temps et des espaces. Depuis la rédaction de ce texte est paru l'ouvrage de Laflèche et Trudel, où est fait la preuve que le récollet Valentin Leroux est l'auteur du *Premier établissement de la foi*. Cette découverte oblige à nuancer lorsque l'on parle des ouvrages jusqu'ici attribués à Le Clercq ; ce dont il a été tenu compte dans les lignes précédentes. Il aurait été intéressant d'analyser cette différentiation à la lumière d'une conception janséniste des missions.

L'éclatement de leur représentation géographique porte toutefois à croire que les récollets confondirent la plupart des cartographes. Pour qui aurait voulu suivre au minimum leur logique, force était d'inscrire ces Petits Esquimaux sur l'île de Mingan, où ils étaient formellement localisés. Aucune représentation cartographique ne semble s'en être tenue à cette indication claire. Compris dans son référent de préfixe marquant l'antériorité dans l'espace, sens beaucoup plus commun, ce « petit » fut ainsi interprété et donna naissance à une représentation cartographique qui localisait gentiment un peuple vivant virtuellement aux marches du pays des véritables Esquimaux. Et l'appellation, tellement sympathique et évocatrice, se perpétua malgré l'absence totale de mention d'un tel peuple dans la suite des observations de la côte et de l'implantation d'une présence française sur la « Coste du Nord » et au « Petit Nord ».

Les Petits Esquimaux avaient donc peu à voir avec ce Petit Nord, contrairement à l'hypothèse de Martijn. Pourtant, dans une acceptation étroite du terme, ils se confondaient effectivement aux Oumamiouek qui avaient habité l'île de Mingan et, en ce sens, ils étaient identifiables à des Esquimaux-Montagnais. Cette lecture du témoignage récollet corrobore d'une autre façon la thèse de José Mailhot et de ses collègues. Ces auteurs n'avaient peut-être pas saisi, cependant, tous les sens d'Esquimaux. S'il y avait les Esquimaux-Micmacs des Montagnais, s'il y avait les Esquimaux-Montagnais des Micmacs, il y eut aussi les Esquimaux-Excommuniés des récollets qui perpétuèrent l'idée et la vision de leurs devanciers.

CHAPITRE 4

DES PEUPLES IMMIGRANTS

L A DÉSOLATION qui suivit les épidémies, les ravages iroquois et l'affaiblissement général des peuples autochtones qui occupaient traditionnellement le large bassin hydrographique du Saguenay et la Côte-Nord favorisa la recomposition du paysage humain de ces pays. Non seulement les tribus initialement localisées dans ces régions glissèrent-elles progressivement d'un affluent à un autre ou se transportèrent-elles d'un lac à un autre, mais également des peuples jusqu'alors tout à fait étrangers à la région s'amenèrent dans ces forêts et sur les rives de ces rivières laissées vacantes à la suite de l'abandon des lieux par leurs occupants traditionnels.

Le grand mouvement d'ouest en est, caractéristique du peuplement de l'Amérique du Nord protohistorique, se poursuivit pour plusieurs peuples après l'arrivée des Européens dans la zone orientale. D'aucuns, jusqu'alors confinés entre la mer du Nord et les Grands Lacs, trouvèrent le chemin du pays piékouagamien. D'autres, à l'inverse, entreprirent un mouvement d'est en ouest, quittèrent les régions de l'Atlantique et préférèrent les pays laurentiens. L'équilibre entre les tribus étant soudainement rompu par la disparition de celles qui occupaient une zone stratégique au cœur du territoire, l'ensemble des autres groupes furent bientôt affectés. L'onde de choc microbien fut ainsi ressentie dans toutes les populations autochtones du Canada et des Pays d'en haut. Lentement s'opéra une redistribution du territoire afin de recomposer l'équilibre perdu. Toutefois, de nouveaux paramètres guidaient ce redéploiement des populations autochtones.

Les impératifs du commerce européen modifiaient les lieux traditionnels de rencontre et créaient de nouveaux axes d'échange. La présence française sur les rives du Saint-Laurent transformait les pôles d'attraction et distribuait une nouvelle donne dans le jeu des influences. Des peuples de l'ouest, attirés par cette nouvelle source de biens traitables, voulurent se rapprocher des points de peuplement organisés par les Blancs. Des peuples de l'est suivirent ces immigrants au visage pâle vers leurs zones d'établissement en amont sur le fleuve. Le point de rencontre de ces deux mouvements au vecteur opposé aboutissait obligatoirement dans le secteur du Domaine du roi, première zone de traite intensive sur laquelle le monde marchand d'outre-Atlantique eut tôt fait main basse, reléguant aux oubliettes la chasse gardée autochtone.

Les groupes autochtones vivant sur la côte furent, comme il se devait, plus rapidement en contact avec les Européens que ceux de la vallée laurentienne ; forcément devaient-ils aussi être les premiers à subir la déstabilisation occasionnée par le choc des cultures et la mondialisation microbienne (*MNF*-4 : 308, 6 : 718). Leur engagement précoce dans le monde marchand de la traite des fourrures devait également transformer hâtivement leur mode de vie et étendre leur réseau d'échange. Plus que leurs voisins côtiers, les Abénaquis furent profondément affectés par l'arrivée de cette nouvelle population venue d'outre-Atlantique. L'expansion coloniale anglaise eut tôt fait de les bousculer. Chassés bientôt de leur terre, à la suite d'un intensif peuplement britannique de la côte, ils allèrent chercher refuge du côté des Français installés sur les rives du Saint-Laurent et combattirent à leurs côtés. Commentant cette allégeance, Charlevoix écrivait au début du XVIIIe siècle : « La Nouvelle Angleterre eut tout lieu dans la suite, & lorsque tous les Abénaquis se furent attachés aux François par le lien de la Religion, de se repentir de s'en être mal-à-propos fait des Ennemis irreconciliables » (*HDGNF*-1 : 311). Pour de telles raisons, retrouve-t-on assez tôt dans l'histoire coloniale l'évocation de la présence d'Abénaquis à Québec, à Montréal ou à Trois-Rivières. Les tribus micmaque et malécite ne subirent pas de telles dépossessions systématiques de leurs territoires, pourtant, leurs membres également furent nombreux à opter pour une vie nomade à l'intérieur des terres de la vallée laurentienne.

Les Abénaquis

Les tribus de l'Est américain regroupées sous l'appellation « Abénaquis » apparurent pour la première fois sous la plume des jésuites dans la relation de 1637. Une délégation de ces Indiens de l'est était venue à Québec et désirait se rendre à Trois-Rivières y rencontrer leurs partenaires de guerre (*MNF*-3 : 658-659). Les Abénaquis n'étaient alors que de passage. Aiguillonnés par les Indiens des premières réductions, ils sollicitèrent bientôt les missionnaires de leur procurer à eux aussi des secours, comme à leurs alliés (*MNF*-4 : 271). Cet afflux potentiel de néophytes ne pouvait que réjouir les jésuites, qui comptèrent, dès 1640, regrouper bon nombre d'entre eux à la mission de Sillery, avec d'autres Indiens de la rive nord du Saint-Laurent (*MNF*-5 : 161).

Leurs espoirs ne furent pas vains. Dès 1642, ils couchaient un premier acte de baptême abénaquis aux registres (*RS* : 122). L'été suivant, ils célébraient un premier mariage interethnique en unissant par les liens sacrés du mariage chrétien Jean-Baptiste Pipouikich, capitaine abénaquis, et une Attikamègue[1]. Introduit dans la communauté des Sauvages chrétiens, le nouveau marié s'installa parmi ceux-ci ; des frères de sang vinrent le rejoindre, comme en témoignèrent bientôt les jésuites (*MNF*-6 : 577). Ainsi, le chemin de la foi mettait lentement les Abénaquis sur le sentier de l'exode. Toutefois, pour lors, les premières incursions iroquoises en pays abénaquis ne créaient pas d'urgence à l'émigration, les jésuites eurent tout leur temps pour semer parmi eux les fondements de la doctrine chrétienne et donner naissance à une nouvelle mission. Aussi, lorsque la menace anglaise se fit sentir dans la seconde moitié du XVIIe siècle, les Abénaquis choisirent-ils tout naturellement la protection des missionnaires et des Français.

Ce mouvement vers la colonie laurentienne semble aussi devoir être saisi dans la perspective du recrutement organisé par les Rats-Musqués de Tadoussac depuis le milieu de la décennie 1640. Dans le sillon du projet missionnaire, ceux-ci invitèrent les Abénaquis, qui commencèrent dès lors à s'amener à Sillery par doses homéopathiques. Le registre de la

---

1. Pipouikich serait ce capitaine envoyé en délégation par les Abénaquis pour réparer le meurtre commis par l'un d'eux contre un Algonquin de Trois-Rivières en 1641 (Parent, 1985 : 561). L'union matrimoniale s'inscrirait donc tout autant dans une démarche de réparation que dans une tentative d'alliance entre les deux peuples. Quant à la mariée, son identité se déduit de la relation qui expose que le capitaine abénaquis avait fait sa demande en mariage en envoyant au capitaine montagnais d'origine attikamègue Jean-Baptiste Etinechkaouat un collier de porcelaine, afin qu'il consentît à lui accorder une de ses parentes. On peut donc présumer qu'il s'agissait d'une Attikamègue (*MNF*-6 : 70, 74-75).

mission jésuite atteste en effet leur présence au cours de la trentaine d'années suivant le premier acte de baptême consigné en 1642. Il appert même que le groupe abénaquis se choisit lui aussi un chef, comme l'avaient déjà fait les Montagnais et les Algonquins christianisés. Du moins, en 1664, retrouve-t-on Jean-Baptiste Pipouikich, capitaine des Abénaquis, aux côtés de Noël Tekouerimat, chef des Algonquins de Québec, Kaetmagnectis Boyer, chef de Tadoussac, et Mangouche, chef des Iroquets, devant le conseil formé à l'occasion d'un viol commis sur la personne de Marthe Hubert, femme de Lafontaine, habitant de Montréal, par un Indien dénommé Robert Hache[2].

Par ailleurs, on sait que cette mission périclita au cours de la décennie 1670 : les Indiens qui y avaient résidé étaient ou « morts de la picote ou partis » (Caron, 1941 : 370), et les Montagnais *lato sensus* qui fréquentaient autrefois l'établissement de Sillery rencontraient désormais les pères à Tadoussac. On peut dès lors penser qu'une partie des Abénaquis qui s'étaient joints à cette mission suivit ce mouvement de leurs nouveaux confrères. Rien en effet ne permet de croire qu'ils auraient tous attendu l'arrivée de leurs frères du sud-est, qui allaient relever la mission, sur le dernier quart du XVIIe siècle, avant de donner naissance aux communautés de Bécancour et de Saint-François, au commencement du XVIIIe siècle (*RLAS* : 211-212).

Leur présence en pays traditionnellement montagnais se confirme dans les registres de Tadoussac. Avant même l'exode massif des Abénaquis, on retrouve en effet des mentions de ceux-ci dans les postes sur le fleuve. Par exemple, un acte du 4 juin 1672 révèle la présence aux îlets de l'Ascension de Maria Taniskoua, Abénaquise. Le 4 août de la même année, à Chicoutimi, fut baptisé Dominique Oukestich, Abénaquis âgé de 20 ans. Le 25 mai 1675, le père de Crespieul inscrivait le baptême d'un adulte

---

2. Le conseil recommandait la pendaison et l'étranglement pour ce crime, comme le stipulaient les lois françaises. Les Indiens protestèrent « que jusqu'à présent on ne leur avait pas donné à entendre que le viol fut puni de mort mais bien le meurtre ; qu'ainsi la faute dudit Robert Hache, dont même il ne convient pas, ne devait pas être pour une première fois envisagée à la rigueur ni donner atteinte à une amitié si ancienne mais que pour l'avenir ils s'y soumettraient très volontiers ». Le Conseil reçut l'argument, leva la peine méritée et ordonna qu'à l'avenir, puisqu'ils étaient désormais informés des conséquences qu'entraînaient le meurtre et le rapt, « lesdits sauvages subir[aie]nt les peines portées par les lois et ordonnances de France pour raison de meurtre et de rapt » ; BNF-R, NAF, vol. 9328, f° 82 : fonds Pierre Margry.

abénaquis au lac Saint-Jean. Au registre de Sillery, on relève en 1670 les baptêmes de Joseph et de Marianne, deux enfants de quelques mois, nés de pères abénaquis et de mères montagnaises. En date du 11 novembre 1673 et du 4 octobre 1675, deux actes de baptême concernent les enfants d'un Abénaquis marié à une Algonquine (*RS*: 206-215).

Comme le livrent ces registres, des Abénaquis parmi les premiers à s'être christianisés et à avoir choisi la réduction de Sillery comme refuge s'étaient amalgamés aux autres Indiens baptisés et fréquentaient, depuis au moins les premières années de la décennie 1670, les terres du Domaine du roi. Le père de Crespieul employait même l'expression «abnakis montagnisez», pour désigner ces ouailles bigarrées (*RJ*-60: 250). N'est-il pas logique de croire qu'ils aient pu être de ces «étrangers» que le père Albanel observait dans l'ancien pays kakouchak, en 1671? Du moins, son confrère le père de Crespieul attestait leur présence à Chicoutimi, quelques années plus tard, alors qu'il les signalait aux côtés des Mistassins, des Etchemins, des Papinachois, des Abitibis et des Algonquins (*RJ*-61: 84-86). Intégrés aux tribus de l'intérieur des terres, ces Abénaquis ne perdirent-ils pas rapidement leur identité propre et ne se fondirent-ils pas à leurs congénères? Si bien que, de moins en moins, les missionnaires ne purent les distinguer des autres Sauvages.

En 1676, au temps de la guerre du roi Philippe, soit trois décennies après ce premier mouvement vers la colonie laurentienne, s'amena à Sillery un fort contingent d'Abénaquis, donnant à cette mission sa «période abénaquise», comme l'écrit Hébert (*RS*: 42). Ceux-ci y séjournèrent quelques années avant de pousser plus loin à l'ouest vers l'embouchure de la rivière Chaudière, à la mission de Saint-François-de-Sales fondée en 1683. Abandonnant ce site en 1701, ils gagnèrent la région trifluvienne et s'établirent dans le secteur des rivières Bécancour et Saint-François. Ce déplacement massif changea leur rapport avec leurs voisins autochtones: trop nombreux, ils ne furent plus adoptés par les Montagnais ou par les Algonquins. Les Abénaquis évoluèrent désormais comme groupe autonome, maintinrent leur mode de vie et conservèrent leurs structures sociales. Alors que ceux de la première vague parcouraient les bois en compagnie de membres de la grande famille montagnaise, ceux de la deuxième vague relevaient pour «la plus part de la mission de Sillery», comme l'écrivait l'intendant en 1689 (C^{11}A-10: 247). La fusion avec les Algonquins opérée par les Abénaquis du premier groupe de migrants conduisait Claude-Charles Bacqueville de La Potherie, au début du xviiie siècle, à noter que les Algonquins rencontrés dans les régions avoisinant Québec sortaient en fait des Poissons-Blancs et de différents peuples dont, entre autres, des Abénaquis et des Népissiriniens, qui s'étaient alliés les uns aux autres. Malgré un tel mélange, les membres de cette communauté composite « se dis[ai]ent encore Algonkins » (HAS-1 : 305).

Le constat d'un tel amalgame rend encore plus piquante l'anecdote concernant le méfait commis par les Abénaquis de Saint-François contre « les sauvages Algonkins et Montagnais » du lac Saint-Jean, à l'hiver de 1704-1705 (C^{11}A-25 : 44). Rappelons d'abord les principaux faits. Fut-ce en guise d'excuse pour ne pas payer leurs dettes au commis du poste de Chicoutimi ? Du moins, les Indiens du lac Saint-Jean accusèrent les Abénaquis d'être venus les piller dans leurs cabanes, d'avoir tué toutes les bêtes sur leurs terres et de les avoir menacés. Ce danger les avait empê- chés de faire la chasse et les avait contraints « de sen revenir au lac St Jean sans aucunes pelleteries », donc de n'en livrer aucune au commis de la ferme. Aux dires des lésés, les Abénaquis auraient même pris leurs traînes « pour enlever tout ce qu'ils avoient dans leurs cabannes [… et auraient] enlevé touttes les caches de peaux d'orignal qu'ils avoient tuez, et qu'ils ont chassé sur leurs terres jusqu'au petit printemps ». Interrogés sur les revendications des pilleurs, les Indiens du lac répondirent que le chef des Abénaquis, Tekouerimat, et son fils Louis avaient déclaré que « les terres du lac Saint Jean leurs appartenoient ». Sur le rapport de ses commis en poste dans le Domaine, François Hazeur portait plus loin ces accusations : non seulement les Abénaquis s'étaient-ils avancés « jusques a une demy journéé du lac Saint Jean », mais ils étaient aussi allés à Nicabau où ils avaient « faits de pareilles viollences » (C^{11}A-25 : 86). Afin de sensibiliser davantage les autorités à ses malheurs et forcer quelque intervention, il laissait planer la menace d'une guerre entre ces tribus affidées.

Interrogé à son tour, Louis nia que lui et les siens fussent allés sur les terres du lac Saint-Jean. Ils s'étaient plutôt portés sur leurs terres du Haut Mauricien, où ils trouvèrent les pistes des Montagnais en chasse. Ils se rendirent aux cabanes des intrus et les menacèrent de les piller, sur quoi le chef montagnais leur offrit en dédommagement six peaux d'orignal et « leurs indiqua des caches pour aller prendre des vivres qui estoient dedans et quon leur donna des traisnes pour les conduire ». Quant à la revendication du territoire de chasse, il expliqua qu'on ne les avait jamais empêchés d'aller sur ces terres et que, puisqu'ils étaient alors en grand nombre[3], ils étaient obligés d'aller plus loin qu'à l'habitude pour chercher leurs vivres, d'où la fréquentation de ces terres lointaines aux confins de leur territoire. Le jeune Abénaquis affirma alors que « laditte terre appartenoit a son grand pere qui la donné a son pere » (C¹¹A-25 : 33-36). C'était-là une bien étrange façon d'interpréter le « principal article » de la toute récente Grande Paix de Montréal qui posait que toutes les tribus mangeraient désormais à une « même chaudière » et partageraient entre elles les pays de chasse et de pêche.

Le territoire litigieux semblait toutefois plus près du pays piékouagamien que ne tentait de le faire croire le fils du chef abénaquis. Au témoignage du commis de Chicoutimi, les pilleurs étaient « venus jusques a une demy journéé du lac Saint Jean et [avaient] tout ravagé jusqu'à Nék8bau ou ils ont aussi fait des leurs » (C¹¹A-25 : 85). Pouvaient-ils encore réellement prétendre être en pays mauricien ? Le savoir des peuples indiens ne se caractérisait-il pas par une nette connaissance des limites des terres qu'ils occupaient (*RLAS* : 120) ?

Des réfugiés qui avaient fui leurs terres de l'Atlantique une trentaine d'années plus tôt revendiquaient donc des territoires de chasse contre un groupe composé de vestiges de différentes tribus et d'immigrants venus de toute part de la profondeur des terres. Pour appuyer cette prétention, ils affirmaient même tenir ces terres de leurs ancêtres. Leur affirmation prend encore plus de saveur lorsque l'on tient compte du nom du chef abénaquis impliqué dans cette mésaventure. Tekouerimat était en fait le nom porté par les chefs algonquins de Trois-Rivières.

Le premier que l'on retrouve sous ce nom dans les écrits des jésuites fut Noël Negabamat, qui aurait pris le nom de Tekouerimat lorsqu'il fut désigné chef des Algonquins de la mission de Sillery. À son décès, en 1666, les Algonquins et les Montagnais – desquels il était devenu également le chef après le décès de Jean-Baptiste Etinechkaouat, chef montagnais d'origine attikamèque – mirent trois ans avant de se donner un nouveau

---

3. L'intensification des conflits entre les Indiens et les colons de la Nouvelle-Angleterre, au début du xviiie siècle, accrut le déplacement des Abénaquis vers la colonie laurentienne. Cette arrivée massive de nouvelles familles indiennes à Bécancour et à Saint-François obligea les chasseurs à pousser plus loin qu'à l'accoutumée leurs expéditions de chasse au cours des hivers suivants.

chef. L'élu, Negaskaouat, capitaine de guerre de Tadoussac, prit à son tour le nom de Tekouerimat et vint s'établir à Sillery (*MNF*-6: 781-782). Les sources manquent pour documenter la suite de cette succession de Tekouerimat, mais on peut facilement extrapoler. Au décès de Negaskaouat-Tekouerimat, les Abénaquis qui composaient le plus grand nombre de cette communauté silleroise se choisirent un chef parmi les leurs et respectèrent la tradition de la communauté où ils avaient trouvé refuge. Élu chef, l'Abénaquis Outakamachiouenon prit alors à son tour le nom de Tekouerimat[4]. Le déplacement à Saint-François de la communauté chrétienne abénaquise ne changea rien au titre du chef. Aussi, lorsqu'au début du XVIIIe siècle, Outakamachiouenon, montagnisé et algonquinisé par la cérémonie de changement de nom qui avait valeur d'adoption – ou de sacre, selon une pensée européenne –, revendiquait des droits de chasse sur les terres du Haut Mauricien, ses prétentions ne valaient-elles pas autant que celles des Algonquins composites du lac Saint-Jean?

Quoi qu'il en fût de la valeur de leur plaidoyer dans cette cause de pillage, les Abénaquis formaient alors dans la colonie un groupe compact qui sut préserver son identité. Tout au long du XVIIIe siècle, les références à cette nation que l'on retrouve au hasard des archives ne portent guère à confusion. Malgré sa grande unité, ce groupe ne conserva pas intacte sa «pureté ethnique». Des Algonquins et des Mahigans, entre autres, s'y joignirent assez tôt, comme en témoigna Charlevoix (*HDGNF*-3: 212). À l'inverse, des membres de cette tribu, parmi les premiers à s'être déplacés vers la Nouvelle-France, s'intégrèrent parmi les groupes montagnais affaiblis par les guerres et les épidémies et se dispersèrent sur les terres du pays saguenayen. Poussant le paradoxe aux limites du possible, sinon du probable, ce fut peut-être des Indiens de même souche abénaquise qui se disputèrent ainsi des droits de chasse au pays kakouchak en ce début du XVIIIe siècle.

---

4. S'il était établi qu'Outakamachiouenon avait quelque lien de parenté avec le capitaine Jean-Baptiste Pipouikich, qui avait épousé en 1642 une parente de Jean-Baptiste Etinechkaouat, les prétentions abénaquises sur ces territoires trouveraient de nouveaux fondements étayant la thèse qui soutient que le jeu des alliances pouvait en effet conférer de telles successions (Parent, 1985: 471-472). Le nom originel de l'élu est fourni dans une lettre de François Hazeur, du 19 juin 1705 (C[11]A-25: 84v°).

Les Etchemins

Ce fut sous l'ethnonyme « Estechemins » que ce peuple se fit d'abord connaître des érudits et des lecteurs français. Il fut d'ailleurs un des premiers groupes indiens à trouver place dans l'histoire écrite. Champlain devait en effet les rencontrer dès 1603, alors qu'ils étaient à festoyer à Tadoussac, et les revoir en Acadie, en 1604. Bien que les chercheurs ne s'entendent pas sur la véritable identité de ces « Etemankiak » et sur leur localisation précise, ils tombent cependant d'accord pour leur assigner un territoire dans la région des rivières Sainte-Croix et Saint-Jean, dans l'actuelle province du Nouveau-Brunswick. Dès l'époque des premiers contacts, Champlain les localisa par rapport à une certaine « rivière en la grande terre, qui s'appelle la rivière des Etechemins, nation de sauvages ainsi nommée en leur païs » (*WSC*-1 : 269 ; Liebel : 119). Proches voisins des Micmacs, ils furent parfois confondus avec ces derniers. Formaient-ils réellement une bande distincte des Malécites? Le débat reste ouvert. Pour le présent propos, il importe simplement de constater que Malécites et/ou Etchemins faisaient initialement partie des peuples autochtones côtiers.

La première occurrence d'Etchemin dans les *Relations* des jésuites, en ce qui a trait au seul secteur de la vallée laurentienne, surgit dans un sombre contexte d'appréhension d'attentat contre le père Le Jeune à Tadoussac vers 1640. Un Indien du lieu craignait en effet que le jésuite fût attaqué par « quelque Etechimin ou autre sauvage mal affectionné » (*MNF*-5 : 85). Les Etchemins étaient des habitués du lieu, s'étonnera-t-on de les y retrouver, même guidés par de mauvaises intentions? Une deuxième occurrence puisée au *Journal* des jésuites, en date du 22 juin 1646, montre de nouveau les Etchemins dans un rôle de véritables belliqueux : des Abénaquis descendus à Québec racontaient « qu'il y avoit eu grande guerre entre les Etechemins et [les] sauvages de Gaspé [Micmacs] » (*MNF*-6 : 718). Fut-ce la conséquence de ce conflit entre voisins? Du moins, dès l'année suivante les jésuites commencèrent à signaler la présence d'Etchemins à la mission de Sillery (*MNF*-7 : 325). Dès lors, ils parurent de plus en plus souvent en Canada. Par exemple, ils accompagnèrent en 1653 un parti de Micmacs et de Montagnais *lato sensus* « allans en guerre contre les Iroquois » (*MNF*-8 : 633). En 1669, ils participèrent à ce concert de peuples qui assistèrent à la *résurrection* du capitaine Tekouerimat, à Sillery (*RJ*-52 : 222-226). Il y a tout lieu de croire qu'à cette époque, ces Etchemins n'étaient pas que de passage à Québec.

Depuis 1649, les missionnaires inscrivaient dans leurs registres des actes concernant des Etchemins (*SRT* : 144-145). Si la date du mois d'août de ces premiers actes de 1649 peut laisser quelque doute quant à un éventuel passage à Québec et non à un lieu de séjour habituel, les baptêmes signalés en octobre et en novembre 1652 convainquent qu'au moins ils y hivernaient.

Comme leurs congénères d'autres tribus qui se déplaçaient vers les milieux de peuplement colonial, les Etchemins contractèrent des alliances matrimoniales exogames. Le registre de Sillery mentionne, entre autres, en date du 21 septembre 1658, le baptême d'un enfant de 6 ans né d'un père Etchemin et d'une mère Onontchataronon (groupe algonquin de l'Outaouais). Une semblable union etchemin-algonquin est signalée en date du 10 mai 1661. Le 23 novembre 1662, les missionnaires couchèrent au registre le baptême d'un petit-fils du grand capitaine montagnais Étouet : la fille de ce dernier, Charlotte Ounaiatabanoukoue, avait épousé un Etchemin.

Ce dernier acte laisse entendre que les Etchemins ne se cantonnèrent pas à la mission de Sillery. D'aucuns de ces déracinés de leur milieu ancestral cherchèrent une vie dans les forêts saguenayennes et piékouagamiennes. Le second registre de Tadoussac signale plus d'un acte les concernant. Par exemple, on retrouve un premier baptême d'une petite Etchemine à Chicoutimi en date du 22 octobre 1672. Un deuxième, dans la même région, est noté en date du 22 février 1673 ; un autre fut rédigé à Chicoutimi en date du 1er juillet 1676. Le 26 juin 1677, ce furent une douzaine de jeunes Etchemins qui reçurent le baptême à Tadoussac. L'année suivante, le nombre impressionnant de baptêmes etchemins – quatre hommes, quatre femmes et huit enfants – célébrés au lac Kénogami laisse croire à l'implantation d'une nouvelle communauté dans ces parages. Le visage humain des lieux se transformait. Les Etchemins y imposaient leur présence, forçant même les jésuites à adapter leur apostolat en fonction de ce nouvel arrivage de catéchumènes. Le supérieur nota l'effort alors consenti par sa communauté. Dans la liste des bienfaiteurs de la mission de Tadoussac, pour l'année 1677, il consigna : « P. Joannes Morain primus qui Etechemios enstruxit » (*SRT* : 150). À la suite de la guerre anglo-abénaquise qui éclata vers 1675, les Etchemins traversèrent leur pays et vinrent s'établir, dès l'été de 1676, à l'embouchure de la rivière du Loup sur le fleuve. Bon nombre d'entre eux ne furent pas long à le franchir et à trouver refuge sur les terres des Rats-Musqués, leurs alliés de longue date.

Les *Relations* des jésuites faisaient écho à cette présence nouvelle et massive dans le Domaine du roi. Le rédacteur de la relation de 1677-1678 fit connaître, la même année, le nouveau visage de l'action apostolique du père de Crespieul dans le vieux pays saguenayen. Ce dernier avait été « contraint de quitter le lac Saint-Jean pour se rendre à Chécoutimi, où il était attendu par un grand nombre de Sauvages, Mistassins, Etchemins, Abénaquis, Papinachois, Outabitibecs, Algonquins, Montagnais, qui lui donnèrent bien de l'occupation pendant le temps qu'il fut avec eux » (*RJ*-61 : 84-86). Leur présence massive dans l'ancienne chasse gardée faisait figurer les Etchemins au nombre des tribus occupant pour lors le bassin hydrographique du Saguenay.

La multiplication des ouailles etchemines conduisit même les pères à adapter l'appellation de leur mission pour rendre compte de cette nouvelle réalité. Aussi, notant la générosité du sieur Nicolas Juchereau de Saint-Denis pour leur œuvre apostolique, en 1678, ils inscrivirent au registre que ce dernier avait libéralement fourni le nécessaire pour la mission « des Etechemins et Esquimeux qui étaient à Quinogaming et au Lacq St Jean » (*SRT* : 156). Le pays kakouchak prenait donc assurément des airs maritimes avec cet afflux considérable d'Indiens de l'Atlantique.

Toutefois, ce pays ne fut pas le seul à être marqué par la présence d'Etchemins. Ce peuple du bord de la mer fut également attiré par les forêts longeant le Saint-Laurent. Leur présence dans ces lieux trouve moins de fondements en archives. Pourtant, dans une lettre adressée à son provincial en France, en 1683, le supérieur Thierry Beschefer rendait compte des missions de la Compagnie de Jésus en Nouvelle-France et précisait que le père de Crespieul allait « tous les ans sur la fin de l'été faire la meme visite aux Papinachois, aux Etechemins, et autres peuples du Nort qui s'assemblent a la riviere de l'Assomption a trente Lieües plus bas que le Saguenay » (*RJ*-62 : 222). Des Etchemins étaient également signalés dans ce qui constituait encore à cette époque la partie méridionale du Domaine du roi et qui avait été un des territoires de chasse des Rats-Musqués, soit à l'embouchure de la rivière du Loup, sur la rive sud en face de Tadoussac, où le père Dalmas alla les visiter en 1689 (*SRT* : 147).

Des traces formelles de la présence des Etchemins dans la vallée du Saint-Laurent dès les lendemains de l'ouverture de la chasse gardée par les Indiens de Tadoussac jusqu'à la fin du XVIIᵉ siècle incitent à croire que cette tribu contribua, elle aussi, au repeuplement des forêts du pays saguenayen. L'augmentation de ces marques, particulièrement après 1670, coïncide à la réorganisation humaine dans les secteurs les plus affectés, comme en témoignèrent les jésuites. Encore ici, il y a tout lieu de croire que plus d'un de ces Tadoussaciens, de ces Chicoutimiens et de ces Piékouagamiens signalés dès le dernier quart du XVIIᵉ siècle provenaient des forêts s'étendant aux limites sud-ouest de l'Acadie. Fondus dans le groupe composite qui occupait désormais ces terres, ces Indiens perdirent bientôt leurs caractéristiques distinctives.

Les Micmacs

L'étude de la présence des Micmacs dans la colonie laurentienne renvoie d'abord au problème d'appellation signalé par José Mailhot et contraint à tenir compte des occurrences de l'appellation « Esquimaux » qui camouflait occasionnellement des Micmacs et non des Esquimaux-Inuit. C'est avec cette logique qu'il convient de suivre la trace de ces Esquimaux-Gaspésiens-Micmacs-Sauvages de Miscou dans les forêts du Domaine du roi, eux qui habitaient initialement des terres sur l'estuaire, qui eurent des contacts privilégiés avec les Français aussi tôt que la première moitié du XVIᵉ siècle et qui laissèrent leurs empreintes dans la langue française parlée sur les rives du Saint-Laurent (*MNF*-2 : 745/9 ; Bakker, 1989).

La présence de membres de cette tribu dans la région de Tadoussac trouve de nombreuses attestations dans les documents coloniaux dès les premières années de l'implantation française sur les bords du Saint-Laurent. Un premier signalement formel est donné par la mère Cécile de Sainte-Croix, hospitalière, lors de son arrivée en 1639. Dans une lettre adressée à sa supérieure en Normandie, elle racontait avoir rencontré des « Sauvages de Miscou », ses premiers autochtones, à quelques lieues de Tadoussac. Ceux-ci reconduisaient alors le père Nicolas Gondoin vers le navire transportant les religieuses ; ce missionnaire terminait un séjour parmi eux (*MNF*-4 : 747). En 1642, les jésuites dénonçaient le trafic d'alcool opéré par les Micmacs à Tadoussac et à Québec (*MNF*-5 : 456). Ils comptaient cependant que ces Indiens de Gaspé s'uniraient aux forces autochtones de la vallée laurentienne dans la lutte contre les Agniers (*MNF*-5 : 708). La multiplication des contacts entre les Montagnais christianisés et les Micmacs ne pouvait que servir les desseins des pères, qui se flattaient, au mitan de la décennie 1640, que l'exemple des premiers déteindrait sur les seconds (*MNF*-6 : 691).

Le projet des jésuites d'établir une mission auprès des Micmacs de la péninsule gaspésienne tomba court. La prise de possession de Miscou par Charles de Menou d'Aulnay, en 1647, étouffa au berceau ce projet missionnaire d'une réduction à Nepigigouit. Aussi, les premiers Micmacs christianisés furent-ils contraints de se déplacer jusqu'à Tadoussac pour rencontrer leur missionnaire. Ce fut d'ailleurs à l'embouchure du Sague-nay que le père Martin de Lyonne poursuivit son œuvre apostolique auprès de ses néophytes en 1648 et 1649 (*MNF*-7 : 440, 789). Témoignant de ce déplacement de mission, les jésuites narrèrent dans leurs *Relations* : « Les néophites de Tadoussac ont eu une consolation particulière cette année [1648], voyans plusieurs sauvages dans leur église chanter les louanges de Dieu en diverses langues. Le Père Martin Lionne, qui entend fort bien la langue de Miskou où il a demeuré quelques années, s'estant trouvé en cette mission avec le Père Dequen, a instruit ceux qui ont fait quelque séjour en ce port » (*MNF*-7 : 359-360). Selon les termes employés par le père Lalemant, rédacteur de cette relation, encore à cette date les Micmacs semblent n'avoir jusqu'alors effectué que de brefs séjours à Tadoussac. Mais l'afflux de ceux-ci, déjà accusés du trafic d'eau-de-vie, devait accroître les problèmes d'ivrognerie dans la mission saguenayenne ; cette même année, les lettres des jésuites firent état de la débauche (*MNF*-7 : 359).

Au cours de la décennie 1650, leur présence dans la vallée laurentienne commença à se faire plus fortement sentir. La chasse gardée n'opérait plus et les Micmacs, qui avaient dangereusement dégarni leurs tradition-nels territoires de chasse (*MNF*-7 : 194), augmentaient en nombre à Tadoussac. Dès les années 1651-1652, les missionnaires observèrent la multiplication micmaque. Parmi les « huict à neuf cens Sauvages de divers endroits », qui abordèrent alors à l'embouchure du Saguenay, se trou-vaient de nombreux Indiens des Maritimes chantant les louanges de Dieu « en langue Canadienne » et « Miscouienne ». Ce double renvoi aux lan-gues parlées par les peuples autochtones du bord de l'Atlantique indique de lui-même une présence accrue des Gaspésiens et de leurs voisins. Ces

Micmacs, ces Etchemins et leurs hôtes rats-musqués de Tadoussac partirent par ailleurs ensemble, l'année suivante, pour aller de nouveau faire la guerre aux Agniers (*MNF-8*: 633).

On aura noté que, jusqu'ici, les missionnaires n'avaient employé que des périphrases pour désigner les Micmacs: «Sauvages de Gaspé», «Sauvages de Miscou», le terme *micmac* n'était pas encore passé dans leur écriture. Aussi, chercherait-on en vain leur présence sous cette appellation dans les registres d'état civil. Un coup d'œil au registre de Sillery confirme cette affirmation: aucun des actes colligés par les missionnaires ne porte la mention de Micmacs. Par contre de nombreux actes concernent des Gaspésiens. Moins nombreux sont ceux qui portent la mention Esquimau. Quatre actes, en fait, présentent de telles inscriptions: le premier en 1647, le deuxième en 1648, le troisième en 1666 et le dernier en 1668. Alors que le premier et le dernier n'indiquent rien de plus que *esquimau* sous une forme orthographique ou une autre, les deuxième et troisième confirment l'usage des jésuites d'accoler aux *Sauvages de Gaspé* le terme *esquimau*. En 1648, le père Druillettes, rédacteur de l'acte, précisait «Aeskimensi vulgo de Gaspe». En 1666, le père Garnier inscrivait à son tour: «Guaspensi vulgo Aïskimecsi» (*RS*: 140, 200).

L'interchangeabilité des termes semble toutefois n'avoir tenu que pour un temps. Dès le troisième tiers du XVIIᵉ siècle, l'usage fut abandonné à Sillery. Après 1668, on ne retrouve plus l'occurrence *esquimau* dans les actes consignés aux registres de cette mission. Les Indiens de Miscou confirmés par Mᵍʳ François de Laval, à Tadoussac et à Québec, en 1668 et en 1669, furent tous inscrits sous l'appellation Gaspésiens. Les actes les concernant, inscrits au registre de Sillery au cours des années subséquentes, se conformèrent sans exception à cet usage.

La lecture du second registre d'état civil de Tadoussac apporte un nouvel éclairage sur ces premières observations. Si on n'y retrouve pas l'usage du terme *micmac*, par contre l'emploi du terme *esquimau*, qui se maintint tout au long du dernier quart du XVIIᵉ siècle, infirme notre seconde observation. Un profil se dessine à l'analyse des rédacteurs des actes concernés. Le père Nouvel, qui consigna quelques actes de mariage et de sépulture à Tadoussac, en 1669, eut dans tous les cas recours au terme *gaspésien*; tandis que les trois actes du père Morain, rédigés entre 1678 et 1681, portent la mention *esquimau*. De la main de leur confrère le père Dalmas, on retrouve une dizaine d'actes concernant les Micmacs.

Tous les baptêmes que ce dernier consigna au registre, de 1681 à 1683, portent la mention *esquimau*. Pourtant le 27 octobre 1685, il inscrivit le décès d'un Gaspésien survenu au lac Saint-Jean.

Le père de Crespieul, rédacteur de plusieurs actes à divers endroits dans le Domaine du roi, employa régulièrement l'expression *esquimau*, entre 1673 et 1701. Une exception mérite cependant d'être notée. Elle concerne Le Grand Charles, réputé Micmac domicilié dans la Traite de Tadoussac. Notons d'abord qu'il est régulièrement dénommé Charles Lesquimeux. Lors de son mariage, en 1685, à la rivière aux Outardes, le père de Crespieul l'enregistra sous le nom de « Charles Lesquimeux communément le Grand Charles ». Lors du mariage de son fils Jean-Baptiste Aesquimaeum, à Tadoussac, en 1688, il l'inscrivait sous le nom de « Charles Gaspésien communément le Grand Charles ». Aussi, on notera que la récurrence du terme *esquimau*, après 1683, est largement due au patronyme *Aeskimeou* que les missionnaires donnaient au Grand Charles et aux membres de sa famille.

On pourra discourir sur les raisons motivant un emploi ou l'autre et conjecturer sur la source d'information de l'un et l'autre missionnaires. Oserions-nous avancer que l'introduction du terme micmac dans le vocabulaire des jésuites venait peut-être même lever l'imbroglio linguistique autour de l'appellation « Esquimaux » : la trajectoire de la nomenclature ethnonymique serait alors passée d'Esquimau à Petit-Esquimau, puis à Micmac pour désigner les Gaspésiens réfractaires à l'œuvre missionnaire. De la masse des Barbares de Gaspé, tour à tour Esquimaux et Petits Esquimaux furent transformés en Gaspésiens christianisés.

Si l'analyse de l'emploi de ces termes laisse place à discussion et à interprétation, on reconnaîtra cependant que ces récurrentes mentions, sous l'une ou l'autre forme, témoignent indubitablement de l'installation permanente des Micmacs sur les terres traditionnellement occupées par les Rats-Musqués et leurs voisins kakouchak et bersiamites. Comme les autres groupes de l'Atlantique, les Micmacs se mélangèrent aux autres peuples au cours de leurs pérégrinations dans le Domaine du roi. Déjà les missionnaires notaient à Tadoussac, en 1669, le mariage d'un Gaspésien et d'une Papinachoise. Le Grand Charles lui-même maria ses fils à des « étrangères ». Son fils Thomas prit pour épouse une dénommée Marguerite, née d'un père abénaquis et d'une mère algonquine (*SRT* : 89), tandis que son fils Louis convolait en justes noces avec la Papinachoise Élisabeth

Matchigan. Comme autre exemple de cet amalgame des tribus immigrantes dans le Domaine du roi, notons ce baptême d'un chef Mistassin à Chicoutimi qui eut comme marraine une Gaspésienne.

Comme leurs voisins les Etchemins, les Micmacs imprimèrent leur marque dans le monde missionnaire du vaste Domaine du roi. Leur forte présence dans la région de Chicoutimi engagea les jésuites à évoquer, en 1678, la mission de Kénogami sous l'appellation « Mission des Etchemins et des Esquimeux ». Un missionnaire leur fut également attitré : le père Morain, dit « missionnaire des Etechemins et Gaspésiens » (*SRT* : 156). Comme toutes les autres bandes installées dans la région saguenayenne, les Micmacs vécurent des temps pénibles au début du XVIIIe siècle. La faune faisait défaut. La raréfaction des ressources alimentaires réduisait de gré ou de force le nombre de bouches à nourrir. Les Micmacs l'apprirent de brutale façon. Arrivé trop tard pour les tirer d'une mort par inanition, le père de Crespieul ne put porter que le secours spirituel à quelques-uns d'entre eux : « Tota familia Easquimat, juxta Tadoussacum fame enecata », inscrivait-il au registre, à l'hiver de 1701. Plus bas, il consignait la disparition d'une autre famille : « [In sylvis obiere] juxta Tadussacum 6 Esquime8ets » (*TRT* : 282). Le passage dans le nouveau siècle fut donc particulièrement pénible dans le Domaine du roi, qui se vida presque entièrement de sa population autochtone.

Au cours de la première moitié du XVIIIe siècle, on vit de nouveau des Micmacs parcourir la côte, allant dans l'un et l'autre postes. Le père Laure dénonça, par ailleurs, le comportement « de ces coureurs mikmaks qui ne sachant ou donner de la tete vont gâter la plupart des missions ou mandier du pain dans les cotes et à Quebec. On n'a eu que trop sujet de se repentir d'en avoir laissé hyverner à Bon Desir » (*RJ*-68 : 106). Le mot *micmac* sous la plume du jésuite a de quoi surprendre, car il s'agit du premier usage relevé de ce terme dans les écrits des missionnaires. Le père Laure désignait-il sous ce nouveau terme ceux que ses confrères du siècle passé avaient appelés « Aesquimaux », puis « Gaspésiens » ? Assurément, il évoquait ce même groupe originaire de la péninsule gaspésienne. Pourtant, il ne semble pas entendre par-là les anciens Gaspésiens, installés au Saguenay et sur la côte vers les îlets Jérémie, qui s'étaient fondus aux autres occupants de l'espace dépeuplé. D'une part, la formule d'introduction employée exprime à elle seule la distinction que le père croyait devoir faire : « Je ne finirois jamais si je voulois parler des Montagnez de la mer, les quels on doit distinguer de ces coureurs mikmaks». La docilité des premiers, sur lesquels il pouvait jouer de son ascendant, contrastait avec l'indiscipline des seconds qui gâtait les missions[5]. D'autre part, le net basculement dans l'usage des expressions ethnonymiques étaye cette hypothèse. Alors que les pères de Crespieul et Fabvre fermaient les registres de Tadoussac avec des actes concernant des Gaspésiens et des Esquimaux, leurs successeurs les rouvraient avec des Micmacs.

Le basculement semble s'être effectué précisément au tournant du XVIIIe siècle. Alors que l'expression «Micmac» n'apparaît dans aucun des fonds consultés pour le XVIIe siècle, on la voit soudain sous la plume de l'intendant Raudot, vers 1710. Cette *Relation par lettres* marque bien le transfert des signes dans les coutumes langagières de l'époque : «Les Mikemacs et Gaspésiens ne sont qu'une même nation ; ils sont établis sur les côtes de l'Accadie, sur celles du golfe et sur celles du fleuve Saint-Laurent, depuis Pesmonquoady où il y a quelques Amalécites joints avec eux jusques à la riviere du Loup qui tombe dans le fleuve Saint-Laurent» (*RLAS* : 205). À n'en pas douter, l'une et l'autre expressions étaient interchangeables.

Hormis un acte consigné par le récollet Gélase Delestage, en 1716, concernant un dénommé Paul Mykemak, et un autre de 1724 du père Laure concernant un dénommé Jean-Baptiste Mikmak enterré à Tadoussac, il faut pourtant attendre la décennie 1740 avant que ne fût à nouveau régulièrement relevée la présence de ces Indiens maritimiens, sous, désormais, l'appellation «Micmac».

La réorganisation du Domaine du roi sous la direction de Cugnet amena-t-elle une seconde vague d'immigration micmaque ? C'est du moins ce qui semble se dégager de l'étude des registres de Tadoussac. La multiplication d'actes concernant des chrétiens de «nation micmaque» ou ayant Mikmak comme patronyme confirme l'afflux de nouveaux membres de cette tribu du littoral. Il serait en effet quelque peu hasardeux de croire que les membres de la famille Lesquimeux du XVIIe siècle soient soudainement devenus des membres de la famille Mikmak du XVIIIe siècle. Malgré le commentaire du père Laure, il ne faudrait pas croire que

---

5. Cette docilité reposait largement sur leur bigarrure. Ces «Montagnais de la mer» étaient largement métissés et, pour un certain nombre, c'était du sang de commis de poste de traite qui coulait dans leurs veines (Goudreau, 2000).

les Micmacs retracés au troisième registre d'état civil de Tadoussac n'étaient que de passage dans les lieux où il séjournait. Dans certains cas, certes, cette observation s'applique. Le père Coquart notait, par exemple, cette sépulture à Tadoussac en 1746 : « a été enterré au mois de juillet un petit garçon Mikmak dont la famille étoit venu à Tadoussac en passant » (*TRT* : 226). On pourrait moins croire au voyage, dans le cas de cet autre acte consigné quelques lignes plus loin : « A Tadoussac ont été enterrées dans le mois de février deux filles de Jean Baptiste Mikmak. L'une agée de huit ans, l'autre agée de 6 ans » ou de cet autre, en date du 25 mars 1748, concernant une petite fille dénommée Marianne, née de parents micmacs. En 1752, le père Coquart consignait le décès de l'épouse du Vieux Pierrot, réputé Micmac domicilié dans le Domaine du roi : « Pendant le même hiver, on trouva la Vieille Pierrot tenant entre ses bras son fils tous deux gelés sur le Lac St Jean » (*TRT* : 234). Ces quelques actes confirment que les Micmacs s'étaient installés à demeure en pays sague-nayen et piékouagamien. Ils adoptèrent également les rives de la Côte-Nord. La multiplication des postes de traite dans la région les incita nombreux à aller y tendre des pièges et à y faire le commerce des four-rures. Cette présence assidue encouragea les mariages exogames. Les registres de Tadoussac portent la trace de ce mélange opéré par ces unions entre hommes micmacs et femmes papinachoises ou outchestigouek dans la région des îlets Jérémie et à la rivière Moisie (Martijn, 1986 : 207).

Les missionnaires soulignèrent la générosité des chrétiens micmacs dans leur registre des bienfaiteurs de la mission : « Cette même année [1743] les Sauvages de Tadoussac ont donné pour leur petite chapelle la valeur de plus d'une barique d'huile, scavoir : Ignace Mikmak, mary de Misk8t, montagnaise : 10 castors d'huile [...] et les autres y compris une Mikmake nommée marianne en ont fourni la valeur de 9 c[astors] et demi [...] le Petit Pierrot 7 ou 8 pots pour des messes en faveur de feu son père nommé le Vieux Pierrot qui est mort cette année la a Saint Joachim » (*TRT* : 241-242). Cette formulation fournit double et précieux renseignements. Elle confirme, d'une part, que les Micmacs vivaient bel et bien sur les terres du Domaine du roi. Elle éclaire, d'autre part, sur le sens que l'on doit donner à l'expression « Sauvages de Tadoussac », dans leurs écrits du XVIIIe siècle. On ne saurait plus soutenir que le Saguenay était encore, à cette époque, habité uniquement par des bandes de Rats-Musqués et de Kakouchak ; le témoignage des jésuites rend compte de façon très claire de la mosaïque humaine qui composait alors la population autochtone domiciliée sur le vaste territoire couvert par la Traite de Tadoussac.

Les Monsonis

À l'autre bout de la colonie, dans les Pays d'en Haut, soit cette région que l'on atteignait après les portages des rapides de Lachine, d'autres groupes autochtones déstabilisés portèrent leur chasse et leur pêche du côté de l'est. Reconstituer la distribution des peuples autochtones sur cette portion du territoire à l'arrivée des Blancs au début du xviiᵉ siècle reste un exercice périlleux. Comme l'écrivait le père Nouvel, en 1673, cette région fut doublement perturbée : «Nous voyons déjà que l'établissement des Anglais dans la grande baie du Nord et la proximité des Iroquois avec lesquels les Missisakis ont fait leur chasse d'hiver causeront un véritable préjudice à la colonie» (Paul-Émile: 25). D'une part, l'établissement de postes de traite par les Britanniques à la mer du Nord agit rapidement comme une force d'attraction sur de nombreuses tribus qui ne fréquentaient pas traditionnellement cette mer. D'autre part, le conflit entre les Iroquois, les Missassagues et les Sauteux n'épargnèrent pas ce secteur.

Il est généralement reconnu que les Monsonis, qui nomadisaient dans le secteur sud-ouest de la baie James, auraient occupé les basses terres drainées par l'actuelle rivière Moose, identifiée comme rivière Monsony ou Saint-Louis sur la carte de 1703 de Guillaume Delisle. Ce peuple était vraisemblablement peu en contact avec les tribus familières des Français puisque, à aucun moment au cours de leurs trente premières années de publication, les jésuites n'en firent mention dans leurs *Relations*. Ces Monsonis de la mer du Nord habitaient des terres fort éloignées de celles des Rats-Musqués et vivaient dans un autre réseau hydrographique, il est en effet peu probable que les deux groupes aient été en contact. Par exemple, en 1654, alors qu'ils tentaient d'évaluer le potentiel apostolique de la méconnue mer du Nord, les jésuites ne pouvaient tabler que sur de vagues descriptions : dans «les terres, ou plustost les bois, qui sont les bords de la mer du costé du nord, [...] il y a[vait] des bourgades des sauvages, qui parl[ai]ent comme montagnets, que nous entendons» (*MNF*-8: 718). Parmi ces nébuleuses bourgades, faudrait-il y trouver celles des Monsonis?

En 1657, les jésuites moussaient leur propagande missionnaire en apportant quelques précisions sur ces nombreux peuples de la mer du Nord. Avec un brin d'exagération, ils écrivaient que toutes « ces nations [étaient] fixes et bien peuplées et parl[ai]ent toutes ou franc algonquin, ou franc montagnais, ou franc abnaquiois » (*MNF-9* : 280). Toutes ces âmes étaient accessibles : le père décrivait cinq ou six chemins y conduisant. Par l'envoi d'un missionnaire à la mer du Nord, la Compagnie de Jésus ferait d'une pierre quatre coups puisque la soi-disant nation des Kilistinons se composait, en réalité, de quatre peuples : les Kilistinons Alimibegouek, les Kilistinons de la baie Ataouabouscatouek, les Kilistinons des Népissingues et les Kilistinons Nisibourounik (*MNF-9* : 284). Sous les traits de l'un de ces groupes de Kilistinons se cachaient les Monsonis. Lequel ? L'analyse de la description des routes menant aux uns et aux autres apporte quelques précisions (*MNF-9* : 281-282).

Vers l'est, deux routes traversant le Domaine du roi menaient à « la Baie des Kilistinons ». La première empruntait le Saguenay jusqu'au lac Saint-Jean, puis traversait jusqu'au lac Outakouami [Chibougamau ou Obatogamau], pour remonter ensuite jusqu'à l'actuel lac Waswanipi. Ce lac pouvait également s'atteindre par le pays des Attikamègues, précisait le jésuite. Peu importait alors que l'on partît de Tadoussac ou de Trois-Rivières. Une fois atteint le lac Ouapitchiouanon (actuelle baie Verreau au nord-est du réservoir Gouin) qui conduisait au lac Waswanipi, il suffisait d'emprunter la rivière des Oukouingouechiouek [Nottaway] qui se déchargeait au nord dans la baie des Kilistinons Nisibourounik. Ces derniers habitaient donc la partie sud-est de la baie James et auraient constitué la tribu la plus orientale de ces Kilistinons.

Trois voies d'accès à la mer du Nord s'offraient également au nord-ouest en gagnant les Pays d'en Haut. La plus éloignée de Québec (le cinquième chemin décrit par le père Druillettes) passait par le lac Supérieur. Sur la route empruntée par les Indiens de cette région pour aller trafiquer avec les Britanniques, c'est-à-dire via le lac Alimibeg (Nipigon), on rencontrait les Kilistinons Alimibegouek. Or, à quelque distance au nord de ce lac serpente la rivière Albany qui se décharge dans la baie James. Les Kilistinons Alimibegouek auraient donc nomadisé vers l'embouchure de cette rivière, du moins occupaient-ils vraisemblablement les basses terres arrosées par celle-ci. Une route apparemment moins longue (le quatrième chemin décrit par le père Druillettes) partait de « la Mer Douce des Hurons ». C'était celle suivie par les Achirigouans (*MNF*-5: 756, 6: 682/1) qui, «en peu de jour-nées», allaient «trafiquer avec les Kilistinons Ataouabouskatouk, qui sont sur la mer». Bien qu'il ne soit pas évident de retracer le possible parcours emprunté par les Achirigouans, ceux-ci semblent s'être rendus aussi haut que l'embouchure de l'actuelle rivière Attaouapiskat, qui tirerait son nom de ces Kilistinons de la baie Ataouabouscatouek (Gagnon, 1946: 200-201). Au terme du périple, le voyageur se retrouvait donc chez les plus nordiques de ces Kilistinons. Deux expressions dans le texte des jésuites font en effet croire que les Kilistinons Alimibegouek habitaient plus au sud que les Kilistinons Ataouabouscatouek. Ces derniers étaient franchement localisés «sur la mer» du Nord, tandis que les premiers occupaient «la baie [...] qui borde la mer». Dans la conception des explorateurs de cette période, la baie des Kilistinons (qui correspondrait à l'actuelle baie James) *bordait* la baie d'Hudson, c'est-à-dire qu'elle s'étirait à son extrémité, en l'occurrence sa partie sud. La représentation cartographique qu'en faisait, par exemple, Guillaume Delisle, en 1703, fait voir comment on représentait ce «bord» de la mer du Nord. Creusant beaucoup moins profondément dans les terres vers le sud que le découpé réel qu'on lui connaît aujourd'hui, la baie des Kilistinons longeait simplement la partie sud de la baie d'Hudson. En distinguant les Kilistinons qui occupaient le rivage «sur la mer» de ceux habitant «dans la baie qui borde la mer», le missionnaire n'indiquait-il pas les positions réciproques des uns et des autres?

Enfin, le troisième chemin du père Druillettes traversait le lac et les terres des Népissiriniens. La plus courte de ces trois voies occidentales, elle délaissait la route vers les Grands Lacs et bifurquait vers le nord à la hauteur du lac Nipissing; de là, elle remontait jusqu'à la rivière Moose qui se déchargeait au sud-ouest de la baie James. Dans leurs voyages vers la mer du Nord, les Népissingues rencontraient une tribu de Kilistinons qui ne trouva alors, sous la plume du jésuite, d'autre appellation que celle de «Kilistinons des Nipisiriniens». Étant donné qu'il s'agissait vraisem-blablement de ces Indiens occupant les terres arrosées par la rivière Moose, on peut conjecturer que ces «Kilistinons des Nipisiriniens» étaient en fait ceux que les missionnaires identifièrent par la suite comme des Monsonis. Ainsi, sous un vocable des plus obscurs, les Monsonis entrèrent dans le champ d'observation historique.

Toutefois, il fallut aux Français attendre le voyage du père Albanel à la baie d'Hudson, au début de la décennie 1670 et l'accalmie des guerres iroquoises dans le secteur du Domaine du roi, avant d'identifier correctement ces « Kilistinons des Nipisiriniens ». Descendu à la mer du Nord par l'actuelle rivière Rupert, le père Albanel navigua une vingtaine de lieues sur ces eaux froides. Son observation directe se limita à une petite partie de la côte est de la baie. Sur le témoignage des Indiens, il obtint toutefois de premiers renseignements sur la côte occidentale. À trois journées de l'embouchure de l'actuelle rivière Eastmain, en direction du nord-ouest, se trouvait « une grande riviere, que quelques Sauvages appellent Kichesipiou, & quelques autres, la riviere des orignaux, Mousousipiou ; sur laquelle il y a beaucoup de nations » (*RJ*-56 : 202). La ressemblance entre *moose* et la racine de *Mousousipiou*, de même que leur conjointe référence aux orignaux (*RM* : 168) pourraient laisser croire que le père Albanel décrivait alors la rivière des Monsonis. Pourtant dans la suite du texte, le missionnaire précisait que, sur le chemin vers cette rivière, il fallait longer à main gauche « l'Isle fameuse de Oüabaskou [actuelle île Akimiski], qui est de quarante lieuës de long & de vingt lieuës de large, remplie de toute sorte d'animaux, mais principalement recommandable pour les ours blancs ». Il ne pouvait alors s'agir de la rivière Moose. La description qu'en donnait le jésuite laisserait plutôt croire qu'il parlait en fait de quelque rivière au-delà de l'actuel cap Henrietta Maria, le long de laquelle, effectivement, vivait un grand nombre d'autres tribus.

Cette indication s'avère nécessaire pour bien saisir la description que le père Albanel donna des peuples occupant la partie occidentale de la baie James. « A la pointe de l'Oüest sont logez les Kinistinons, & dans la baye, les Mataoüakirinoüek, & les Monsounik ; chaque nation est separée par de grandes rivieres ». Ces détails permettent de distribuer les trois groupes sur le pourtour de la baie. Au sud, dans la baie bordant la mer, chassaient les Mataouakiriniouek et les Monsonis, vraisemblablement séparés par la rivière Moose. Ainsi ce premier groupe, vaguement identifié Kilistinons Alimibegouek par le père Druillettes, trouvait une nouvelle identité. Beaucoup plus loin à l'ouest – « a la pointe de l'Oüest », voire plus avant vers l'ouest que la rivière décrite ci-devant –, au-delà de la *baie qui borde la mer*, c'est-à-dire aux confins de la côte occidentale de la baie James, habitaient les Kinistinons. Cette présentation du paysage humain de la région semble d'autant plus crédible que le missionnaire pourrait bien la tenir du capitaine Ouskan, de la tribu des Mataouchkarinis, avec qui il avait hiverné près du pays des Mistassins, quelques mois avant de se rendre à la mer du Nord (*RJ*-56 : 164-168). Cette évaluation du terri-toire par le père Albanel permet donc de fixer avec assez de justesse la zone alors occupée par les Monsonis.

La juxtaposition des ethnonymes sous la plume du père Albanel ten-drait à identifier trois tribus différentes vivant à proximité les unes des autres. Les Monsonis étaient-ils réellement une simple bande de Cristinaux, comme d'aucuns l'ont affirmé (Mandelbaum : 25)? Rien de moins certain. Du moins, leurs langues différaient tellement l'une de l'autre, qu'un interprète versé simplement en cri se faisait difficilement comprendre par ses interlocuteurs monsonis.

Bien que le sieur Pierre Le Moyne d'Iberville, en 1686, se fût rendu maître du fort anglais construit à l'embouchure de la rivière dite Monsonis (*RJ*-63 : 282), l'éloignement de ce poste des centres coloniaux et des principaux circuits de traite laissa largement dans l'ombre les petits peuples nomades errant dans ces terres. Le témoignage du père Antoine Silvy, qui accompagna l'expédition militaire, sème même quelque doute quant à une forte présence monsonie dans la région du fort Monsousipiou : tout au long de cette campagne au fond de la baie James, il n'eut l'occasion de voir « qu'un tres-petit nombre de diverses Nations, dont les uns [l]'entendoient, et les autres ne [l]'entendoient pas » (Saint-Vallier : 45). D'Iberville fut tout aussi muet sur la présence de Monsonis sur les rives de la rivière du même nom. Dans une réponse qu'il fit au géographe Guillaume Delisle, il affirmait que par la rivière « de Montsipy qui veut dire de l'orignal » descendaient « les sauvages Cristinaux »[6]. Ces témoi-gnages font écho au récit de voyage de Radisson qui ne mentionna pas leur présence dans ces parages lorsque, quelque vingt-cinq ans plus tôt, il visita le fond de la baie jusqu'à la rivière Rupert, après avoir navigué sur l'actuelle rivière Albany (*EPER* : 146).

Par ailleurs, on note sur la carte de la région produite par Alexis-Hubert Jaillot, l'année précédant la campagne militaire du chevalier Pierre de Troyes, que cette fameuse rivière, du nom de la tribu occupant son embouchure ou ses rives, était alors nommée « Rivière Monsoniticq ou des Orignaux » (Jaenen : 256-257). En recourant à un tel libellé, le carto-graphe n'établissait pas de lien entre le toponyme et l'ethnonyme, ren-voyant simplement à une présence animale significative. On ne saurait

6. ANF, MAP, 6JJ/75/B, n° XIII, 14, 90.

donc clairement établir que les Monsonis contrôlaient ce territoire nordique au moment de l'installation des Français dans les postes de la mer du Nord.

Ultérieurement, quelques auteurs évoquèrent leur présence sur ce territoire riverain de la mer du Nord ; ils livrèrent toutefois peu de détails à leur sujet. Par exemple, le baron Louis-Armand de Lahontan les situait simplement dans la famille linguistique algonquienne et les regroupait avec d'autres Indiens rencontrés via la rivière Outaouais (*OCBL* : 561). Dans la carte qu'il produisait, il les localisait à proximité de ceux qui habitaient dans le secteur de l'actuel lac Abitibi (*OCBL* : 525). Bacqueville de La Potherie les insérait dans une énumération de Gens-des-terres, errant dans les régions du nord (*HAS-2* : 48-49). De même, Raudot les mentionnait dans une longue liste de « Sauvages errants » vivant dans les forêts du nord (*RLAS* : 98). Aucun de ces témoignages ne présente un ordre d'apparition des différents ethnonymes qui semblerait significatif.

Comme ces précédents auteurs, Charlevoix mentionna les Monsonis dans sa synthèse historique. Ceux-ci apparaissent simplement dans une courte énumération de peuples nordiques (*HDGNF-3* : 180 ; La Harpe : 380). Le propos du missionnaire, plus circonscrit que ceux des ci-devant auteurs, portait strictement sur les tribus du sud de la baie. L'ordre d'apparition propose ici une certaine logique présentant les peuples d'est en ouest. Par la rivière Nemiscau (Rupert), du côté est, descendaient les Mistassins. Par la rivière Moose, au sud, on atteignait les Monsonis. Au sud-ouest, la rivière Quitchitchouen (Albany) permettait de remonter jusqu'au lac des Cristinaux et, vraisemblablement, jusqu'au pays de ceuxci. Cette même rivière ou encore, plus au nord, la rivière Nelson conduisaient au lac et au pays des Assiniboines. La juxtaposition dans cet ordre inscrit donc les Monsonis sensiblement sur le même territoire que celui précédemment évoqué par les autres missionnaires et explorateurs. Elle laisse cependant sous-entendre que les Nisibourounik et les Mataouchkarinis n'occupaient plus les terres sur lesquelles le père Druillettes les avait localisés.

Ces « disparitions » seraient moins étonnantes qu'elles n'apparaissent au premier coup d'œil. Celle des Mataouchkarinis semblerait même des plus naturelles, s'il faut en croire l'hypothèse soulevée par le chercheur Charles Bishop, qui croit devoir identifier ceux-ci comme le groupe algonquin Mataouchkarini qui occupait, vers 1640, les rives de la rivière

Madawaska, à quelque 500 kilomètres au sud de la baie James[7]. Comme bien d'autres peuples, les Mataouchkarinis avaient été contraints de fuir vers le nord devant la furie iroquoise. Se réunissant l'hiver avec d'autres chrétiens dans un lieu peu éloigné des Hurons (*MNF*-5 : 756), les Mataouchkarinis convertis auraient même été parmi les premiers membres de ce peuple à tomber sous l'arquebuse de l'ennemi. Au moment où le père Druillettes les mentionnait aux environs de l'embouchure de la rivière Albany, soit vers la fin de la décennie 1650, la guerre faisait effectivement rage à la porte des Pays d'en Haut; le père Druillettes y avait lui-même perdu son compagnon de voyage mortellement blessé par les Iroquois, en 1656 (*DBC*-1 : 290). Les Mataouchkarinis auraient alors choisi de se mettre à l'abri dans une région avec laquelle ils n'étaient pas familiers.

Cette courte histoire des Mataouchkarinis fait rebondir d'étrange façon celle des Monsonis. Auraient-ils été eux aussi de nouveaux venus à la mer du Nord ? À ce sujet, on ne manquera de relever le texte du père Druillettes, de 1658, qui faisait pour la première fois mention de ce groupe sous l'appellation « Kilistinons des Nipissiriniens ». Le jésuite justifiait ainsi ce curieux ethnonyme : « pource que les Nipisiriniens ont découvert leur païs, où ils vont en traite » (*MNF*-9 : 284). Le terme découvert, employé par le missionnaire, fait quelque peu hausser les sourcils. N'est-il pas étonnant que les Nipissingues découvrissent ainsi, comme par hasard, leurs voisins du nord ? On aurait beau argumenter que la route vers la baie James n'était peut-être pas la plus achalandée des destinations avant l'établissement de postes de traite par les Européens, il resterait tout de même incompréhensible que des voisins de territoire de chasse ne se soient pas connus. Formaient-ils donc eux aussi un peuple déplacé par la double conjoncture européenne et iroquoise ? Cette réflexion ramène à la case départ : qui étaient donc ces Monsonis ?

---

7. La remarque a été soulevée par Thwaites (*RJ*-18 : 258/14) et fut reprise par Bishop (Bishop : 27). Campeau localise lui aussi les Mataouchkarinis dans l'est ontarien, au sud des Népissingues (*MNF*-5 : 110/8). Ce peuple avait été rencontré par Champlain en 1613 (*WSC*-2 : 271). L'hypothèse de Bishop remet en question l'interprétation de Toby Morantz qui croyait pouvoir traduire cet ethnonyme par *peuple des eaux peu profondes* – « people of the shallows ». Si tel était le cas, l'étymologie renverrait à une caractéristique du lac Madawaska et non au lieu alors occupé (Morantz : 7).

Il y a trente ans, Antoine Champagne se posa la même question. Le problème lui parut alors « beaucoup moins complexe qu'il pourrait sembler au premier abord » (Champagne : 137). Il y a tout lieu de croire que Champagne n'avait pas su le saisir en son entier, car il pourrait bien être *beaucoup plus complexe* qu'il ne l'avait cru. Notons d'abord une première énigme relevée dans les écrits d'Arthur Dobbs, employé de la Compagnie de la baie d'Hudson. Dobbs reconnaissait lui-même s'inspirer de matériel français, entre autres des écrits publiés par Bacqueville de La Potherie. Toutefois, il se sentait obligé, disait-il, de rendre public ce qu'il avait appris, afin de donner une idée plus juste de ces régions et du commerce qui s'y pourrait faire. Il connaissait d'ailleurs une multitude de détails inédits qu'il tenait d'un « French Canadese Indian » dénommé Joseph Lafrance, né dans la région des Grands Lacs, et qui avait, durant une trentaine d'années, sillonné tout le pays depuis Québec jusqu'aux confins de la mer du Nord (Dobbs : 3).

En parcourant son témoignage, on rencontre une première mention des « Monsonis, or Nation of the Marthes » habitant « higher up, than the Ouenebegonhelinis, in a Country full of Marthes » (Dobbs : 24). On reconnaîtra ici l'influence de La Potherie qui écrivait : « Les Monsaunis, gens des marais, habitent un païs plus haut que les Ouenebigonhelinis, qui est fort rempli de marais » (*HAS*-1 : 355). Dobbs crut préférable de traduire les *marais* de La Potherie par des *martres*, trouvant plus significatif de décrire ce peuple par référence à son animal symbole qu'à une caractéristique de son territoire. Une seconde occurrence apparaît plus avant dans le texte : « The Indians who are on the west Side of that River [rivière Du Pluis] are called Monsoni or Mosonique, or Gens de Orignal » (Dobbs : 33). Selon ce témoin qui vécut de nombreuses années dans ces lointaines et nordiques contrées, il y aurait donc eu deux tribus dénommées Monsoni, qui avaient chacune leur animal éponyme : pour la première, une petite bête à fourrure, pour la seconde, une grosse bête à ramure. Voilà un premier élément qui semble avoir échappé à Champagne et qui rend plus délicate l'étude de leurs déplacements respectifs.

Cette observation de Dobbs relance une autre occurrence des Monsonis apparaissant dans les minutes d'un acte de prise de possession du pays entourant les lacs Huron et Supérieur, de 1671. L'auteur de ces minutes énumérait un ensemble de tribus intéressées par cet acte officiel dressé au nom du roi de France. Hormis celles occupant immédiatement la région du saut Sainte-Marie, quatorze autres peuples avoisinants furent mentionnés. L'auteur les regroupait par secteur. Le dernier groupe, vraisemblablement le plus excentré par rapport aux autres, se composait des Cristinaux, des Assiniboines, des Aumoussonnites, des Ottawas, des Bouscouttons, des Niscak et des Masquikoukioek, «all residents of the northern lands and near to the sea» (Margry-1: 96-99). Près de la mer mais non riverains, comme le mentionne le texte, puisqu'ils avaient pris l'initiative d'informer leurs nordiques voisins occupant les rives de la mer du Nord. En 1671, les Monsonis-Aumoussonnites n'étaient donc pas comptés parmi les peuples vivant immédiatement sur la baie James. Ce qui tend à étayer l'hypothèse de l'existence de deux groupes, un dans les terres et un sur la côte, confondus sous des appellations suffisamment semblables phonétiquement pour être prises comme homonymiques, voire synonymiques.

Le deuxième groupe n'étant pas d'intérêt pour notre étude, il suffira de dire qu'il s'agissait de ce peuple voisinant les Cristinaux de l'ouest et occupant des territoires à la frontière actuelle entre l'Ontario et le Manitoba. Ces Monsonis de l'orignal apparaissent régulièrement dans les récits d'exploration des La Vérendrye, par exemple.

Plus déterminante s'avère l'histoire du premier groupe qui commencerait sur les rives du lac Supérieur. Dans un certain sens, Champagne avait raison d'écrire que les déplacements effectués par les Sauteux avaient eu comme effet de pousser vers le nord les Cristinaux et les Monsonis (Champagne: 141). Comme le rappelait Charlevoix, les environs du saut Sainte-Marie «étoient autrefois peuplés de Sauvages, qui y étoient venus, dit-on, de la Rive Méridionnale du Lac Supérieur, & qu'on appelle Saulteurs» (*HDGNF-3*: 187). Toutefois, contrairement à Champagne, ni leurs déplacements au xviiie siècle ni leurs influences sur les Monsonis de l'orignal ne seront retenus. Il faut plutôt diriger l'objectif sur leurs premiers déplacements qui les menèrent dans la zone orientale du lac Supérieur, au nord du lac Huron. Les *Relations* des jésuites font largement état des nombreuses tribus algonquines qui chassaient dans cette région. Cette aire, d'occupation déjà assez dense pour des peuples nomades, pouvait-elle accueillir une nouvelle tribu sans quelques incidences sur les vieux occupants? Cette poussée sauteuse conjuguée au harcèlement iroquois perturbèrent assurément quelques peuples qui y étaient alors à demeure. On a ci-devant évoqué le cas des Mataouchkarinis; tout

CARTE 5

Croquis du bassin oriental de la baie James

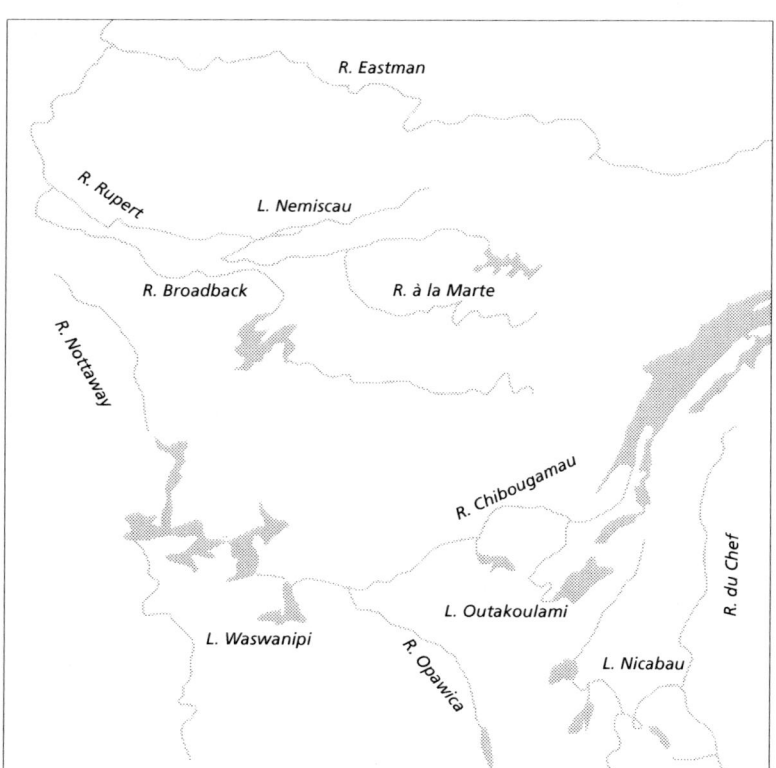

laisserait croire qu'il en fût de même pour les Monsonis de la martre. Le problème premier consiste pourtant à saisir l'identité de cet énigmatique groupe.

Un premier indice peut être tiré de Dobbs et de La Potherie : les Monsonis de la martre habitaient des terres voisines des Ouenebegonhelinis[8]. Or, il y a tout lieu de croire que cette tribu a laissé sa trace dans la toponymie et que l'actuel lac ontarien Wenebegon, dans la zone à la

---

8. Le rapprochement des Ouenebegonhelinis qu'on retrouve aussi sous l'orthographe Ouinebegonchelinis devient encore plus évident si l'on considère la palatalisation et la progressive transposition du « r » en « l » dans certaines langues de la famille algonquienne. On pourrait alors lire Ouenebegonk(a)rinis qui tend assurément vers les appellations algonquines notées par Champlain.

jonction des lacs Supérieur et Huron, tire d'eux son nom. De là, on peut conjecturer que les Monsonis de la martre étaient à l'origine un peuple de la famille algonquine localisé près de la Huronie. Or, on trouve parmi la multitude de petits peuples algonquins relevés par les jésuites, à différentes occasions, quelques bandes qui pourraient être identifiées aux Monsonis de la martre.

Dans une liste constituée vers le milieu du xviie siècle, le père Ragueneau mentionnait plusieurs de ces bandes algonquines vivant à proximité des Hurons : « les costes orientale et septentrionale de ce lac [Huron] sont habitées de diverses nations algonquines, Outaouakamigouk, Sakahigariouik, Aouasanik, Atchougue, Amikouek, Achirigouans, Nikikouek, Michisaguek, Paouitagoung, avec toutes lesquelles nous avons grande connaissance » (*MNF-7* : 396-397). Reconnaît-on les Monsonis de la martre dans cette énumération ? À première vue, non. À y regarder de plus près, il semblerait que l'on doive les découvrir sous l'appellation « Nikikouek ».

Dans la plupart des langues autochtones, le terme *nikik* et ses variantes phonétiques et orthographiques signifient *loutre* (Silvy : xxiii). Les Nikikouek de Ragueneau seraient alors une tribu de la loutre. Une loutre n'est pas une martre, objectera-t-on ? Soit. Cependant, ne faut-il pas tenir compte ici de l'usage de l'informateur ? D'une part, outre la loutre, le terme *nikik* signifiait également, selon le père Fabvre, tout animal amphibie (*RM* : 193). D'autre part, sous la plume de l'Anglosaxon Dobbs, le terme *marthes* ne marquait pas une très nette désignation. Un coup d'œil au dictionnaire Oxford s'impose. Vers l'époque qui importe ici, *marten* est défini comme « an animal belonging to any one of certain species of Mustela, yielding a valuable fur ». Or, la loutre n'est-elle pas une de ces espèces d'animal à fourrure recherchée appartenant à la famille des mustélidés ? De plus, en prenant davantage connaissance du texte de Dobbs, on s'aperçoit que ce dernier employa fréquemment « martres » plutôt que « loutres ». Sinon, comment expliquer qu'un petit mammifère qui se nourrit habituellement dans les forêts soit allé prendre un bain dans les eaux froides de la mer du Nord : « the Ice gave Way to the Head of the Island, and next Day drove down to Baily's Island, when all the Marthes were overflowed, the Bay being not yet thawed » (Dobbs : 13). Ceci conduit alors à rajuster la traduction de Dobbs et à lire *Monsonis de la loutre* plutôt que *Monsonis de la martre*.

Cette relecture s'harmonise de surcroît aux propos de La Potherie dont Dobbs s'inspirait. Dans le texte du militaire français, qui énumérait une série de petits peuples dans les environs du lac Huron, on lit en effet, que s'y trouvaient «les Nepiciriniens, àMikouest, Nation de la Loutre, Outaoüaks, Hurons, Cynagos, Kiskakons, Nansoüa, Kœtons, Sauteurs, & Missisakis» (*HAS*-2 : 48). On notera également qu'on ne trouvait aucune trace de la tribu de la Loutre dans la liste du père Ragueneau, tandis qu'il n'était nullement fait mention des Nikikouek dans celle de La Potherie, qui, par contre, décrivait «les gens de la Loutre» comme ceux «sur le lac Huron dans des Rochers» (*HAS*-2 : 60). Pourtant, tous les deux recensaient les peuples à proximité du lac Huron. Par contre, tous deux signalaient la présence des Amikoués, des Mississagues, des (N)Ansouas, des Outaouacs et des Sauteux[9]. Ceci vient renforcer l'hypothèse voulant que les expressions «Nikikouek» et «Gens de la Loutre» renvoyassent à la même bande algique[10].

Inspirés des récits des voyageurs, certains géographes français du XVIIIe siècle fixèrent par ailleurs ces «Gens de la Loutre» dans la cartographie nord-américaine. Ils les situèrent sur le pourtour nord-est du lac Supérieur, mais sous une bien étrange appellation : Têtes-de-Loutre, ce qui, phonétiquement, les rapprochaient des Têtes-de-Boule. Cette association trouve de nouveaux fondements dans la valeur sémantique et référentielle de ces ethnonymes dans leur forme vernaculaire. On a déjà relevé l'étymologie du terme «Têtes-de-Boule» et du rapprochement à faire avec les Machakandibi (Dawson, 2000 : 97-112). Or, d'après Cuoq, la traduction algonquine de *Têtes-de-Loutre* serait *Nikikendibi*. Quand on sait que certains observateurs ont préféré la forme *Michacondibi* et que le *k* devant le *i* eut tendance à se prononcer *tch*, ce qui donnait des Nitchikendibi, n'est-on pas en droit de croire que les deux désignations pouvaient identifier un seul et même groupe? Assurément, de l'assonance

9. Dans la liste du père Ragueneau, les Sauteux sont les *Paouitagoung* (*MNF*-7 : 397/4).

10. Leur apparition sous une consonance aussi française, en ce début du XVIIIe siècle, n'incite-t-il pas à les rechercher sous une consonance plus autochtone? L'hypothèse de la provenance méridionale des Monsonis trouverait un autre point d'appui dans les propos de Charlevoix, alors qu'il mentionnait la présence de députés de cette tribu à une assemblée générale des peuples autochtones tenue au saut Sainte-Marie, en 1671 : «*on y vit des Députés de toutes les Nations du Nord, & même des Monsonis, Habitans du fond de la Baye d'Hudson*» (*HDGNF*-1 : 438).

de ces deux appellations ne pourrait-on pas dire « bonnet blanc, blanc bonnet » ?

Ayant établi la filiation probable des Nikikouek aux *Monsonis de la loutre* de Dobbs et aux *Têtes-de-Loutre* des cartographes, il faut encore saisir la vraisemblable migration de cette bande. Comme tous les peuples de ce coin de la colonie, les Nikikouek furent, un moment, forcés d'abandonner leur territoire. Aux Sauteux qui se taillaient déjà une part des terres dans le secteur nord des Grands Lacs, s'ajoutèrent les Agniers qui cherchaient à faire table rase de la présence algonquine et huronne dans cette même région. Prises entre deux semblables insatiables ambitions, les petites bandes algonquines ne pouvaient que trouver refuge dans des zones moins convoitées. Certains membres de ces bandes se mirent à couvert à Montréal, voire à Trois-Rivières. D'autres, comme les Mataouchkarinis, gagnèrent les forêts du nord. Les Nikikouek n'auraient-ils pas imité leurs congénères et poussé leurs raquettes sur le pourtour de la baie James ? On comprendrait dès lors mieux l'expression employée par le père Druillettes lorsqu'il écrivait que les Népissingues allant en traite vers le nord, vers 1670, avaient *découvert* de soi-disant nouveaux voisins. Ne faudrait-il pas davantage lire ce passage – « pource que les Nipisiriniens ont découvert leur païs, où ils vont en traite » (*MNF-9* : 284) – sous cette autre forme : dans le pays où ils vont maintenant en traite, les Népissingues ont découvert le lieu où s'étaient réfugiés les gens de la Loutre ?

Le territoire à l'entrée des Pays d'en Haut subit de profondes transformations au temps des guerres iroquoises. Ses effectifs autochtones furent lourdement diminués, et le reste, dispersé. Radisson nota dans son journal cette désolation, lorsqu'il traversa la région du lac Nipissing en 1659 : « We were in some parts most fair and delicious, where people formerly lived only by what they could get by the bow and arrow » (*EPER* : 86). Cette diaspora autochtone ne pouvait laisser intactes les régions d'accueil. Parmi celles-ci, il faut compter le bassin de la mer du Nord. Les déracinés qui s'y retrouvèrent entrèrent dans un pays qui ne leur était pas familier. Y rencontrèrent-ils des « domiciliés » ? En délogèrent-ils ? Voilà une histoire qui demanderait une relecture. Ce que les observations des jésuites permettent cependant de relever, c'est la confusion qui semble avoir régné dans cette région au cours du dernier quart du xviie siècle. À ce sujet, on notera la divergence d'appellation d'une des principales rivières se jetant dans la baie. Dans une description de la mer du Nord, le père Albanel écrivait : « dans la profondeur de la baye au Norouest, est une grande riviere, que quelques Sauvages appellent Kichesipiou, & quelques autres, la riviere des orignaux, Mousousipiou » (*RJ*-56 : 202). Si la terminaison *sipiou* renvoie effectivement à la notion de rivière, force est de constater que les informateurs autochtones ne s'entendaient pas sur la caractéristique de cette *sipiou*. La forme de ces deux termes semble bien appartenir à une même langue. Alors, comment expliquer qu'une aussi importante rivière suscita une telle divergence d'appellation ? L'explication ne pourrait-elle pas tenir dans le fait que le missionnaire était en présence d'informateurs nouveaux dans le secteur ? Quand on se rappelle l'histoire d'Ouskan, le Mataouchkirini, et celle des *découvreurs Nipissiriniens*, n'est-on pas en droit de croire que ce territoire vivait une nouvelle appropriation de son espace ?

La signification attachée aux deux appellations de cette même rivière semble également renvoyer à deux conceptions différentes. On pourrait d'abord croire que *Kichesipiou* provient de *kichesou*, qui signifie *gros orignal*. Et, comme *Mousou* signifie également *orignal*, on aurait donc un seul et même référent sous les deux termes. Or, il ne semble pas que la *Kichesipiou* provienne du radical *kichesou* mais plutôt de *kiche* référant à la notion de grandeur (comme dans *kichesou* ou dans *Guichematouang*, qui signifie *grande fourche*) ou équivalant à l'adjectif *ancien*. Ces constats conduisent à croire que, pour certains informateurs, la rivière désignée était une grande et ancienne rivière, tandis que pour les autres il s'agissait d'une rivière où, vraisemblablement, le chasseur pouvait rencontrer beaucoup d'orignaux. Toutefois, comme il a été signalé ci-devant, il n'appert pas que l'on référât alors à l'actuelle rivière Moose du sud de la baie James.

Par quel glissement l'appellation *Mousousipiou* vint-elle s'accrocher à cette rivière se déchargeant au sud-ouest de la baie James ? Répondre à cette question c'est se perdre en conjonctures. L'origine de cette appellation semblait initialement cruciale pour mieux déterminer le lieu monsoni. À défaut de pouvoir retrouver dans les textes des premiers voyageurs la provenance de cette désignation de la rivière *Monsony* (comme l'orthographiait Delisle en 1703), les lettres de Bacqueville de La Potherie semblent jeter quelque éclairage significatif.

Décrivant les peuples occupant la rive ouest de la baie d'Hudson, ce militaire français identifiait d'abord le peuple le plus à proximité du fort

Nelson : c'étaient les Ouenebegonhelinis. Par rapport à la position géographique de ces derniers, il localisait les Monsonis de la loutre : ils habitaient « un pays plus haut que les Ouinebigonhelinis ». « Plus haut » ne doit pas s'entendre ici comme signifiant « plus au nord ». Au contraire. Bacqueville de La Potherie procédait en fait du nord vers le sud et sa description avançait graduellement vers le « fond » de la baie, par rapport à son point d'observation qui était alors le fort Nelson (Tyrrell : 355). « Plus haut » signifiait donc en longeant la côte vers les limites méridionales de la baie. Ils avaient comme voisins méridionaux les Savanois. Cette description de la côte mettrait alors les Monsonis de la loutre quelque part entre les actuelles rivières Nelson et Severn ; soit sensiblement là où le père Albanel indiquait l'existence d'une rivière Mousousipi.

Bien que cette reconstitution repose sur peu de témoignages contemporains des événements, elle semble toutefois devoir confirmer, à sa façon, le déplacement d'une autre tribu algonquienne de la région du lac Huron. Avec les Mataouchkarinis et les Ouenebegonhelinis, les Nikikouek et combien d'autres choisirent-ils d'aller peupler les rives de la mer du Nord et y établir avec les Britanniques des liens de commerce plus facilement nouables qu'au sud où il fallait composer avec les Agniers ? D'après la déposition laissée par Laurent Dubosc, ils auraient été nombreux ces Algonquins à s'être ainsi réfugiés à la mer du Nord puisque lors de son prétendu voyage en ces contrées avec le sieur Bourdon, il y aurait rencontré des Indiens « qui entendoient l'algonquin comme tous ceux du nord l'entendent ». Cette déposition, qui n'est qu'un faux fabriqué après coup par le gouverneur Jacques-René de Brisay de Denonville lors de la négociation de la France avec l'Angleterre au sujet de leurs droits respectifs sur la baie d'Hudson, ne saurait être retenue comme un témoignage *de visu* ; pourtant, afin de rendre le faux plus crédible, elle traduisait la réalité en ce qui concernait les peuples alors réfugiés à la mer du Nord (C[11]A-10 : 97 ; *DBC*-1 : 116). Du moins, vers 1660 et sur la foi du capitaine népissingue Aouatanik, les missionnaires attestaient que « diverses nations algonquines [s'y étaient] confinées » (*MNF*-9 : 466). Conscients de la frayeur que ces Iroquois pouvaient créer parmi ces réfugiés, certains marchands n'hésitèrent pas, d'ailleurs, vers 1670, à employer cette menace pour les convaincre d'établir commerce avec eux du côté de la mer du Nord : « le Chef qui commandoit le Navire [français] les avoit asseurez que l'année prochaine il viendroit se poster dans cette Baye, & qu'on donnast advis à tous leurs gens de s'y rendre, & de luy apporter leurs pelleteries ; qu'il estoit le maistre de la paix & de la guerre, & qu'il ameneroit avec luy quantité d'Iroquois pour les destruire, s'ils ne luy obeïssoient » (RJ-53 : 84).

Si ce faisceau de témoignages confirme une forte présence de peuples algonquins à la mer du Nord, il ne jette cependant que peu de lumière sur la présence de Monsonis de la loutre au sud de la baie James (Oldmixon : 390). L'embouchure de la rivière Moose fut-il un endroit où ils nomadisèrent quelque temps avant de poursuivre plus avant vers le nord leur pénible périple sous la menace des Iroquois qui les rejoignirent bientôt dans leur retranchement ? Fut-ce parce qu'ils s'arrêtèrent sur des terres traditionnellement reconnues comme riches en orignaux qu'il devint courant de les désigner par le terme « Monsonis[11] » ? En s'installant à l'embouchure de la rivière Moose, les Monsonis de la loutre n'empié-taient-ils pas sur le territoire d'une autre tribu ? Étant donné le témoi-gnage des employés de la Compagnie de la baie d'Hudson qui affirmaient, vers 1674, avoir trafiqué avec des Abitibis et non avec des Monsonis, il faudrait alors croire que ces Monsonis de la loutre en migration s'étaient intégrés à une nouvelle communauté attachée à un point géographique désormais connu des explorateurs. Comme leurs hôtes, qui furent à leur tour dispersés, partie vers la côte ouest de la baie James, partie vers le Domaine du roi, les Monsonis migrants ne leur auraient-ils pas emboîté le pas[12] ?

L'hypothèse du lieu de transit trouve quant à elle quelque fondement dans la suite de l'histoire des Nikikouek, puisque l'analyse des occurrences glanées dans les différents documents fait voir qu'un certain nombre d'entre eux passa à l'est. À partir de la décennie 1670, on note en effet aux registres de Tadoussac des baptêmes de « Nikik », lesquels venaient désormais trafiquer dans le Domaine du roi. Significativement, les deux premières occurrences se retrouvent dans la série d'actes de baptême colligés par le père de Crespieul lors de son ambassade auprès des « petites nations du nord » réunies à Mouchau Ouraganich, en 1674. Dans sa carte

---

11. On trouverait là un cas inverse à la coutume voulant que l'ethnie laissât habi-tuellement une trace dans la topographie, cette fois-ci la topographie aurait imposé un ethnonyme aux nouveaux venus.

12. La situation des peuples autochtones des régions de l'Abitibi et du Témiscamingue est traitée dans une autre étude sur les Algonquins.

de 1703, Guillaume Delisle les localisa même à proximité des Outakoua-miouek[13], c'est-à-dire dans la zone d'influence des postes du lac Saint-Jean (*SRT* : 37, 50).

Ce détour pour plusieurs peuples via la pointe sud de la baie James perturba un écosystème aux ressources limitées, qui ne pouvait répondre très longtemps aux besoins d'un tel accroissement soudain et soutenu de population, comme le signalaient les missionnaires, au début de la décennie 1670 : « J'y ay vey quantité de grands arbres en divers endroits d'où les escorces avoient esté enlevées, & demandant à mon guide [...] il me respondit, que les Sauvages reduits à la faim avoient pelé ces arbres, pour se nourrir de leurs écorces » (*RJ*-56 : 204). La rapide extinction de la ressource animale menaçait cette fois les exilés de la mort par inanition. Chassés de leur pays d'adoption par la famine, certains membres de cette bande initialement localisée dans les Pays d'en Haut vinrent renflouer les effectifs autochtones en décroissance dans l'ancienne chasse gardée des Rats-Musqués de Tadoussac et dans le pays piékouagamien[14]. Empruntant les voies qui servaient traditionnellement au commerce, ils se dirigèrent vers le pays de leurs vieux alliés et s'y installèrent à demeure, se confondant bientôt aux autres Algonquins désormais domiciliés dans le Domaine.

Les Têtes-de-Boule

Ce fut en pleine guerre contre les forces iroquoises que les Têtes-de-Boule entrèrent dans le champ de connaissance des Français. Dans un mémoire sur les conséquences de la guerre sur le commerce des pelleteries, l'intendant Jean Bochart de Champigny écrivait en 1692 : « A la fin de may, il dessendit a Montreal 29 canots de sauvages appelez Algonquins et Testes

---

13. On notera ici que l'erreur commise par Delisle sur le trajet des jésuites vers la mer du Nord l'amena à localiser à l'est du lac des Mistassins plutôt qu'au sud, le lac Outakouami et la rivière des Oukouingouechiouek.

14. Bien que les sources n'indiquent aucune mention précise concernant la présence de Mataouchkarinis dans le Domaine du roi, il serait logique de croire que certains d'entre eux, comme certains Nikikouek, choisirent de pousser plus à l'est et de s'installer sur les territoires vidés de leurs premiers occupants ou de s'amalgamer à des vestiges des petits peuples du pays piékouagamien. Cette bande algonquine ne se fondit-elle pas de façon naturelle aux autres Algonquins qui fréquentaient déjà le territoire ?

de Boule, pour y traiter leurs pelletries, M. de Frontenac leur donna 36 Francois pour len escorter, jusqu'au dessus des endroits, ou il pouvoit y avoir du danger, estans a 12 lieues de Montreal, a un lieu appellé le Longsaut, fort penible pour la navigation, acause des grands courans, et des gros bouillons, partie de nos sauvages et de nos Francois estans par terre, et lautre partie dans les canots, les ennemis attaquerent les plus avancez» (C¹¹A-12 : 93-94v°). Ce mémoire fournit une première indication sur la localisation de ce peuple. Leur présence sur l'Outaouais en compagnie d'Algonquins à un temps fort de la guerre contre les Agniers ne les situait-elle pas d'emblée quelque part dans les Pays d'en Haut? Eussent-ils occupé des terres plus à l'est du côté du Haut Mauricien qui n'était plus inquiété de la présence ennemie, n'auraient-ils pas choisi une route plus sûre pour descendre leurs pelleteries?

La fermeté avec laquelle l'intendant identifiait ce nouveau groupe d'Indiens peut surprendre. S'il s'agit là de la première occurrence retrouvée dans les documents de l'époque, il semblerait bien, par le ton de cette affirmation, que ce n'était pas la première fois que ce peuple entrait en contact avec les explorateurs européens. Ce fut en fait au début de la décennie 1670 que ces Indiens se firent connaître des missionnaires et des voyageurs qui avançaient vers les contrées limitrophes du lac Supérieur. Dans leur relation envoyée en France en 1671, les jésuites mentionnaient, dans les «grandes Forests» séparant ce lac de la mer du Nord, la présence de «quelques autres Nations», appelées «gens des Terres, ou de la Mer du Nord» (RJ-55 : 98).

Comme le terme «Bersiamite», qui avait un moment été employé pour identifier les différentes tribus occupant une partie de la rive nord du Saint-Laurent, le dénominatif «Gens-des-terres» servit de générique pour désigner les petits groupes occupant la zone comprise entre les postes de traite sur le pourtour nord des Grands Lacs et ceux établis sur les rives de la baie d'Hudson, dans l'actuel nord-est ontarien (HAS-2 : 48-49). Au fur et à mesure que progressa la connaissance européenne de ces terres et de ces tribus, certaines d'entre elles trouvèrent leur identité propre. Ce fut entre autres le cas des Têtes-de-Boule qui avancèrent, eux aussi, lentement d'ouest en est.

À l'origine, soit dès la décennie 1680, on les rencontre avec les Opemendachirinis, une des bandes de la famille ojibwée. Au début de la décennie 1690, sous l'appellation «Têtes-de-Boule», l'intendant Champigny les signalait en compagnie des Algonquins. Quant à Lahontan, il les localisait non plus dans le bassin du lac Supérieur mais plutôt dans celui de la mer du Nord. Non seulement indiquait-il que leur principal lieu de rassemblement s'observait au nord du lac Abitibi, mais encore changeait-il le nom de la rivière des Monsonis en rivière des Machakandibis (*OCBL* : 525). Vers la fin de la première décennie du xviiie siècle, les Raudot les associaient à leur tour aux petits peuples du nord trafiquant dans le secteur méridional de la baie d'Hudson : on les retrouve alors en compagnie des Monsonis, parmi lesquels se rencontraient quelques Cristinaux, et d'un groupe dénommé Abitibi (C^{11}A-29 : 376-377).

Signalés de façon formelle dans les registres d'état civil de la région de Trois-Rivières dès la décennie 1720, les Têtes-de-Boule, qui occupaient alors des terres sur les hauteurs du Saint-Maurice (Dawson, 2000), ne furent-ils pas parmi les premiers recrutés par les adjudicataires du Domaine du roi, lorsqu'il fut question, sous l'intendance d'Hocquart, de relancer cette traite ? Il y a en effet fort à parier que quelques-uns de ces Têtes-de-Boule étaient à compter dans le nombre des recrues sollicitées par Cugnet et ses associés, et qu'il faille les inclure parmi les « Chicoutimiens » signalés par le père Laure et les orphelins de Chicoutimi signalés par le père Coquart. Connaissant le mélange de population qu'occasionnèrent les impératifs de la traite et du commerce, dans le deuxième quart du xviiie siècle, on peut même conjecturer que certains Têtes-de-Boule devinrent chasseurs de loups-marins et qu'ils s'adonnèrent à l'extraction de l'huile sur la rive nord du Saint-Laurent. Cette expansion des Têtes-de-Boule vers les secteurs orientaux du Domaine du roi semble par ailleurs corroborée par l'officier Louis Franquet, qui écrivait en 1752 que les Têtes-de-Boule habitaient « pour l'ordinaire entre la rive du nord du fleuve et le Labrador » ; ce qui les placerait sur tout l'ancien territoire de la grande famille montagnaise, depuis Trois-Rivières jusqu'au détroit de Belle-Isle.

Des doutes ne manquent pas de surgir devant une expansion aussi généreuse. D'autant plus que Franquet situait presque à l'inverse les Montagnais, lesquels auraient alors habité « la partie d'entre le fleuve et la baye d'Hudson » (Franquet : 23-24). La formulation rend difficile une évaluation de ce territoire. D'où sur le fleuve faut-il faire commencer cette *partie* ? Arrivant d'un séjour de deux ans à Louisbourg, Franquet avait-il alors en tête l'embouchure du Saint-Laurent ? Ou référait-il à son lieu

d'observation qui était pour lors le lac Saint-Pierre? Cette seconde perspective trahit sa méprise entre les deux groupes décrits (McNulty et
Gilbert: 209). Il semble toutefois plus significatif de saisir dans ces propos
l'imbroglio dans lequel semblaient alors s'empêtrer les Européens en
contact avec leurs interlocuteurs autochtones. La première nébuleuse tient
dans le retour du générique «Gens-des-Terres», qui, sous la plume de
Franquet informé par Louis-Joseph Godefroy de Tonnancour, en venait à
englober les Montagnais, groupe que l'on aurait pu croire déjà bien connu.
La seconde nébuleuse tient dans la description des mœurs et coutumes de
ces Montagnais et de ces Têtes-de-Boule que livrait l'auteur.

> Ils se portent au loin pour la chasse; quelques uns traitent de leurs pelleteries
> avec les postes répandus le long de la rive du Nord du fleuve depuis Québec
> jusqu'au delà d'Anticosty; il y en a même qui vont jusqu'au détroit de Belle-
> Isle, mais assez communément ils viennent aux Trois-Rivières, plusieurs
> même y ont leurs habitations à portée dans les bois, leurs femmes y restent
> pendant qu'ils sont en chasse, de manière qu'ils les y rejoingnent et se défont
> de la plupart de leurs pelleteries en faveur des habitants de cette ville. C'est
> ordinairement avec le sieur de Tonnancour qu'ils en traitent, comme il parle
> leur langue [...] Je suis d'avis qu'on ne saurait trop attirer de sauvages à notre
> voisinage, d'autant que quoique ceux-cy ne soient qu'un composé de bri-
> gands, comme ils originaires [sic] de plusieurs nations différentes, avec
> lesquelles ils entretiennent toujours liaison en s'y présentant tous les ans, on
> pourra plus aisément être informés des entreprises qu'elles pourraient tramer
> (Franquet: 24).

Fût-elle exacte et représenterait-elle l'état réel de la situation dans les
terres aux limites nordiques de la zone coloniale, cette description inter-
dirait alors de parler des *peuples* autochtones qui occupaient pour lors
cette région et contraindrait à évoquer les *Indiens* alors domiciliés sur ce
territoire. Fermons les yeux sur les médisances de l'auteur et retenons
toutefois son témoignage sur une recomposition générale et profonde
du paysage humain de la région: *un composé d'Indiens originaires de
plusieurs nations différentes*. Ces propos, qui font écho à ceux du père
Albanel de passage au lac Saint-Jean en 1672 (*RJ*-56: 154-156), tendent
à confirmer que c'était là l'observation générale que faisaient tous ceux
qui vivaient alors dans la colonie.

Les propos de Franquet paraissent beaucoup moins suspects de confusion lorsqu'on les confronte aux données saisies dans les archives
coloniales des premières années du Régime britannique. Par exemple,

aux premières heures suivant le changement de métropole, Ralph Burton, gouverneur militaire dans le gouvernement de Trois-Rivières, émettait une ordonnance sur la traite avec les Indiens de la région. L'identité de ceux-ci laisse peu de place à discussion : « il nous est parvenu que quelques particuliers de cette ville et gouvernement avaient envoyé des Marchandises audevant de la nation sauvage, appellée Têtes de boule, dans les proffondeurs [...] Pour empecher que pareille chose n'arrive a l'avenir, nous deffendons tres expressément a toutes personnes quelconques de remonter avec des marchandises les Rivières par lesquelles les Testes De boules ont coutume de descendre pour faire la traite de leurs pelletries » (Dawson, 1996 : 185). Informé par des particuliers locaux, le gouverneur militaire n'avait-il pas emprunté l'ethnonyme employé par ces derniers, qui connaissaient forcément ces interlocuteurs avec qui ils traitaient depuis de nombreuses années.

Deux ans plus tard, ce même gouverneur était en mesure de raffiner son observation. Les Têtes-de-Boule n'étaient plus uniquement ceux venant traiter dans la région, mais aussi ceux qui commerçaient avec les marchands anglais installés à la mer du Nord et ceux qui traitaient dans les différents postes du Domaine du roi sur les rivières de la Haute Piékouagamie. Des marchands affidés aux Britanniques avaient tout intérêt à s'assurer un monopole sur leur traite, ce que fit Aaron Hart, qui engagea, dès 1765, deux hommes « pour faire le voyage dans la rivière des Trois-Rivières en un canot chargé de marchandises pour la traite des Sauvages tetes de boule tant et si loin quil conviendra [...] et si besoin en jusque leur séjour ordinaire » (Gélinas : 61).

À Québec, les officiers de justice en poste faisaient le même constat. Du moins, sous la plume de l'officier William Gregory, Athanase La Plague, Huron de Lorette, déclarait que « son Excellence Jacques Murray Escuier Gouverneur de Quebec [lui avait accordé en 1762] la permission d'aller en traite de Quelques effets chés les Nations Sauvages du petit Nord Vulgairement nommés les Montagnais ou Tête de Boules, qui habitent sur le lac St Jean, la Rivière Saguenay & aux environs » (Vaugeois, 1995 : 227-228)[15]. Devant ce concert de témoignages, force est de croire

---

15. Ce qui semble un virement de politique de la part de Murray fut ainsi justifié par le principal intéressé : « *If the trespass committed by Athanase had been winked at, I should have encouraged licentiousness and given up the authority I was bound in duty to maintain* » ; ANC, MG 23, G-II-1, vol. 3, f° 222 : Plaidoyer de James Murray.

que l'amalgame entre les migrants Têtes-de-Boule et les vestiges des autochtones autrefois domiciliés dans le Domaine du roi s'était si bien opéré que ces « originaires de plusieurs nations différentes » ne formaient plus qu'une seule et grande famille « montagnaise ou tête-de-boule ». Faut-il encore s'étonner de voir ainsi ressurgir le générique Sauvages des terres pour décrire cette ethnie composite, sous la plume de ce même officier Gregory alors qu'il rendait compte de la déposition de ce même La Plague affirmant avoir été mandaté par le gouverneur britannique James Murray « de faire ses efforts pour encourager les *Sauvages des Terres* de decendre afin de Trafiquer dans les Postes » ? À coup sûr, il ne pouvait s'agir des Gens-des-Terres occupant les territoires des Pays d'en Haut qui relevaient alors du gouvernement de Thomas Gage à Montréal, ni des Têtes-de-Boule du Haut Mauricien sous le gouvernement de Burton. L'expression s'appliquait donc forcément aux Indiens domiciliés dans la profondeur des terres du Domaine du roi. Murray alla même jusqu'à associer Montagnais avec Monsonis dans son rapport de 1762. Bien qu'il ne faille pas recevoir ce témoignage dans son sens littéral, il évoque toutefois bien le mélange des peuples qui s'observait alors et qui pouvait jeter dans les esprits quelque confusion.

La réémergence à toutes sauces du générique Gens-des-Terres, au milieu du XVIIIᵉ siècle, s'inscrirait aussi dans cet état de fait autochtone. Les groupes n'étant plus suffisamment bien délimités, puisque des membres de tout un chacun sillonnaient de part et d'autre le territoire, au service, d'une façon ou d'une autre, des grandes compagnies de traite, il devenait de plus en plus difficile, même pour les voyageurs les fréquentant, de bien départir entre un Indien et un autre. Aussi, tout au long du XVIIIᵉ siècle, se raréfièrent les appellations spécifiques dans les textes. À cet égard, les registres d'état civil de la Traite de Tadoussac sont fort éloquents. Lorsque l'activité économique reprit, au tournant de 1720, les missionnaires enregistrèrent des actes concernant des Micmacs, des Mistassins, des Montagnais, des Nicabauistes et des Papinachois. À la décennie suivante, la diversité des inscriptions fléchit légèrement, on retrouve alors des Mistassins, des Outchestigouek, des Papinachois et des Sauvages des Terres. Cette flexion s'accentua au cours de la décennie 1740, les actes concernent alors des Micmacs, des Mistassins et des Montagnais. Pour la dernière décennie du Régime français, on retrouve encore trois ethnies différentes : des Micmacs, des Népissingues et des Sauvages des

Terres. D'après ces entrées aux registres d'état civil, les vieilles tribus qui occupaient autrefois les zones relevant de la Traite de Tadoussac auraient donc disparu au profit des tribus immigrantes venues de la péninsule acadienne et des Pays d'en Haut. Souvent associés aux Têtes-de-Boule, les Népissingues, du moins certains d'entre eux, les auraient suivis dans leur migration vers l'est. Assurément, le Domaine du roi n'offrait plus le même visage humain vers la fin du Régime français. S'étonnera-t-on encore de ne pas retrouver, sous la plume du père Coquart, d'évocations aux peuples que ces prédécesseurs dans l'apostolat avaient rencontrés?

CONCLUSION

Dans les premières décennies du XVIIᵉ siècle, lorsqu'ils emmenèrent dans la métropole des fils de capitaines indiens, les Français se doutaient-ils qu'ils allaient autant déstabiliser ces communautés? Mais surtout, s'en préoccupaient-ils vraiment? Et ces Indiens, s'attendaient-ils à livrer aussi facilement leurs territoires à ces nouveaux venus? Dans la pensée française, l'invitation à la découverte de l'Ancien Monde n'avait pas simple valeur touristique. «L'année passée, un sauvage canadien, fils d'un nommé I8anch8, capitaine sauvage bien connu des François, estant passé en France, fut veu d'un fort bon œil de Sa Majesté, aux pieds de laquelle il posa sa couronne de porcelaine, pour marque qu'il reconnoissoit ce grand prince, au nom de tous ces peuples, pour leur vray et légitime monarque» (*MNF*-4 : 267-268). Pour les gens de la cour comme pour le père Le Jeune qui couchait ces lignes en 1639, le geste de ce «Sauvage canadien» n'était-il pas tout naturel? Lui et les siens, comme tous les autres sujets qui étaient touchés par les libéralités et le rayonnement du monarque et qui tombaient – de gré ou de force – sous sa protection, ne devaient-ils pas déclarer fidélité à ce souverain maître? Dans la tradition du système féodal, les nouveaux vassaux devaient prêter le serment de fidélité. D'une autre culture et d'une autre tradition, ce fils de chef ne pouvait, bien sûr, donner à son geste le sens dans lequel ces vis-à-vis le lisaient, et que traduisait ainsi le missionnaire : «ce sauvage estoit allé rendre hommage au roy, non pas seulement au nom de son père et de sa nation, mais encore au nom des autres nations du pays». Par son collier de porcelaine, Iouanchou avait, selon les Français, rendu foi et hommage à son monarque au nom de tous les *Sauvages Canadiens*.

Dans la tradition du droit féodal, la foi et hommage constituait l'acte par lequel le vassal se reconnaissait homme de son seigneur et s'engageait à prendre les armes pour la défense du royaume. La foi et hommage entraînait un acte d'aveu et de dénombrement, dont le défaut de production dans les quarante jours donnait automatiquement lieu à la saisie des terres. Certes, les particularités de la colonie nord-américaine pouvaient souffrir quelques exceptions, mais la symbolique du geste ne trouvait qu'une interprétation aux yeux des sujets du roi de France. Le régime féodal s'était bien sûr estompé avec le triomphe du pouvoir monarchique et le roi était devenu titulaire des grands fiefs, mais voilà que le Nouveau Monde en apportait quantité d'autres. Sur les côtes d'abord, dans la profondeur des forêts ensuite, des agents du roi, explorateurs ou missionnaires, marquèrent le territoire de cette nouvelle autorité : des croix furent plantées sur des promontoires, les armes fleurdelisées du Grand Capitaine français furent gravées sur le tronc de gros arbres bordant les voies de pénétration. Le père Claude Dablon témoignait ainsi des intentions impériales françaises en 1662 : « [...] estant arrivez chés lesd. Sauvages [de la mer du Nord] Ils nous auroient receu fort humainement et consenti que Nous prissions possession de leur païs au nom de sa Majesté, Ce que nous avons fait en y arborant des Croix et les armes de sa Majesté » (Delanglez, 1950 : 253).

Si, au premier temps de l'entreprise coloniale, les Français n'osèrent heurter trop violemment les habitudes et les conventions autochtones, c'est que le poids du nombre imposait quelque prudence. Lorsque la balance démographique pencha du côté européen, les sujets de Sa Majesté très Chrétienne eurent moins d'égard pour le mode de vie indien. Une colonie de peuplement imposait ses exigences. Le commerce des fourrures en dicta d'autres. Les territoires si bien gardés des premiers temps devinrent des lieux où les Européens et les Canadiens circulèrent avec aisance. Le nombre de têtes de calumet chuta si radicalement que les groupes initiaux ne furent plus en mesure d'imposer leurs coutumes ou de menacer l'établissement des nouveaux venus. Lorsque les Rats-Musqués cherchèrent l'alliance de Champlain et de ses hommes, ils ne pouvaient savoir que leurs alliés feraient leur perte. L'intervention européenne modifia les rapports de force entre les peuples indiens occupant les profondeurs du vaste bassin du Saint-Laurent et elle augmenta une animosité latente entre les Iroquois et leurs voisins du nord. La guerre sans merci menée par les Agniers, munis des puissantes armes à feu européennes, fit le jeu des Français en subjuguant les forces militaires des Montagnais et des Algonquins, privés de la puissance de la poudre. Pendant que les Iroquois décimaient les uns et les autres, les Français s'installaient à demeure. Bien que la présence européenne se concentrât sur les rives immédiates du fleuve, elle n'en déstabilisa pas moins l'ensemble des peuples dans la profondeur des terres du bassin hydrographique saguenayen et le long des affluents sur toute la longueur du Saint-Laurent. Un profond brassage des populations autochtones locales devait être la conséquence inéluctable des déplacements d'envergure qu'occasionna, pour différentes fins, l'arrivée des Européens.

Les Rats-Musqués de Tadoussac s'effondrèrent les premiers. Leurs voisins Bersiamites-Ouperigou-Ouaouakhi s'introduisirent rapidement dans leur chasse gardée. Les Papinachois les suivirent. Ces deux groupes firent les frais d'une seconde élimination. En Piékouagamie, les Kakouchak, l'une des premières parmi les « petites nations des terres » à ouvrir son territoire à la présence missionnaire, furent également parmi les premières à fondre comme neige au soleil. Des Oukouingouechiouek et des Mistassiniouek occupèrent bientôt cette zone de chasse laissée vacante. Initialement localisés dans les forêts à l'est du lac Mistassini, les Naskapis fuirent pour leur part en compagnie d'autres petites tribus vers les secteurs du plateau labradorien moins exposés aux coups agniers. En sens inverse, les Oumamiouek du littoral laurentien emboîtèrent le pas à leurs voisins papinachois et les suivirent dans leur refuge sur les chemins de l'Ouest. L'exploitation intensive de la ressource faunique avait à toute fin pratique conduit à l'extinction les principales espèces animales qui avaient jusqu'alors assuré la survie de ces bandes nomades. La disparition de la ressource faunique menaçait directement l'occupation humaine. Si, comme l'ont établi certains chercheurs, il fallait en moyenne et dans des conditions normales quelque 50 km^2 pour nourrir un seul membre issu d'une société nomade vivant en milieu boréal (Clermont, 1974), quelle étendue de territoire fallait-il à ce même individu lorsque les ressources fauniques traditionnelles manquaient à l'appel ? La survie imposait une expansion de la zone de chasse, laquelle ne pouvait que déborder sur celles d'autres chasseurs. Les uns et les autres cherchèrent alors vers de nouveaux horizons d'autres territoires de chasse. Quand la faune se reconstitua dans la zone de première exploitation intensive, les hordes initiales de chasseurs n'étaient plus au rendez-vous. Afin de mettre à profit la ressource, les adjudicataires de la Traite de Tadoussac élaborèrent un « plan de relance ». De nouveaux chasseurs furent recrutés : les uns issus des tribus du littoral atlantique, les autres nés dans les profondeurs des Pays d'en Haut. Avec des survivants des petits peuples limitrophes du

Saguenay, ils recomposèrent le visage humain du bassin hydrographique du Saguenay et des affluents du Saint-Laurent sur la Côte-Nord.

Les observations, les démonstrations et certaines interprétations formulées dans cette étude peuvent demander quelques raffinements et modulations, cependant la démonstration générale ne saurait être rejetée du revers de la main sous prétexte qu'elle est d'une «approche trop classique». Trop de témoignages de l'époque des premiers contacts relatent la disparition de quantité de peuples, qui ne peut être réfutée par sensiblerie et rectitude politique. L'Histoire est celle des Hommes: elle fut nécessairement cruelle pour certains d'entre eux et le discours aseptisé, aussi bien intentionné soit-il, de certains anthropologues et ethnolinguistes ne saurait refaire le passé.

Par exemple, à partir des nombreuses relations de missionnaires ou de voyageurs qu'ils eurent sous la main lors de la production de la partie méridionale de leur carte de l'Amérique septentrionale, en 1703, les Delisle indiquèrent le déplacement ou la disparition de plusieurs peuples entrés depuis peu en contact avec les explorateurs de la vallée du Mississippi. Dans un de ces mémoires, ils lisaient que la «nation des Acansa [était] détruite» et que l'on projetait de faire occuper leur ancien pays par une tribu plus populeuse. Dans un autre, ils relevaient le déplacement des «Anilcou qui sont aujourd'hui à l'Est du Mississipi» mais qui avaient autrefois été signalés à l'ouest de ce même fleuve. D'un troisième informateur, ils apprenaient que les Illinois avaient abandonné leur rivière pour aller s'installer sur les bords du Mississippi. Dans la colonie louisianaise comme dans la colonie laurentienne, des conflits ataviques déstabilisaient les groupes démographiquement et militairement les plus vulnérables. Poursuivis et détruits par les Sioux et les Ayaouez, les Miamis du Sud furent bientôt «contraints d'abandonner leur pais et de se retirer bien loin du coté de Canada[1]». Leur histoire ressemble, sur ce, à celle des Algonquins et des Montagnais du nord qui, sous la hache des Agniers, abandonnèrent leur pays pour trouver des refuges plus sûrs. À Champlain qui s'enquérait, en 1613, des raisons qui les motivaient à «cultiver un si mauvais païs», des Algonquins lui firent réponse «qu'ils en estoient contraints, pour se mettre en seureté, & que l'aspreté des lieux leur servoit de boulevart contre leurs ennemis» (*WSC*-2: 280-281). Ils n'avaient pas

---

1. ANF, Marine, 2JJ/56, n° X, pour ces différentes données.

poussé assez loin, car ils furent encore longtemps pourchassés par leurs ennemis. Les jésuites observèrent, une trentaine d'années plus tard, que les Iroquois leur avaient fait quitter «non seulement leur chasse, mais aussi leur païs» et forcés à se ranger proche des Hurons (*MNF*-6 : 223).

Observant précisément l'état de ce peuple algonquin au début du XVIIIe siècle, des témoins contemporains crurent juste d'employer des termes aussi significatifs et évocateurs que «débris» (*RLAS* : 108). On peut facilement imaginer que de semblables vicissitudes hypothéquèrent l'avenir des petites tribus, voire même de certaines autres plus populeuses, occupant alors les territoires au nord et au nord-est de la colonie laurentienne, à l'instar de ce que les informateurs louisianais signalaient dans le bassin hydrographique mississippien[2].

Dévasté par «les dernières guerres [...] avec les Iroquois, et par la petite verole», le pays des Kakouchak se repeupla de gens provenant de divers horizons. Les missionnaires y identifièrent d'abord des Indiens en provenance du lac Abitibi, qui s'étaient rapprochés du lac Mistassini, avant de descendre vers le lac Piékouagami. Si bien qu'en 1667 les jésuites ne parlaient déjà plus que des «Sauvages du Lac S. Jean» (*RJ*-51 : 74). La vague d'immigration venue de l'ouest trouvait son pendant au sud et à l'est. Voisins occidentaux et eux aussi fortement déstabilisés par les attaques iroquoises, des Attikamègues migrèrent dans ces régions où les rencontraient désormais les missionnaires : par exemple, le père Fabvre enregistrait, en 1672, la sépulture de «Michel Attikamek ex Pi8ek8agami» (*SRT* : 110), tandis que son confrère de Crespieul y célébrait le mariage de l'un de ces Attikamègues l'année suivante (*SRT* : 82). Parmi ces «autres tribus» se trouvèrent entre autres des Esquimaux-Micmacs, dont l'un d'eux, cabané à dix lieues du poste où résidait le père, vint voir ce dernier au lac Saint-Jean pour tenter de le guérir de son mal en lui faisant une saignée (*RJ*-61 : 84). On a déjà noté le passage de ces Gaspésiens-Micmacs... ils ne firent pas que passer. Eux et des voisins du littoral atlantique s'installèrent aussi à demeure et s'octroyèrent un territoire de chasse. Sans pasteur, ils prirent le chemin de Tadoussac et se cabanèrent

---

2. Dans un mémoire de Claude Delisle, on lit : les «Assinipoils qui sont à 15 ou 20 journées de la pointe du Saint-Esprit». Reprenant ce même mémoire un demi-siècle plus tard, son fils Joseph-Nicolas corrigeait : «qui étaient alors à». Avant même la fin du Régime français, les métropolitains enregistraient les déplacements de groupes autochtones forcés par la colonisation ; ANF, Marine, 2JJ/57, pièce XI, 12, A.

à «environ douze lieues dans le Saguenay» (*RJ*-52 : 216). Parmi leurs voisins sur le littoral atlantique qui les suivirent dans le Domaine du roi, on compte les Abénaquis. Ceux-ci marchèrent en effet sur les traces des Gaspésiens et modifièrent eux aussi la composante humaine dans le royaume du Saguenay. D'abord recrutés par les Rats-Musqués désireux de renflouer leurs effectifs démographiques affaiblis, les Abénaquis écoutèrent également la voix des jésuites qui les invitaient fortement à venir peupler la mission de Sillery où se concentraient les Rats-Musqués christianisés. Cette mouvance des Abénaquis provoqua un afflux de nouveaux habitués sur les terres du Domaine du roi, qui influença même le vocabulaire missionnaire, dès le dernier quart du XVIIᵉ siècle, alors que l'on retrouve sous la plume du père Dablon la significative expression «Abnakis montagnisez» (*RJ*-60 : 250).

Les registres montrent également que, dans certaines tribus, ce furent des clans entiers qui migrèrent. Par exemple, à l'été de 1645, les missionnaires relevaient le déplacement de «deux cens [Indiens] d'une seule nation» (*MNF*-6 : 600). Les Indiens du «grand nombre de nations qui v[enai]ent du Costé du nord» (*RJ*-60 : 244-254) repartaient-ils tous vers leurs terres ancestrales ? La lecture du journal du père de Crespieul, lors de son hivernement à Tadoussac en 1676-1677, convainc du moins de l'hétérogénéité de la population qu'il eut à évangéliser. Cette diversité autochtone notée en 1677 n'était pas le fait d'une conjoncture particulière, puisque l'année suivante on relevait le même caractère disparate de Chicoutimi où se trouvaient des «Mistassins, Etchemins, Abénaquis, Papinachois, Outabitibecs, Algonquins, Montagnais» (*RJ*-61 : 86).

Cette diversité n'était pas non plus le propre de l'hinterland. La côte bordant le Domaine du roi offrait un même visage bigarré, comme en témoignait le père Boucher, alors qu'au printemps de 1677 il baptisait à Sept-Îles «39 personnes parmy diverses nations» (*RJ*-60 : 258). Est-il alors étonnant que les pères aient de plus en plus fait usage d'expressions moins précises telles «les sauvages qui se retirent ordinairement en ce lieu» ou «les sauvages de Tadoussac» (*MNF*-8 : 296-297) ? Est-il vraiment étonnant également que les pères aient constamment fait état des ravages de la famine ? Nomadisant dans des contrées nouvelles, les Indiens étaient plus vulnérables aux aléas de la chasse, voilà pourquoi ils ne s'engageaient pas facilement dans des pays inconnus où ils pourraient manquer de vivres.

La transformation ethnique observée dans le Domaine du roi se transporta immédiatement dans la cartographie française. Depuis les toutes premières cartes tracées de la Nouvelle-France, le terme « montagnais » avait régulièrement été inscrit pour désigner une occupation humaine déterminée dans un secteur donné. Cet usage cessa soudain. Comme le relève l'analyse des mentions de tribus indiennes à travers la production cartographique ancienne, la dernière carte portant la mention des Montagnais en tant que tribu spécifique sur un territoire défini est une œuvre de Jean-Baptiste-Louis Franquelin, gravée en 1700 (NMC 6598). La carte produite par Guillaume Delisle, en 1703, ne comporte pas une telle mention ; quand on sait le soin qu'apportait ce maître à la réalisation de ses œuvres et la notoriété dont il a joui parmi ses pairs, on peut s'interroger. Fut-ce une erreur commise par distraction ? Il les aurait oubliés, alors qu'il positionnait les Attikamègues, les Bersiamites, les Papinachois et même les Petits Esquimaux ? Cette nomenclature ne surchargeait pourtant pas la carte. Delisle s'est-il volontairement restreint ? Sa grande connaissance de la géographie humaine et physique de la Nouvelle-France nous conduit plutôt à favoriser l'hypothèse d'une omission volontaire basée sur les informations reçues de vive voix par les nombreux informateurs coloniaux qui fréquentaient son atelier (Dawson, 2000).

Lorsque l'on analyse en séquence les différentes cartes canadiennes produites par des cartographes français, on remarque que ceux-ci eurent comme premier mouvement de gommer l'ethnonyme de leurs travaux. Imitèrent-ils simplement Delisle ? Du moins, ce choix trouvait quelque fondement dans les rapports que les administrateurs coloniaux envoyaient alors à Paris. La réalité aurait-elle été autre que celle décrite en dessin par Delisle, ces cartographes n'auraient-ils pas profité de l'occasion pour rectifier l'erreur commise par le maître ? Au contraire, ils se servirent désormais de l'appellation « Montagnais » comme d'un terme générique couvrant une vaste étendue et surplombant le nom des petites tribus qu'il englobait. Une des premières productions cartographiques à recourir à un tel procédé, gravée en 1702, représentait l'est du Canada actuel. Sur cette carte, on retrouve, imprimé en haut de casse, sur la région au nord de la rivière Saguenay : « païs et nations des Montagnais et Algonkins » (NMC 10854). Retouchant la carte du Domaine du roi, préparée pour le Dauphin, en 1731, par le père Laure, le dilettante Edme Guyot ajouta le terme « montagnais », inexistant sur l'original de la main du jésuite. Puisant dans les écrits de ce dernier rédigés vers la même époque, Guyot pouvait lire des notes dignes de son intérêt, comme « Le montagnez benin, facile, paisible se fait aisément a ce qu'on veut [...] Ils me parurent entrer dans mes pensees, hors la boisson. Il est surprenant que parmi tant de differentes nations, Chek8timiens Piék8agamiens, Nék8bauïstes Chomouch8anistes Mistassins Tadoussaciens et Papinachoieois il ne se trouva qu'un seul yvrogne qui me brutalisât » (*RJ*-68 : 52). Jugeant que c'était une information qui devait figurer sur les cartes mais omise par le père Laure, Guyot voulut contribuer au peaufinage de l'œuvre et la compléta. Pour confondre tout esprit retors qui aurait voulu lui contester ses retouches, il précisait que c'était une carte « mise au net et corrigée sur de bons mémoires », et pour cause, ceux-ci étaient de la main même de l'auteur de la carte originale ! Pour démarquer son ajout de l'œuvre du missionnaire, il détacha bien les lettres, d'une typographie différente en gros caractère, et les disposa en un arc joignant la Mauricie à la Moyenne-Côte-Nord. Nul doute possible, l'addition se voulait un générique qui n'interférait pas sur les données de base, mais venait plutôt les compléter[3].

Constituées de survivants épars et d'intermariages, renforcées de nouveaux immigrants, les tribus des vieilles terres du Domaine avaient fait exploser leurs caractéristiques distinctives ; il devenait difficile de les dénommer encore Kakouchak, Écureuils ou Papinachois, seul leur lieu de rencontre offrait un dénominateur commun permettant de désigner adéquatement le groupe dans son ensemble, pour qui voulait préciser le générique « Montagnais » désormais d'usage courant. Cet ethnonyme n'évoquait plus, vers la fin du xviie siècle, la réalité humaine décrite par le père Le Jeune en 1636, alors qu'il en faisait un peuple bien distinct de ses voisins (*MNF*-3 : 278). Fidèle à ses origines qui s'accrochaient davantage à une aire géographique accidentée qu'à un peuple spécifique, le terme « montagnais » employé au début du xviiie siècle renvoyait, encore et toujours, à un concept géographique, bien plus qu'à un concept ethnographique. C'est cet état de fait que traduit la transformation lexicale

---

3. ANC, PH/900-1732 : Carte du Domaine du Roy en Canada, dressée par le père Pierre-Michel Laure en 1731, retouchée par Edme Guyot, 1732. Notons encore que le père Laure écrivait qu'en reconstruisant la chapelle à Tadoussac on attirerait « une infinité de sauvages montagnez du Nord et du Sud ». L'emploi du terme « montagnais » n'avait-il pas, dans cette phrase, un rôle de générique équivalant à celui qu'on retrouve sur les cartes retouchées par Guyot (*RJ*-68 : 78) ?

relevée dans les mémoires de l'époque. Les preuves abondent. En 1720, c'était le père Laure qui, en parlant des Mistassins, disait « parmi les autres Montagnez » et, en décrivant la région en aval de Tadoussac, notait : « Depuis cet endroit jusqu'a LaBrador les habitans au fond montagnez s'appellent Papinachois » (*RJ*-68 : 48, 98). De même, les fermiers Cugnet et Estèbe écrivaient en 1744 que « Les sauvages montagnais [étaient] divisés en plusieurs nations sous les noms particuliers de Mistassins, Chichertigaux, Papinachois, Nascapis &a » (C^{11}A-109 : 159, 3). Se lit un même télescopage chez le chevalier de Lapause vers la fin du Régime français : « Les sauvages connus dans tous les postes [... et] qui habitent les bords de la mer se nomment Montagnais » (EPC : 219) ; il n'était plus question, sous cette plume, de Tadoussaciens, de Papinachois ou d'Oumamiouek.

Le terme « Montagnais » devint donc, au fil du temps, l'appellation facile pour désigner tout ce qui était relatif aux populations autochtones, toutes tribus confondues, vivant dans le vaste royaume du Saguenay, comme l'écrivait Cugnet en 1749 : « Les sauvages montagnais divisez en plusieurs nations sous les noms particuliers de Grans et Petits Mistassins, Kichestigaux, Papinachois, Naskapis &a habitués dans la profondeur des terres du Domaine » (C^{11}A-66 : 4v°). Cet usage conduisit même le père Laure à relever l'insigne et infatigable travail des « missionnaires montagnets », désignant ainsi ses valeureux confrères et prédécesseurs qui avaient sacrifié leur vie à l'évangélisation des peuples nomades de l'immense Domaine du roi (*RJ*-68 : 60, 114). Il saluait particulièrement le travail du courageux père de Crespieul, qui compta quelque trente ans d'hivernement à l'emploi de la mission de Tadoussac, et qui, en 1697, avait rédigé à l'intention de ses successeurs un petit écrit exaltant intitulé : « La Vie d'un **Missionnaire Montagnaix** presentée aux **Successeurs Montagnaix** pour leur instruction et pour leur plus grande consolation » (*RJ*-65 : 42). Le transfert de sens opéré dans le monde des cartographes, au cours du xviiie siècle, faisait donc bel et bien écho aux modifications d'une réalité humaine observées, dès le tournant du siècle, par les missionnaires et autres témoins oculaires.

De l'aveu même du père Laure, son troupeau d'ouailles montagnaises se composait des « Chek8timiens Piék8agamiens, Nék8bauïstes Chomouch8anistes Mistassins Tad8ssaciens et Papinacheois » (*RJ*-68 : 52). Dans la « nouvelle langue » montagnaise qu'il apprenait, il rédigea quelques hymnes, confectionna une sorte de petit catéchisme et traduisit le

Veni Creator (*RJ*-68 : 56-58). Eut-il été exaucé par le père de Crespieul, à qui il demandait de lui faire don de la langue montagnaise parlée dans le dernier quart du xviie siècle, il n'est pas certain que ce miracle lui eût évité les peines de son incapacité linguistique, étant donné la reconstitution du tissu humain dans le Domaine du roi lors de la réorganisation de la traite par Cugnet[4].

Ce réajustement linguistique auquel furent confrontés les missionnaires trahit lui aussi, à sa manière, cette mutation ethnique. Les dialectes qualifiés de montagnais, relevés par le père Le Jeune et ses collègues, dans la première moitié du xviie siècle, caractérisés par des sons en *k* et en *r*, montrèrent des signes significatifs de palatalisation dès le dernier quart du même siècle. Cette tendance interpelle aujourd'hui sérieusement les chercheurs qui s'intéressent aux langues autochtones d'Amérique du Nord. Ces linguistes reconnaissent qu'il fut «barely possible than an earlier slightly palatalized k shifted farther toward or to [tch]. The change is clear; the cause thereof is very problematical» (Cooper, 1945 : 43). Considérant le contexte historique, cette équivoque palatalisation, c'est-à-dire ce passage d'un son *k* à un son *tch* qui se produit par un déplacement de la langue vers le palais, trouve une explication toute naturelle dans le substantiel mélange ethnique qui se produisit aussi tôt qu'au milieu du xviie siècle. Aussi, faut-il s'interroger sur la justesse des propos de certains ethnolinguistes qui défendent l'état de pureté de la langue montagnaise recueillie dans le dernier quart du xviie siècle, sur la fausse observation que cette langue « n'avait pas encore été affectée par le brassage des populations de l'aire linguistique concernée, survenue à la suite des guerres iroquoises» (Silvy : xv).

S'il faut donner quelque crédibilité au père Le Jeune, les langues montagnaise et algonquine se caractérisaient l'une et l'autre par l'utilisation d'un son *r*, ce qui les rendait aussi apparentées que l'étaient les dialectes provençal et normand. L'anecdote qui supporte l'affirmation

---

4. Les explications d'Angers et Cooter, qui affirmaient que la langue montagnaise recueillie par le père Silvy était le pur montagnais de l'époque pré-coloniale, de même que le commentaire d'Hébert sur l'origine du mélange linguistique observé dans l'*Apparat* du père Laure ne tiennent pas devant une analyse sérieuse du contexte historique. Plus qu'un phénomène d'emprunts dû à des contacts fréquents, ces transferts linguistiques trouveraient meilleure interprétation si l'on tenait compte du caractère composite du peuple autochtone qui habitait alors le royaume du Saguenay.

du jésuite ne laisse pas présager de difficulté de communication entre un auditeur algonquin et un locuteur montagnais, puisque, s'exprimant en cette langue, le père Le Jeune disait avoir entrepris d'enseigner à un chef algonquin « quelque petite priere en langage montagnaits qu'il entend fort bien ». Mais encore, ce capitaine algonquin posa plusieurs questions au missionnaire qu'il avait observé à son office, questions suffisamment bien comprises pour que celui-ci semble avoir été capable de répondre (*MNF-2* : 443). Pourtant, cette facilité de communication s'avère davantage le fruit du talent de l'Algonquin que de la performance du missionnaire, comme celui-ci l'avoua ultérieurement : « quand il n'y avoit que des Algonquins, je supplios le sieur Olivier de sy trouver. Car, comme j'ay dit souvent, je ne les entend quasi pas, quoyqu'ils m'entendent fort bien » (*MNF-3* : 575).

De même, en 1646, son collègue, le père Jacques de La Place, fut lui aussi confronté à cette différence suffisamment marquée, qu'il dut demander aux Montagnais de se confesser en algonquin parce qu'il ne comprenait pas leur langue (*MNF-6* : 692). Malgré cette difficulté observée à l'usage, dans la première moitié du xviie siècle, le père Claude Dablon écrivait, en 1672 : « nous avons divisée en trois parties [cette Relation] conformement aux trois langues de ce pais, la Huronne ou l'Iroquoise, la Montagnaise ou l'Algonquine, & la Françoise » (*RJ-55* : 234). D'ailleurs, ce fut par six mois d'étude du montagnais, en 1665, que le père Beschefer s'était préparé pour la mission algonquine de Trois-Rivières (*DBC-2* : 63-64 ; *RJ-49* : 166)[5] ; ne peut-on s'interroger à savoir de quelle langue montagnaise s'agissait-il véritablement ?

Alors que le père Le Jeune, qui maîtrisait le montagnais, semble avoir conversé sans trop de difficulté avec le chef algonquin, son confrère Pierre-Michel Laure confiait avec chagrin, vers 1730, que sa langue purement algonquine ne le servait « presque de rien » auprès des autochtones dits montagnais du Domaine du roi et ce, malgré la présence de prétendus Algonquins dans la région du lac Saint-Jean (*RJ-68* : 54). Pour remédier à son handicap, le père Laure se mit à l'école de Marie Outchiouanich,

---

5. Cet exercice s'avère fort différent de celui du père Le Jeune qui reconnaissait encore, en 1636, devoir étudier le montagnais, lui qui avait passé un hiver avec les Indiens de Tadoussac et qui était surtout destiné aux missions dans l'axe Trois-Rivières – Tadoussac (*MNF-3* : 306).

autochtone chrétienne, de qui il apprit «la langue montagnaise et la traduction des prières [et qui l'] assista dans la rédaction d'une grammaire et d'un dictionnaire» (Jones: 14). Grâce à elle, il parvint à «finir [ses] livres montagnez» (*RJ*-68: 54). Tout comme on peut questionner la qualité de la langue apprise par le père Beschefer, en 1665, on peut s'interroger sur le montagnais enseigné au père Laure par la Mistassine Marie Outchiouanich, «maître ès langues» saguenayenne.

Voilà des pistes plus qu'intéressantes pour les linguistes qui examinent l'évolution du dialecte montagnais et tentent de comprendre les mutations relevées vers 1678 par le père Antoine Silvy. Les spécialistes de la langue montagnaise constatent non seulement une palatalisation, mais également que celle-ci s'accentua à une vitesse étonnante au fil des décennies; ce que confirment les différents témoignages glanés dans les *Relations*. Est-il alors si étonnant que le montagnais transcrit par le père Laure fût différent de celui qu'avait relevé le père Le Jeune, quand on sait que le premier montagnais transcrit par les jésuites était celui parlé par le groupe des Rats-Musqués de Tadoussac, alors que le père Silvy, dans la deuxième moitié du XVIIe siècle, et le père Laure, dans le deuxième quart du XVIIIe siècle, devaient évangéliser ces Néo-Montagnais reconstitués à partir d'éléments gaspésiens, algonquins, têtes-de-boule, etc.?

Avec raison, une certaine historiographie a mis l'accent sur les guerres iroquoises pour interpréter l'effritement des populations montagnaises. Toute la partie orientale des Pays d'en Haut de même que l'immense pays montagnais furent en effet affectés par la guerre que leur portèrent les Agniers. Dès son voyage de 1615, Champlain nota la désolation aux marches des Pays d'en Haut: «tous ces pays ont esté autrefois habitez de Sauvages, qui depuis ont esté contraints de l'abandonner, pour la crainte de leurs ennemis» (*WSC*-3: 59). Des zones aussi isolées que le lac Mistassini et le pourtour de la baie James reçurent ces visites perturbatrices. Contre de si peu populeuses bandes de chasseurs qui occupaient ces bassins, les scalps étaient collectionnés sans grand effort: «Rien de plus facile pour une poignée de guerriers d'annihiler la population d'un territoire en l'attaquant par surprise pendant la halte de l'été et tout le bassin d'une rivière, tout un pays est vide désormais» (Rousseau, 1948: 14).

Les effets de la déculturation doivent également être pris en compte dans l'étude de l'évolution des peuples autochtones au temps des premiers contacts. Le principe de la monogamie enseigné par les missionnaires joua directement sur les taux de natalité et, partant, sur la force numérique de ces populations. Dans une culture où l'homme mettait continuellement sa vie en péril, soit comme guerrier soit comme chasseur, le rapport des sexes ne formait pas une pyramide équilibrée. Grâce à la polygamie qui s'y pratiquait, le potentiel démographique des jeunes femmes en âge de procréer pouvait donc à bon escient être exploité pour la survie de la communauté. La multiplication des unions, particulièrement chez les chefs, permettait non seulement à chaque femme d'apporter sa contribution en assurant la pérennité du groupe mais également de souder la solidarité tribale : « Plusieurs des sagamos prétendent ne se pouvoir passer de ceste pluralité [...] à fin de retenir leur authorité et puissance ayans plusieurs enfans, car en cela gist la force des maisons : en multitude d'alliés et consanguins », observaient les jésuites en 1616 (*MNF-1* : 492-493). Dans le contexte de la multiplication des affrontements entre tribus, il devenait de la première importance d'assurer la force démographique du groupe. En prêchant leurs principes moraux valorisant la monogamie, les Européens affaiblissaient par eux-mêmes leurs alliés dans leurs forces militaires en limitant le nombre de guerriers potentiels. L'eau bénite n'était pas la seule importation étrangère à influer sur le cours de la vie autochtone, l'eau de feu faisait elle aussi ses ravages. Les missionnaires combattirent en vain ce fléau : les impératifs du commerce l'emportaient sur leur enseignement et l'eau-de-vie se transformait en eau-de-mort pour nombre d'Indiens. Aussi, aux guerres, il faut encore ajouter l'alcool trafiqué et la monogamie inculquée comme facteurs ayant contribué à décimer les peuples indiens tout au long du XVIIe siècle.

Les conséquences des guerres interethniques autochtones et les effets collatéraux de la déculturation ne sont certes pas à négliger. Les méfaits des fléaux microbiens doivent cependant être les premiers pointés du doigt : « ils demandèrent pourquoy ils mouroient si souvent, disans que depuis la venue des François, leur nation se perdoit entièrement ; qu'auparavant qu'ils eussent veu des Européans, que les seuls vieillards mouroient, mais qu'à présent, il en meurt plus de jeunes que de vieux » (*MNF-3* : 575). La mortalité consécutive aux premiers contacts entre les Européens et une nouvelle tribu autochtone n'a pu, dans de nombreux cas, être observée ni par les missionnaires ni par les voyageurs. Leurs articles de traite les devançant bien souvent dans les lieux traditionnels de rassemblement et d'échange commercial, les Européens étaient rarement en mesure de constater l'hécatombe provoquée par leur troc (McNeill : 186). Lorsque les missionnaires furent autorisés à accompagner les Indiens dans leurs pérégrinations, ils relevèrent régulièrement les effets de ces épidémies. Ces conséquences frappaient d'autant plus les jésuites que la maladie s'attaquait bien souvent d'abord à leurs propres guides et à leurs familles (*MNF*-9 : 593). Comme certains historiens l'ont constaté, au cours des deux premières décennies de contact régulier avec les Français, la population indienne de la vallée du Saint-Laurent perdit plus de la moitié de ses effectifs (Bouchard, 1995 : 94-95). Par exemple, vers 1630, soit avant l'intensification des guerres iroquoises, les différents groupes hurons et la confédération iroquoise avaient déjà perdu près de la moitié de leurs effectifs à cause de la variole (Duffy : 328). Les Indiens de l'hinterland québécois subirent le même sort, comme le constataient les marchands de la Compagnie du Nord en 1685 : « Les Sauvages de dedans les terres [restèrent] en tres petit nombre par la mortalité et leur fuitte des nations Irocoises » (C[11]A-7 : 228). Les conséquences du choc microbien dans la vallée laurentienne ne pouvaient que ressembler à ce qui eut cours sur tout le continent à différentes époques, quand de nouvelles communautés autochtones entrèrent en contact avec des étrangers. Par exemple, une nouvelle vague de variole déclarée en 1877 anéantit la tribu des Mandans de la famille des Sioux. Des 1 250 membres qu'ils étaient lors du passage des explorateurs Lewis et Clark en 1805, il n'en restait plus qu'une centaine une quarantaine d'années plus tard. Ces Indiens s'étant assimilés à d'autres peuples, « leur pittoresque culture avait cessé d'exister en tant que telle » (Jennings, 2002 : 404 ; Vaugeois, 2002 : 65 ; Crosby, 1976 : 289). Une tribu sud-américaine comptant au départ quelque six à huit mille âmes accueillit en 1903 un missionnaire. Vingt-cinq ans plus tard, elle était totalement disparue (McNeill : 180-183). S'étonnera-t-on encore de la rapide disparition des Rats-Musqués, de leurs voisins Bersiamites et de leurs différents partenaires commerciaux au cours des premières décennies de traite avec les Français ?

Comme l'ont démontré certains chercheurs en histoire médicale, les épidémies de variole et de peste firent des ravages quasi inconcevables dans les contrées américaines. Certaines furent documentées par les voyageurs européens, la plupart échappèrent à toute observation. Les moins meurtrières emportaient souvent le tiers des populations infectées, les plus dévastatrices les décimaient complètement. Au rythme de la pénétration européenne du Nouveau Monde tombèrent les uns après les autres les hommes à la peau cuivrée : « Au total, le désastre subi par les populations amérindiennes prit des proportions que nous avons peine à imaginer, nous qui vivons à une époque où les épidémies n'ont guère d'importance [...ainsi] s'écroulaient des sociétés entières », dont les valeurs et les modes de vie traditionnelle perdaient « jusqu'au moindre vestige de signification » (McNeill : 190-191). Les premiers à disparaître furent les premiers à avoir goûté l'attrayant fruit de la civilisation. Défendu aux peuples voisins de Tadoussac durant quelques années, ce fruit dangereux leur fut proposé lorsque les Rats-Musqués ne se sentirent plus capables, seuls, de le cultiver. Ces Montagnais de la première heure ne résistèrent pas au choc des deux mondes. Les vestiges des Rats-Musqués donnèrent naissance à une « nouvelle nation montagnaise », où s'« enterculturèrent » leurs maigres effectifs et les survivants des peuples voisins tout aussi touchés par leur rencontre avec l'Ancien Monde. La coutume typiquement indienne de remplacer les morts par l'intégration de congénères d'une autre tribu, entre autres par l'adoption de prisonniers de guerre, opéra à grande échelle en ce XVIIᵉ siècle. Le contexte de dépopulation endémique consécutif à leur entrée dans l'histoire donna des proportions jusqu'alors inégalées à cet usage ancestral.

Des caractères ethniques distincts guidèrent des méthodes dissemblables. Les Iroquois cherchèrent à reconstruire leurs communautés par la guerre en important le plus de prisonniers possibles. Les Rats-Musqués choisirent, d'une part, de recruter parmi les guerriers abénaquis et, d'autre part, de faire la paix avec leurs anciens ennemis, qu'ils invitèrent à partager leur chasse gardée : les petites tribus, qui erraient dans les forêts de la rive nord laurentienne et dans l'arrière-pays de la mer du Nord, descendirent et s'installèrent sur les rives du Saguenay. Les Bersiamites glissèrent vers Tadoussac, laissant aux Papinachois leur rivière. Entraînés par le mouvement, ceux-ci remontèrent le fleuve jusqu'à Tadoussac, pour ensuite faire de même dans le Saguenay. L'esprit nomade de certains d'entre eux les mena même jusqu'aux Grands Lacs. Ces premiers mouvements, de faibles portées, devaient en entraîner d'autres moins prévisibles.

En déficit de Rats-Musqués, Tadoussac, capitale de la chasse gardée, devint un centre cosmopolite où se rencontrèrent des membres de plusieurs tribus. Des Mistassins et des Papinachois y voisinèrent bientôt les Abénaquis, les Etchemins et les Micmacs, qui opéraient, pour leur part, un mouvement d'est en ouest, mais également des Oukouingouechiouek qui commencèrent à paraître régulièrement dans les registres de Tadoussac au cours de la seconde moitié du XVIIᵉ siècle. En sens inverse, des peuples de la hauteur des terres dans les Pays d'en Haut et des bandes algonquines du bassin du lac Huron voguèrent d'ouest en est, traversèrent le pays nordique de la mer du Nord pour aller planter leurs cabanes dans les terres du Haut Mauricien, de la Piékouagamie et du Haut Saguenay.

L'effritement des communautés kakouchak et rat-musquée ouvrit des territoires autrefois protégés à ces autres peuples qui se languissaient de se rapprocher des armes à feu et de l'eau de feu européennes. Progressivement, leurs territoires furent envahis par ces nouveaux groupes localisés auparavant plus à l'ouest. Des Mistassins abandonnèrent également leur lac pour s'habituer sur les rives de celui que les Robes Noires venaient de baptiser Saint-Jean. Et comme l'eau de ce lac, ils coulèrent lentement vers le Saint-Laurent, arrosant de leur sueur les terres rats-musquées de l'ancienne chasse gardée. Dans ce contexte, les populations autochtones n'obéirent qu'à un vieux réflexe humain naturel qui faisait chercher la subsistance là où elle pouvait se réaliser avec quelque économie d'énergie. Pourquoi inscrire cette survie dans des conditions pénibles lorsque s'offraient des avenues de facilité? Le phénomène observé dans le Canada colonial n'avait rien d'exceptionnel. Les Français des montagnes avaient opté pour le même type de migration, aux lendemains de la guerre de Cent Ans, qui avait entre autres dévasté les plaines de l'Aquitaine. Les montagnards du Massif central et des Pyrénées étaient alors progressivement descendus vers les plaines, vers les terres plus faciles à mettre en culture.

Les motifs expliquant l'afflux d'une nouvelle population dans le Domaine du roi s'inscrivent dans un même champ d'explication et sont essentiellement de nature commerciale. La position privilégiée de Tadoussac comme lieu de traite avec les Français et comme avant-poste de la chasse gardée, dans la première moitié du XVIIᵉ siècle, ne pouvait être regardée qu'avec envie par les traditionnels voisins et partenaires commerciaux des premiers Rats-Musqués. Par la suite, les localisations avantageuses du lac Saint-Jean et de Mouchau Ouraganich sur un double axe de circulation, baie d'Hudson–Trois-Rivières et Saguenay–baie d'Hudson, déjà reconnue par les Indiens eux-mêmes avant l'arrivée des Français dans la chasse gardée, ne pouvaient qu'exercer la même attraction sur les voisins et les partenaires des Kakouchak et des Mistassins. Sur la rive nord du Saint-Laurent, l'ouverture des postes de traite provoqua de semblables mouvements de population. Les centres d'échange commercial devenaient une ressource supplémentaire assurant la survie, ne valait-il pas mieux y être à proximité? Par le commerce qui s'y faisait et par la convoitise des facilités pour la vie au quotidien qu'ils procuraient, les postes de traite installés attiraient comme des aimants les populations indiennes. À l'exemple des centres industriels des siècles suivants qui provoquèrent l'exode rural, l'attrait des postes de traite favorisa un premier mouvement d'exode sylvestre. Aux îlets Jérémie, à Tadoussac, à Chicoutimi, à Métabetchouan, à Nicabau, des bandes, des familles autochtones entières abordèrent «de divers costez», à la faveur d'un effritement des peuples occupant initialement ces lieux stratégiques. Fragilisés par une sensible chute démographique, ces peuples n'étaient plus en mesure d'assurer ni l'étanchéité des frontières qu'ils avaient élevées ni le maintien de leur position dans la chaîne d'intermédiaires qu'ils opéraient entre les Français et les autres peuples. Les réseaux élaborés par les occupants initiaux, au temps des premiers contacts, cédèrent, et un mode d'échange plus libre remplaça les premiers monopoles montagnais.

On occulterait un autre aspect de la réalité si on n'évoquait pas les déplacements de population autochtone, planifiés par les traiteurs ou les missionnaires dans la première moitié du xviiie siècle. Les projets du père Coquart de transplanter une population chicoutimienne aux îlets Jérémie en offrent une lecture. Le recrutement de chasseurs de la région du Saguenay par Courtemanche pour son poste au Labrador en propose une autre. De même, à peine installé, ce dernier écrivait avoir «attiré une nation sauvage dans les terres qui n'avoient jamais eu encore connoissance des Francois» (C[11]A-109: 8). On rappellera également la «déportation» volontaire d'une trentaine de familles de Montagnais vers cette même seigneurie où on avait besoin d'un surplus de main-d'œuvre. Quelques années plus tard, ces mêmes Indiens ou leurs descendants furent de nouveau sollicités par le sieur Louis Fornel pour un semblable dessein dans la baie de Kessessakiou (Fornel: 70).

À l'autre bout de la colonie, dans les Pays d'en Haut, des Chouchouagans imploraient les Français, en 1727, de prendre soin d'eux parce qu'ils étaient les responsables de leur déplacement vers les lacs Abitibi et

Témiscamingue: «ayez pitié de nos enfants, parlez a notre Pere qu'il envoye encore des Francois puisque vous nous laissez vous autres qui nous avez faits venir icy» (C¹¹A-49 : 516-517). La convoitise des revenus d'une éventuelle ferme de ces postes avait commandé ce recrutement spécifique de chasseurs.

La volonté de reconstruction du Domaine du roi afin d'en faire une ferme rentable entraîna, cette fois sur une plus vaste échelle, un semblable recrutement d'éléments autochtones initialement étrangers à ces territoires. Les registres d'état civil font voir que ce recrutement se fit même auprès des Micmacs de la péninsule gaspésienne. Pour les administrateurs et pour les commerçants français, les Indiens représentaient avant tout le premier rouage de la chaîne économique qui s'alimentait de la richesse faunique des immenses forêts canadiennes et, également, ils composaient une force militaire non négligeable dans le contexte explosif d'une colonie toujours à cours de soldats. Dans leurs prises de décisions, aucune place à quelque considération au sujet de l'impact culturel possible sur ces tribus. À cet égard, il convient de citer un extrait d'un mémoire des Raudot au sujet du poste de Témiscamingue.

> Ceux qui établiroient ce poste feroient tout ce qu'ils pouroient pour obliger les sauvages Nipiciriniens de retourner dans leurs pais lequel en est a 35 ou 30 lieues, ces sauvages sont presentement établis a la pointe de l'isle de Mont-real, il ny a pas a douter qu'ils ne quittassent l'endroit ou ils sont pour se retirer dans celuy ou ils êtoient [...] cette retraitte afoibliroit cette colonie, ces sauvages êtans tres braves, nous êtans les plus attachés et donnant de l'emulation aux autres sauvages pour la guerre. § Ainsi les Sieurs Raudot croyent pour le bien de cette colonie qu'il ne faut point retablir ce poste dans l'état present des affaires (C¹¹A-29 : 376-377).

En facilitant la multiplication des contacts entre la population locale et les populations environnantes, les postes de traite souvent installés sur des lieux traditionnels d'échange consolidèrent les liens que certains groupes autochtones avaient déjà tissés entre eux. La fréquentation du site par les missionnaires à partir de la fin des années 1640 vint contribuer au renforcement de ces liens, que l'appartenance à une nouvelle forme de croyance devait cristalliser. Des raisons de nature religieuse doivent en effet être également prises en compte pour expliquer ces déplacements massifs de population. Déjà les tentatives de réductions à Québec et à Trois-Rivières avaient opéré un premier mélange ethnique. Malgré leur succès mitigé, ces entreprises continuèrent d'attirer par intermittence des membres de l'une ou l'autre tribu. Encore à l'automne de 1680, l'intendant Jacques Duchesneau, qui se réjouissait d'avoir pu « attirer les Sauvages parmy [les Français] et les accoustumer a [leurs] maniéres », écrivait au ministre que la population autochtone de ces réductions s'était augmentée de 207 personnes pour atteindre les « neuf cens soixante personnes, hommes, femmes et enfans » (C¹¹A-5 : 290v°-291).

La présence missionnaire relativement assidue à Tadoussac, au lac Saint-Jean et dans les postes sur les rives du fleuve devait nécessairement favoriser un mouvement migratoire vers ces lieux. Et les missionnaires n'eurent pas à attendre très longtemps avant de voir se dresser à Tadoussac ou à Métabetchouan des cabanes de toutes tribus. Leurs relations regorgent de passages qui témoignent de cet engouement des populations autochtones pour la prédication. On pourra discourir sur le sens véritable de cette attraction, on ne pourra toutefois nier que l'implantation d'une mission produisait à plus ou moins brève échéance un *melting pot* autochtone. Les missions créaient d'autant plus de perturbations parmi ces peuples des terres que ce déplacement se fit parfois sur une importante échelle. Quand on sait que ces communautés autochtones du nord étaient démographiquement faibles, on peut mesurer l'ampleur du dérangement lorsqu'on lit sous la plume des missionnaires qu'en une même année il en était venu à Tadoussac « deux cens d'une seule nation » (*MNF-6* : 214-216). Ce double facteur commercial et apostolique fut d'ailleurs évoqué par le père Beschefer, en 1683, pour justifier l'assiduité des Indiens à fréquenter les postes de Chicoutimi et du lac Saint-Jean, et leur installation « une partie de Lannéé » dans le voisinage des Européens (*RJ-62* : 214-216).

À ces facteurs s'ajoutaient des considérations de sécurité. Les petits peuples de chasseurs, vulnérables par leur trop faible nombre sur un trop grand territoire devenu l'objet de convoitise d'avides voisins, cherchèrent la protection auprès des Français. Les jésuites relataient entre autres, en 1642, la migration des Pouteatami de la région du lac Supérieur, qui avaient abandonné leur pays pour se « réfugier avec les habitans du Sault, pour s'éloigner de quelque autre nation ennemie qui les vexoit par des guerres continuelles » (*MNF-5* : 550). Bien que de tels déplacements n'aient pas été spécifiquement et précisément signalés par les jésuites en ce qui concerne les petites nations du Domaine du roi, ne peut-on pas croire qu'un phénomène similaire ait pu sceller le sort des petits peuples rapidement disparus de l'observation européenne alors que les missionnaires rappelaient l'existence d'«anciennes tribus»? N'aurait-il pas été naturel pour les Mikouachak ou les Espamichkon menacés par les Agniers de chercher refuge auprès des Kakouchak, des Mistassins, des Naskapis ou directement à Tadoussac?

À défaut d'être encore suffisamment populeuses pour occuper de façon exclusive leurs anciens territoires de chasse, les différentes tribus en migration durent composer avec l'afflux de ces voisins, même éloignés, qui se sentirent rapidement chez-eux. L'exemple de l'invasion abénaquise et huronne dans la région du lac Saint-Jean, devenu le pays d'adoption des Algonquins en fuite et des Néo-Montagnais, propose une preuve saisissante de cette perte de contrôle des territoires et de leur redistribution[6]. Ces «envahisseurs», originaires de la côte atlantique, pour les uns, et des Grands Lacs, pour les autres, n'osèrent-ils pas prétendre que «les terres du lac saint Jean êstoient a Eux, leur ayant Esté données par les anciens» (C^{11}A-25 : 84v°). De façon moins violente, mais tout aussi significative, s'opéra cette «déréglementation» des territoires de la région du lac Mistassini, alors que les dépossédés du lac Saint-Jean et les habitués de Nicabau (anciens ou nouveaux?) cherchèrent à se mettre en sûreté auprès des Mistassins, leur demandant de partager avec eux leurs terres. Venus chercher momentanément refuge, combien de ces «demandeurs d'asile» ne décidèrent-ils pas de s'y «habituer», de se fondre à d'autres réfugiés et de former ce groupe composite des Petits Mistassins? Combien d'entre eux, également, ne réussirent-ils pas à s'adapter assez rapidement à leur nouvel environnement et périrent au temps de la disette faunique qui sévissait dans la région au tournant du XVIIIe siècle? Les dernières observations, avant l'abandon de ces missions où il n'y avait plus de néophytes, dévoilent les plus sinistres scénarios. On a signalé ces Micmacs morts gelés

6.   Outre l'enquête de l'intendant Raudot sur les événements de 1705, on rapportera une anecdote conservée dans la tradition orale algonquine du début du XIXe siècle, recueillie par le lieutenant Frederick Lennox Ingall : «Un parti de Hurons avait fait la chasse le long des rivages du Saint-Maurice et descendait la rivière avec ses canots chargés, en approchant du haut des chutes [Shawinigan] ils [...] aperçurent un parti nombreux d'Algonquins» qui entendaient demander réparation pour ce pillage. Les Hurons préférèrent alors se jeter dans le précipice plutôt que de se livrer à leurs ennemis (Tessier, 1940 : 153).

sur le lac Saint-Jean et cette famille micmaque morte de faim près de Tadoussac. Les jésuites notaient encore, en 1701, le décès d'un groupe de 25 à 30 personnes mortes de faim dans la région du lac Nicabau (*TRT*: 282). Et ce n'étaient là que les cas observés et colligés par les pères.

Des régions de plus en plus vidées de leurs ressources fauniques traditionnelles forçaient l'instinct de survie. Dans le respect de vieilles traditions qui les conduisaient à changer de territoire de chasse quand celui occupé ne donnait plus le rendement nécessaire à la subsistance du groupe, les Indiens rattachés à la colonie canadienne allèrent là où les bêtes étaient encore suffisamment en nombre pour les nourrir. Ils poussèrent dans la profondeur des bois, où furent contraints de les suivre les traiteurs toujours avides de fourrure ; aussi, les frontières de la Traite de Tadoussac reculèrent au rythme du déplacement indien et de la disparition de la ressource faunique. Par nécessité, nombre d'Indiens cherchèrent alors le castor ou l'orignal sur des territoires qui n'étaient pas traditionnellement les leurs, démarche que leurs congénères ne contestèrent pas : soit que la menace de la famine s'imposait comme une mesure d'exception, soit que les territoires adoptés avaient déjà été abandonnés par leurs chasseurs traditionnels. Par exemple, comme le rapportait le sieur de Brouague, en 1719, ce fut un tel dénuement qui força les Indiens déplacés vers le détroit de Belle-Isle par les propriétaires de concessions de pêche, à chercher refuge sur l'île de Terre-Neuve, fort loin de leurs territoires ancestraux (MCL : 366). Selon toute vraisemblance, cette migration circonstanciée se transforma en émigration définitive lorsque le sieur de Brouague faillit à ses obligations. Ce dernier s'était en effet engagé à maintenir ces Indiens migrants dans « la subordination là où ils d[evai]ent être en leur fournissant ce qui leur sera[it] nécessaire pour leurs travaux » (MCL : 367). Or, lorsque ce nécessaire vint à manquer, nombre de ces migrants choisirent de passer aux Anglais qui commerçaient à Terre-Neuve (Roy-2 : 179-180).

Des Montagnais dans le Domaine du roi au xviiie siècle ? Des Indiens, oui. Des Montagnais, oui, encore, si l'on veut recourir à un terme pratique, qui ne portait pas plus alors que précédemment sur la réalité que le terme Amérique n'ait jamais eu un quelconque fondement pour désigner ce morceau de terre ! Mais, en fait, des migrants tous azimuts qui s'habituèrent au hasard de leur marche et de leur errance sur des territoires qui ne semblaient pas demander mieux que d'être de nouveau habités, depuis que les habitués de ces terres s'étaient retrouvés sous terre! Réalité traduite par Charles Cadieu de Courville qui, dans le dernier quart du XVIIIe siècle, n'identifiait, dans une vaste portion du Domaine du roi, que des Algonquins et des Papinachois (C¹¹A-6 : 435v°). Eux-mêmes apatrides, comment pouvaient-ils rejeter les nouveaux apports étrangers qui s'y présentaient?

Une fois ce caractère de réfugié constaté, certaines observations de l'époque trouvent un sens beaucoup plus naturel qu'il n'apparaissait de prime abord. Prenons par exemple le journal d'exploration des limites sud-ouest du Domaine du roi, rédigé par Joseph-Laurent Normandin en 1732. À plus d'un endroit, on y lit le commentaire suivant sur l'explication de certains toponymes employés par les Indiens eux-mêmes : « Les sauvages ne m'ont pû dire la signification de ce nom ». Interrogés par Normandin qui cherchait à comprendre cette lacune cognitive, ses guides indiens répondirent que c'étaient «leurs peres anciens qui [avaie]nt nommez ces endroits et qu'ils ne scav[ai]ent pas ce que cela v[oulai]t dire» (*JES* : 148).

L'habitude de désigner les lieux d'après une caractéristique particulière renvoyant à une réalité bien concrète – *Chomontchouane : là où l'orignal s'échoue*; *Achoupekajgane : portage coupé par une petite rivière* – ancrait les toponymes dans le temps d'observation. Aussi, une image plus percutante pouvait, à l'occasion, venir modifier la désignation d'un lieu. Par exemple, un portage désigné par une caractéristique géophysique temporaire – comme le portage des arbres brûlés – risquait de trouver bientôt une nouvelle appellation lorsque les arbres auraient repoussé. De même, un toponyme commémoratif – la rivière où deux jeunes enfants se sont noyés – pouvait être substitué par un autre lorsque l'événement qui avait présidé à la désignation aurait disparu des mémoires. La tradition, la mémoire collective et les légendes ancestrales devaient pourtant maintenir vivantes ces anecdotes et ces circonstances, et les toponymes particuliers à un territoire de chasse pouvaient même servir à fixer dans l'esprit de chacun ce savoir tribal; ainsi perduraient dans le temps des appellations qui n'avaient plus de référents directs dans la contemporanéité.

Qu'il arrivât que cette mémoire collective fût frappée par un événement incontournable, les toponymes pouvaient alors subir quelques transformations. À plus forte raison lorsque les occupants des lieux, nouveaux venus sur le territoire, ne pouvaient puiser dans leur tradition orale pour justifier l'une ou l'autre appellation. À cet égard, il paraît pertinent de relever la variation de l'appellation de la rivière Saguenay en langue indienne. D'après le lexique laissé par le père Fabvre, ce cours d'eau tirerait son appellation des hautes montagnes qu'il traversait avant de se jeter dans le fleuve. On lit en effet que *Sakaniou* ou *saganiou* renvoyait au concept de *chose éminente* (*RM* : 335). L'appellation indienne initiale évoquait donc une caractéristique géographique perceptible et significative pour tout voyageur, autochtone ou étranger[7]. Au début du XVIIIe siècle, Charlevoix notait que cette même rivière s'appelait alors *Pitchitaonichets*. Le missionnaire ne donnait cependant pas la traduction du terme, mais il y a tout lieu de croire, étant donné sa racine toute différente, que celui-ci n'évoquait pas la même réalité géophysique. Un coup d'œil aux lexiques montagnais de l'époque fait découvrir la caractéristique qui s'était imposée, depuis quelque temps, à l'esprit des occupants du territoire. Le père Fabvre traduisait *Pitchitaouachin*[8] par *entrer à la voile* [dans un] *fleuve* [ou une] *riviere*, et *Pitchitau v. pitchitaoursek*, par *embouchure* [du] *Saguenay* (*RM* : 311). Cette double entrée laisse assez voir que c'était désormais moins la hauteur des montagnes qui frappait les esprits comme le fait que des bâtiments à voile entrassent dans le fjord. Cette transposition de toponyme suggère déjà que les informateurs de Charlevoix ne devaient pas être de la même tradition orale que ceux de Champlain. Une observation du XIXe siècle, relevée par le père Georges Lemoine, missionnaire oblat, vient renforcer cette présomption. Ce philologue notait que le terme montagnais par lequel les Indiens désignaient alors le Saguenay était *Shasuets shipu* : la terminaison *shipu* ne pose aucun problème d'interprétation, il s'agit de l'affixe *sipi* signifiant rivière ; quant à *Shasuets*, ne s'agit-il pas simplement d'une déformation vernaculaire du phonème français *jésuites* ? Comme pour la rivière des Iroquois, on aurait alors la *rivière des Jésuites* ou *la rivière par laquelle les jésuites atteignaient l'intérieur des terres*. L'appellation évoquerait pour cette génération d'Indiens une réalité différente de celle des Rats-Musqués[9].

7. Tout comme l'étymologie indienne de Tadoussac proviendrait du terme *toutouchisek* signifiant *mamelles de mère*, en référence à certaines collines aux formes évocatrices qui marquent le paysage du lieu (*RM* : 385).

8. Une erreur de typographique dans le texte de Charlevoix aurait fait inverser le « u », transfigurant Pitchitaouichets en Pitchiaonichets.

9. On note une semblable transfiguration en ce qui concerne l'appellation de Québec. Il est reconnu que l'origine du toponyme, que l'on retrouve dans différents

Les lacs et les rivières de l'intérieur des terres risquaient moins que le Saguenay d'être le lieu d'événements aussi déterminants. Leurs appellations ne se fixèrent-elles pas dans le savoir autochtone pour un long moment? On peut alors s'étonner que, lors d'un voyage à l'intérieur du Domaine du roi, des toponymes en principe de langue vernaculaire relevés par Normandin ne fussent pas explicables par les occupants autochtones du lieu. Peut-on opposer l'argument que les guides n'étaient pas forcément du pays visité par Normandin? Ce dernier avait pourtant recruté des Indiens fréquentant le poste de Chicoutimi et faisant habituellement la traite sur les terres du Haut Saguenay (*JES*: 72). Les lieux visités par Normandin ne se trouvaient-ils pas dans une zone de chasse que ces Chicoutimiens pouvaient connaître, puisque l'arpenteur remontait alors la route menant vers l'Ashuapmushuan? Ces sentiers et ces portages menant aux lieux traditionnels d'échange ne devaient-ils pas leur être familiers? Pourtant, ses guides avouaient ne pas connaître le sens des termes employés pour les désigner. Le récit de Normandin est émaillé de commentaires relevant cette méconnaissance indienne.

L'arpenteur ne semble pas avoir appréhendé cette difficulté lorsqu'il s'était mis en route pour exécuter le mandat en conséquence de l'ordonnance de l'intendant Hocquart. La ligne de la hauteur des terres faisait l'objet de litige et de discussion entre les différents intéressés dans le commerce des fourrures de l'arrière-pays au-delà de Québec et de Trois-Rivières. Tout un chacun argumentait la connaître et l'avoir observé *de visu*. Les Indiens rencontrés par Normandin remirent les pendules à l'heure: il n'y avait «que le bonhomme Peltier et le S[ieu]r Lacavé» qui s'y étaient rendus. Plus que la teneur de ce propos, c'est l'identité des

---

dialectes indiens, signifiait *passage rétréci*. Or, à la fin du XVIIe siècle, le terme en usage dans le Domaine du roi pour désigner la capitale coloniale était devenu *Ouabichtigoueïak* qui faisait référence aux *têtes blanches* (*RM*: 210, *SRT*: 148). On ne peut manquer ici de sourire devant la logique humaine, quelle soit indienne ou européenne: les Français, qui faisaient la rencontre d'un peuple vêtu légèrement, eurent tôt fait de baptiser ceux-ci *Peaux-Rouges*, tandis que les Indiens, qui découvraient des individus lourdement habillés et dont ils ne voyaient pratiquement que le visage, ne manquèrent pas de les décrire comme *Têtes-Blanches*, que la tradition orale a longtemps perpétué sous le surnom *Visages-Pâles*. Pour les Indiens du Domaine du roi, Québec était donc la ville des *Visages-Pâles*, appellation beaucoup plus significative pour nombre d'entre eux qui n'avaient pas, comme leurs prédécesseurs rats-musqués ou stadaconéens, une connaissance de ce stratégique promontoire lorsqu'il s'agissait de surveiller la circulation sur le fleuve.

informateurs mentionnés par Normandin qui attire l'attention : «les anciens et nouveaux sauvages nous ont dit qu'il n'y avoit jamais eu de sauvages qui eut monté a la hauteur des terres». Que signifiaient donc, en 1732, les expressions «anciens et nouveaux Sauvages» dans le bassin du lac Saint-Jean? Est-ce infliger la question au document que d'identifier parmi ces «nouveaux Sauvages» quelques Micmacs et quelques Têtes-de-Boule, apparus depuis peu dans les registres d'état civil? Plus complexe s'avère l'interprétation de l'expression «anciens Sauvages». Ce serait occulter l'humble réalité historique de vouloir faire un bond de 75 ans et rattacher ceux-ci aux occupants de ces territoires au temps des premiers missionnaires. La profonde perturbation notée sur l'ensemble du territoire colonial à l'est des Grands Lacs a fait assez découvrir que l'ensemble des bandes et tribus qui peuplaient ces contrées n'étaient plus que l'ombre d'elles-mêmes et ce, dès le troisième quart du xviie siècle. Dès le début de la décennie 1670, la recomposition du paysage humain s'était amorcée, et particulièrement dans le secteur visité par Normandin en 1731. Cette tentative de repeuplement fut elle-même freinée par les mêmes avatars que ceux des périodes précédentes, si bien que la ferme de Tadoussac fut considérée, en 1689, comme ruinée en partie «de ce que la pluspart des Sauvages des environs de ladite traite [étaie]nt morts» (C^{11}A-10 : 306v°). Aussi, ces «anciens Sauvages» de Normandin renvoyaient donc moins aux occupants initiaux, mais plutôt à cette seconde vague de réfugiés qui s'y établirent à demeure. La notion d'ancienneté est, on le sait, somme toute relative : ne signifiait-elle pas ici davantage l'antériorité que la pérennité?

La multiplication des difficultés rencontrées par Normandin dans l'identification des lacs, des rivières et des portages à la hauteur des terres à la limite des pays piékouagamien et mauricien fait rebondir de nouvelle façon la thèse du dépeuplement des forêts de l'intérieur. Les fils du chef kakouchak rencontré par le père de Quen, en 1647, auraient-ils offert au jésuite une telle méconnaissance de leur pays? N'a-t-on pas lieu de conjecturer que les fils de Ouapoutouiane qui accompagnaient Normandin n'étaient ni kakouchak, ni takouamis, ni même peut-être montagnais?

D'aucuns qui voudraient pousser le scepticisme encore plus loin pourraient en effet mettre l'accent sur leur métissage. Diverses études généalogiques menées sur certains patronymes à consonance française, fréquemment rencontrés sur les actuelles réserves, établissent des filiations directes avec les différents commis et autres employés des postes de traite établis sur l'étendue du Domaine du roi. Étant donné l'état des registres d'état civil, matériel de base des généalogistes, de telles études remontent difficilement au-delà du xviiie siècle. Pourtant, de tels constats pour le premier siècle de colonisation ne peuvent faire de doute, la nature humaine étant ce qu'elle est, il est peu probable que les commis du xviie siècle aient eu un comportement différent de celui de leurs successeurs. Au demeurant, le cas de Nicolas Pelletier démentirait toute vision puritaine de la vie dans les bois, même au temps fort de la période missionnaire. Installé durant plus d'un demi-siècle entre les lacs Kénogami et Piékouagami, dans le secteur de la rivière Gouspajgane (*JES* : 113), dans l'ancien pays des Kakouchak, Pelletier laissa une nombreuse descendance métisse sur les rives du Saguenay. De tels constats de la réalité coloniale obligent à la relecture de certaines observations contemporaines. Ce fut à une telle réalité que semble s'être confronté Normandin en pays piékouagamien, lorsqu'il rapportait que le chef Ouésianne « n'avoit jamais desobligé le Francois et qu'il se regardoit luy même comme tel » (*JES* : 117). Quand le père Laure écrivait, vers la même époque, que les 25 familles de Tadoussaciens n'avaient plus « presque rien de sauvage » (*RJ*-68 : 76), il faut moins y voir la réussite du projet évangélique de francisation des Indiens qu'avaient poursuivi ses prédécesseurs aux premiers temps de la colonie, mais plutôt l'échec de l'Église coloniale dans l'encadrement de ses ouailles canadiennes au chapitre de son enseignement sur l'abstinence.

Si les registres d'état civil présentent quelques preuves étayant la thèse du métissage, ils regorgent d'actes illustrant un mélange ethnique généralisé. Les taux de mortalité plus élevés dans la population autochtone masculine laissaient un nombre accru de veuves. Les jésuites s'étaient d'ailleurs inquiétés de cette situation dramatique : « Ce qui est pitoyable, c'est que ces restes de nations consistent quasi toutes en des femmes veufves ou filles qui ne sçauroient toutes trouver un mary légitime » (*MNF*-6 : 60). Ce constat formulé aux premiers temps du Régime français était toujours pertinent au début du xixe siècle, comme le relevait l'officier James Mckenzie : « We saw no fewer than fourteen widows with their orphans at this post [Sept-Îles]. The same number were at Ile Jérémie, and each of the other posts maintained about half as many » (*KP* : 450). Cette continuelle population féminine en déficit de mâles ne pouvait qu'accroître le phénomène des unions exogames, dont la multiplication accéléra l'hybridité d'une population sans cesse renouvelée par de nouveaux apports.

Dans ce contexte, on ne saurait inscrire ces mariages exogames dans les mœurs et coutumes tribales d'échange de femmes, comme cela pouvait se produire avant la déstabilisation des sociétés traditionnelles. La théorie du don réciproque et, par conséquent, de l'alliance ne pouvait porter que dans la mesure où il y avait effectivement échange et réciprocité. Or, de quel échange et de quelle réciprocité pourrait-on faire état lorsqu'un *Mistassin kakouchakisé* épousait une *Papinachoise rat-musquéisée* ou qu'un *Mistassin kakouchakisé* mariait une *Micmaque etcheminisée*? De même, la théorie de l'adoption doit être relue dans le contexte de la rupture d'équilibre entre les tribus contractantes. Avant l'explosion de ces sociétés prédatrices, l'adoption à petite échelle pouvait en effet venir compenser le déficit démographique et guerrier par les mécanismes régulateurs traditionnels des alliances et des échanges. L'arrivée massive de familles entières d'une même tribu sur un territoire vidé ou presque de ses habituels chasseurs ne peut s'inscrire dans une telle théorie de réciprocité. L'onde de choc provoquée par le séisme pelletier fut telle qu'elle fit éclater les structures du système social du monde autochtone, tout comme elle rompit son système technologique et ses mécanismes économiques traditionnels. Dans une situation de crise marquée par un état de guerre perpétuelle – sorte de guerre de Cent Ans version autochtone – la priorité était à la survie, dussent les traditions être violées!

Nombreux sont les témoignages qui conduisent à accepter la thèse de la disparition de multiples peuples autochtones, dont les derniers représentants se fondirent à d'autres peuples en déroute pour reconstituer une seconde vie autochtone sur le territoire; vie réorganisée largement en fonction de la présence française dans des lieux stratégiques pour la traite et le commerce. Cette thèse d'un déplacement significatif de l'indigénat de la vallée laurentienne et du bassin hydrographique du Saguenay donnerait un contexte des plus naturels à certaines annotations relevées, comme celle de James Mckenzie, officier de la *Hudson Bay Company*:

> [...] the Natives of the Kings Posts are the only tribes of savages I found who live in such perfect ignorance and indifference about their origin as to have no traditional account whatever handed down to them to assist in clearing up the rubbish from this obscure point. § I have questioned many of the

most knowing among them upon this important subject, but a vacant stare conveyed all the answer I could obtain to my enquiry (*KP*: 410).

Hormis le fait que ce commentaire formulé au début du xixᵉ siècle fasse étrangement écho aux propos de Normandin sur l'indifférence des Indiens piékouagamiens en ce qui concernait la toponymie de leur territoire, le témoignage de Mckenzie force la réflexion sur l'état de la transmission orale parmi ces peuples. Des nations composites comme les communautés autochtones de l'ancien Domaine du roi pouvaient-elles avoir maintenu une tradition orale commune au sujet de leurs origines ? Ces observations à caractère culturel font rebondir la question de la transformation de la langue montagnaise en usage dans la Traite de Tadoussac, tel qu'ont pu le constater les linguistes.

Ce faisceau de considérations historiques et linguistiques questionne le référent véritable du terme « Montagnais ». Que ce soit sous l'appellation traditionnelle « montagnais » ou sous le néologisme « Innu » que tente d'imposer l'orthodoxie autochtone (Flanagan, 2003), on ne saurait plus désormais parler d'eux comme d'un peuple homogène qui aurait échappé à l'inéluctable transformation commandée par l'écoulement du temps et à ses effets perturbateurs, et qui aurait sauvegardé, malgré le vent de mouvance qui balaya l'Amérique autochtone, son identité initiale sur un territoire traditionnel intégral. L'examen des sources à la lumière d'une analyse soignée des occurrences des gentilés et de leur contexte d'utilisation par les différents observateurs tend moins de pièges terminologiques que voudraient bien le faire croire certains anthropologues et ethnolinguistes qui se pensent infus d'une sorte de « don des langues » rendant seul capable de comprendre les témoignages du passé, et qui argumentent, lorsque ce don fait défaut, que la confusion des témoins en est la cause (Mailhot, 2004 : 21, 28). Ne leur en déplaise, la thèse de Russel Bouchard sur le sort des Montagnais ne peut être rejetée du revers de la main comme le souhaitent ces spécialistes. Mais encore, une même hypothèse d'ethnocide sur une large échelle doit également être posée pour plusieurs autres petits peuples autochtones qui avaient occupé, au temps des premiers contacts, l'actuel Nord-Est québécois. C'est sombrer dans l'« ultramontagnisme » que de lancer l'anathème contre les historiens qui osent ainsi regarder froidement le passé et décrire le choc de la rencontre des deux mondes même dans ses aspects les moins nobles et les plus sombres. La rigueur intellectuelle qu'exige la reconstitution du passé impose à tous les chercheurs, des différentes disciplines, de s'élever au-dessus du débat juridique qui gangrène de nos jours l'étude des peuples autochtones au temps des premiers contacts.

Reconnaître les conséquences du choc des cultures sur les peuples indiens nomadisant sur le territoire du Québec actuel aux premiers temps de la colonisation n'a rien de scandaleux ni même d'étonnant. La thèse de l'ethnocide des premiers peuples mis en contact avec les étrangers européens ne remet pas en question le fait d'une présence autochtone historique au Québec. Elle tente simplement d'expliquer l'état actuel de cette présence. Vouloir nier le fait que l'appellation «Montagnais» soit devenue au fil des décennies un générique regroupant des Indiens de différentes souches tribales ne tient pas la route; une telle approche négativiste se bute à trop de témoignages pour être soutenue avec quelque crédibilité. Et ce serait soumettre les archives à la torture que de leur faire avouer que tous ces petits peuples autochtones du littoral et de l'hinterland furent si peu affectés par l'arrivée des Européens qu'ils conservèrent leur traditionnelle maîtrise de leurs territoires ancestraux avec des effectifs humains à peine perturbés.

Les premiers Montagnais ont disparu. Les ont remplacés sur leurs territoires ancestraux des Néo-Montagnais, amalgame des débris des multiples petits peuples qui se sont effrités, lentement pour les uns, rapidement pour les autres: des rescapés de ces petits peuples du littoral qui avaient vu les grandes voiles des navires basques, des rescapés de ces petits peuples de l'intérieur des terres qui avaient marché à la rencontre de ceux qui leur offraient un nouveau Dieu et de nouveaux outils, ou certains membres plus aventuriers d'autres petits peuples de différents horizons venus chercher asile dans des forêts qui leur semblèrent un moment plus hospitalières que celles qu'ils quittaient. Au cours des décennies, voire des siècles, ces Néo-Montagnais se dotèrent d'une culture et d'une langue distinctes. On ne saurait donc chicaner sur le fait qu'ils aient récemment choisi de se faire appeler «Innus» pour mieux rendre compte de cette identité plurielle qui leur conférait une nouvelle entité ethnique. À bon escient, devrions-nous suivre l'historien américain Jennings et parler plutôt de synethnicité. La nuance du néologisme, qui accentue la notion de réunion dans l'espace et le temps, est de taille, puisqu'elle résume en elle-même l'histoire de plusieurs peuples autochtones. C'est en fait de ce processus de synethnicité que rend compte l'appellation «Innus», récemment mise en usage pour désigner un groupe d'individus de l'actuel Nord-Est québécois, qui a fait le choix de vivre non seulement dans une communauté indienne d'une culture différente de celle de leurs voisins non-autochtones, mais dans une communauté indienne également distingue d'autres groupes autochtones.

Si, par ricochet, la reconnaissance d'une telle évolution des populations autochtones devait servir à saper les fondements historiques de leurs réclamations en droit, il relèverait des juges et des politiciens de changer les règles juridiques afin de rendre *a posteriori* justice aux communautés indiennes et non aux historiens et aux anthropologues de traficoter le passé pour le rendre conforme à certains critères d'admissibilité en droit. Il n'appartient ni à l'historien ni à l'anthropologue de juger de la pertinence des revendications territoriales et de la valeur légale des droits autochtones. Il est cependant du devoir de l'un et de l'autre de pratiquer sa science avec discernement et méthodologie. Il serait déplorable qu'une certaine décision rendue par les juges de la Cour suprême du Canada ait comme conséquence de modifier l'historiographie au point que celle-ci adapte désormais le passé à des énoncés juridiques.

BIBLIOGRAPHIE

Asher, Georg Michael (édit.), *Henry Hudson, the navigator: the original documents in which his career is recorded, collected, partly translated, and annoted,* London, Hakluyt Society, n° XXVII, 1860.

Atlas historique du Canada, vol. 1: *Des origines à 1800,* Montréal, Presses de l'Université de Montréal, 1987.

Bacqueville de La Potherie, Claude-Charles, *Histoire de l'Amérique septentrionale,* 4 vol., Paris, Nyon, 1753.

Bakker, Peter, « La traite des fourrures et les noms de tribus. Quelques ethnonymes amérindiens vraisemblablement d'origine basque dans le Nord-Est », *Recherches amérindiennes au Québec,* vol. XXIV, n° 3, 1994, p. 17-24.

Bakker, Peter, « "The Language of the Coast Tribes is Half Basque": A Basque-American Indian Pidgin in Use between Europeans and Native Americans in North America, *ca.* 1540-*ca.*1640 », *Anthropological Linguistics,* vol. 31, n°s 3-4, 1989, p. 117-147.

Barkham, Selma de L., « A Note on the Strait of Belle Isle during the period of Basque Contact with Indians and Inuit », *Études/Inuit/Studies,* vol. 4, n°s 1-2, 1980, p. 51-58.

Beaugrand-Champagne, Aristide, « Les origines de Montréal », *Les Cahiers des dix,* vol. 13, 1948, p. 39-62.

Beaulieu, Alain, *Convertir les fils de Caïn. Jésuites et Amérindiens nomades en Nouvelle-France, 1632-1642,* Québec, Nuit Blanche éditeur, 1990.

Bédard, Hélène, *Les Montagnais et la réserve de Betsiamites, 1850-1900,* Québec, Institut québécois de recherche sur la culture, 1988.

Bélanger, René, *Les Basques dans l'estuaire du Saint-Laurent,* Montréal, Presses de l'Université du Québec, 1971.

Benmouyal, José, *Des Paléoindiens aux Iroquoiens en Gaspésie: six mille ans d'histoire,* Québec, ministère des Affaires culturelles, 1987.

Biggar, Henry Percival (édit.), *A Collection of Documents relating to Jacques Cartier and the Sieur de Roberval,* Ottawa, Publications of the Public archives of Canada, n° 14, 1930.

BIGGAR, Henry Percival (édit.), *The Works of Samuel de Champlain*, 6 vol., Toronto, The Champlain Society, 1922-1936.

BISHOP, Charles A., « The First Century: Adaptive Changes among the Western James Bay Cree between the Early Seventeenth and Early Eighteenth Centuries », dans Shepard KRECH III, *The Subarctic Fur Trade: Natives Social and Economic Adaptations*, Vancouver, University of British Colombia Press, 1984, p. 21-54.

BOUCHER, Pierre, *Histoire véritable et naturelle des mœurs et productions du pays de la Nouvelle-France, vulgairement dite le Canada*, Paris, Florentin Lambert, 1664, réédité par la Société historique de Boucherville en 1964.

BOUCHARD, Russel, *L'exploration du Saguenay par J.-L. Normandin en 1732: Au cœur du Domaine du Roi. Journal original retranscrit, commenté et annoté*, Québec, Septentrion, 2002.

BOUCHARD, Russel, *Le dernier des Montagnais, de la préhistoire au début du xviiie siècle. Vie et mort de la nation Ilnu*, Chicoutimi-Nord, Russel Bouchard, 1995.

BOUCHARD, Russel, *Le Saguenay des fourrures. Histoire d'un monopole*, Chicoutimi-Nord, Russel Bouchard, 1989.

BOUCHARD, Russel, *Le pays du Lac-Saint-Jean. Esquisse historique de la colonisation*, seconde édition, Chicoutimi-Nord, Russel Bouchard, 1988.

BOUCAULT, Nicolas-Gaspard, « État présent du Canada, dressé sur nombre de mémoires et connaissances acquises sur les lieux, par le sieur Boucault (1754) », *RAPQ, 1920-1921*, Québec, Louis-A. Proulx, 1921, p. 11-50.

BOUGAINVILLE, Louis-Antoine de, *Écrits sur le Canada. Mémoires, journal, lettres*, sous la direction de Roland Lamontagne, Sillery, Pélican, 1993.

BURGESSE, J. Allan, « Esquimaux in the Saguenay », *Anthropological Quarterly*, vol. 22, n°s 1-2, 1949, p. 23-32.

BURGESSE, J. Allan, « Property concepts of the Lac-St-Jean Montagnais », *Primitive Man*, vol. 18, n°s 1-2, 1945, p. 1-25.

CAMPEAU, Lucien, *Monumenta Novæ Franciæ*, 9 vol., Rome/Québec, Monumenta historica societatis Iesu/Presses de l'Université Laval, 1967-1992.

CARON, Diane, *Les postes de traite de fourrure sur la Côte-Nord et dans l'Outaouais*, Québec, ministère des Affaires culturelles, série Dossiers, n° 56, 1984.

CARON, Ivahoë, « Inventaire de documents concernant l'Église du Canada sous le Régime français », *RAPQ, 1940-1941*, Québec, Rédempti Paradis, 1941, p. 335-473.

CARPIN, Gervais, « Les Amérindiens en guerre (1500-1650) », *Recherches amérindiennes au Québec*, vol. XXVI, n°s 3-4, 1996, p. 99-113.

CARPIN, Gervais, *Histoire d'un mot. L'ethnonyme* Canadien *de 1535 à 1691*, Sillery, Septentrion, 1995.

CARTIER, Jacques, *Relations*, édition critique de Michel Bideaux, Bibliothèque du Nouveau Monde, Montréal, Presses de l'Université de Montréal, 1986.

CARTWRIGHT, George, *Captain Cartwright and his Labrador Journal*, édité par Charles Wendell Townsend, Boston, Dana Estes & Company, 1911.

CASTONGUAY, Daniel, *Les Montagnais et l'exploitation de la Traite de Tadoussac dans la première moitié du XVIIIe siècle*, Québec, mémoire de maîtrise, Université Laval, 1987.

CHAMPAGNE, Antoine, *Nouvelles études sur les La Vérendrye et le poste de l'ouest*, Québec, Presses de l'Université Laval, collection Cahiers de l'Institut d'histoire, n° 17, 1971.

CHAPPELL, Edward, *Narrative of a Voyage to Hudson's Bay in his Majesty's Ship Rosamond*, London, Mawman, 1817.

CHARLEVOIX, Pierre-François-Xavier de, *Journal d'un voyage fait par ordre du roi dans l'Amérique septentrionale*, édition critique par Pierre Berthiaume, 2 vol., Montréal, Presses de l'Université de Montréal, 1994.

CHARLEVOIX, Pierre-François-Xavier de, *Histoire et description générale de la Nouvelle-France avec le journal historique d'un voyage fait par ordre du Roi dans l'Amérique Septentrionale*, 6 vol., Paris, Nyon, 1744.

CLERMONT, Norman, « Les Inuit du Labrador méridional avant Cartwright », *Études/Inuit/Studies*, vol. 4, n°s 1-2, 1980, p. 147-164.

CLERMONT, Norman, « L'hiver et les Indiens nomades du Québec à la fin de la préhistoire », *La Revue de géographie de Montréal*, vol. 2, n° 4, 1974, p. 447-452.

Collection de manuscrits contenant lettres, mémoires et autres documents historiques relatifs à la Nouvelle-France, recueillis aux archives de la Province de Québec, ou copiés à l'étranger, mis en ordre et édités sous les auspices de la Législature de Québec, avec table, etc., 4 vol., Québec, Imprimerie A. Côté et cie, 1883-1885.

Collection de Mémoires et de relations sur l'histoire ancienne du Canada, d'après des manuscrits récemment obtenus des archives et bureaux publics en France, sous la direction de la Société littéraire et historique de Québec, Québec, Cowan, 1840.

COOPER, John Montgomery, « The culture of the Northeastern Indian hunters : a reconstructive interpretation », dans Frederick JOHNSON, *Man in Northeastern North America, Papers of the Robert S. Peabody Foundation for archaeology*, vol. 3, Andover (Mass.) Phillips Academy, 1946, p. 272-305.

COOPER, John Montgomery, « Tête-de-Boule Cree », *International Journal of American Linguistics*, vol. 11, 1945, p. 36-44.

CRESPEL, Louis, *Voyages du R. P. Emmanuel Crespel dans le Canada et son naufrage en revenant en France*, Francfort, s. n., 1742.

CROSBY, Alfred-A., « Virgin Soil Epidemics as a Factor of Aboriginal Depopulation in America », *William and Mary Quarterly*, 1976, p. 289-299.

DARNELL, Regna, « Rethinking the Concepts of Band and Tribe, Community and Nation: An Accordion Model of Nomadic native American Social Organization », *Papers of the Ninth Algonquian Conference*, David H. Pentland (édit.), Winnipeg, University of Manitoba, 1998, p. 90-105.

DAVIES, W. H. A., « Notes on Ungava Bay and its Vicinity », *Transactions of the Literary and Historical Society of Quebec*, vol. 4, 1854, p. 119-138.

DAWSON, Nelson-Martin, *Des Attikamègues aux Têtes-de-Boule : Mutation ethnique dans le Haut Mauricien sous le Régime français*, Québec, Septentrion, 2003.

DAWSON, Nelson-Martin, *L'Atelier Delisle. L'Amérique du Nord sur la table à dessin*, Québec, Septentrion, 2000.

DAWSON, Nelson-Martin, *Lendemains de conquête au Royaume du Saguenay. Le Domaine du roi dans la politique coloniale britannique (1760-1767)*, Québec, Nuit blanche éditeur, 1996.

DAY, Gordon Malcom, « Indian Place-Names as Ethnohistoric Data », *Papers of the eighth Algonquian Conference*, William Cowan (édit.), Ottawa, Carleton University, 1977, p. 26-31.

DAY, Gordon Malcom et Bruce G. TRIGGER, « Algonquin », *Handbook of North American Indians*, vol. 15 : *Northeast*, Washington, Smithsonian Institution, 1978, p. 792-797.

DELANGLEZ, Jean, *Louis Jolliet. Vie et voyages (1645-1700)*, Montréal, Granger/Les Études de l'Institut d'histoire de l'Amérique française, 1950.

DELANGLEZ, Jean, « Last Voyages and Death of Louis Jolliet », *RAPQ, 1943-1944*, Québec, Rédempti Paradis, 1944, p. 149-206.

DESCHAMPS, Hubert, *Les voyages de Samuel de Champlain, Saintongeais, père du Canada*, Paris, Presses universitaires de France, 1951.

Dictionnaire biographique du Canada, vol. 1-6, Québec/Toronto, Presses de l'Université Laval/University of Toronto Press, 1966-1987.

DOBBS, Arthur, *An Account of the Countries adjoining to Hudson's Bay in the North-West Part of America*, Londres, Robinson, 1744.

DRAGON, Antonio, *Trente robes noires au Saguenay*, [Chicoutimi], Société historique du Saguenay, n° 24, 1971.

DUBÉ, Pauline, *La Nouvelle-France sous Joseph-Antoine Le Febvre de La Barre, 1682-1685. Lettres, mémoires, instructions et ordonnances*, Sillery, Septentrion, 1993.

DU CREUX, François, *The History of Canada or New France*, traduction de Percy James Robinson de l'ouvrage paru sous le titre : *Historiae canadensis, sev Novae-Franciae, libri decem, ad annum usque Christi MDCLVI*, édité par James B. Conacher, Toronto, The Champlain Society, 1952.

DUFFY, John, « Smallpox and the Indians of the American Colonies », *Bulletin of Historical Medecine*, vol. 25, 1951, p. 324-341.

ECCLES, William John, *Canada under Louis XIV, 1663-1701*, Toronto, McClelland and Stewart Ltd, 1964.

EID, Leroy V., « The Ojibwa-Iroquois war : the War the Five Nations did not Win », *Ethnohistory*, vol. 26, n° 4, 1979, p. 297-324.

FABVRE, Bonaventure, *Racines montagnaises compilées à Tadoussac avant 1695*, pré-transcription Lorenzo Angers, transcription définitive et édition Gerard Edmund McNulty, Québec, Université Laval, Centre d'études nordiques, Travaux divers, n° 29, 1970.

FLANAGAN, Tom, *Premières nations ? Seconds regards*, Québec, Septentrion, 2003.

FORNEL, Louis, « Relation de la découverte qu'a faite le sieur Louis Fornel en 1743 de la baie des Eskimaux nommée par les Sauvages Kessessakiou », *RAPQ, 1920-1921*, p. 60-75.

FORTIN, Georges, « Le modèle ethnohistorique des Kakouchaks (les Montagnais du Lac Saint-Jean) », *Saguenayensia*, vol. 33, n° 4, 1991, p. 28-39.

FORTIN, Jean-Charles et Antonio LECHASSEUR, *Histoire du Bas-Saint-Laurent*, Québec, Institut québécois de recherche sur la culture, collection Les régions du Québec, n° 5, 1993.

FRANCIS, Daniel et Toby MORANTZ, *La traite des fourrures dans l'est de la baie James, 1600-1870*, Sillery, Presses de l'Université du Québec, 1984.

FRANQUET, Louis, *Voyages et mémoires sur le Canada*, Québec, Imprimerie générale A. Côté, 1889.

FRENETTE, Pierre (sous la direction de), *Histoire de la Côte-Nord*, Québec, Institut québécois de recherche sur la culture, collection Les régions du Québec, n° 9, 1996.

GAGNON, Ernest, *Louis Jolliet, découvreur du Mississipi et du pays des Illinois, premier seigneur de l'île d'Anticosti. Étude biographique et historiographique*, Montréal, Beauchemin, 1946.

GAGNON, Gaston, *Un pays neuf. Le Saguenay–Lac-Saint-Jean en évolution*, Alma, Éditions du royaume, 1988.

GÉLINAS, Claude, *La gestion de l'étranger. Les Atikamekw et la présence eurocanadienne en Haute-Mauricie 1760-1870*, Sillery, Septentrion, 2000.

GIRARD, Camil et Normand PERRON, *Histoire du Saguenay–Lac-Saint-Jean*, Québec, Institut québécois de recherche sur la culture, collection Les régions du Québec, n° 2, 1989.

GOUDREAU, Serge, « Les familles Bellefleur de souche montagnaise », *Mémoires de la Société généalogique canadienne-française*, vol. 51, n° 3, 2000, p. 195-206.

GOUDREAU, Serge, *Ascendance des familles montagnaises de la réserve de Betsiamites. Étude généalogique*, Québec, rapport de recherche, 1999. 136 p.

GOUDREAU, Serge, *Les groupes "montagnais" dans les registres d'état civil de Québec (1621-1799)*, Québec, rapport de recherche, juillet 1996.

GOUDREAU, Serge, « Pierre-Jacques Payen de Noyan (1695-1771) est le véritable auteur du dénombrement des nations sauvages du Canada de 1736 », *Mémoires de la Société généalogique canadienne-française*, vol. 46, n° 4, 1995, p. 279-292.

GUITARD, Michelle, *Des fourrures pour le Roi au poste de Métabetchouan, Lac Saint-Jean*, Québec, ministère des Affaires culturelles, 1984.

HAKLUYT, Richard, « Discourse of Western Planting, 1584 », dans Eva Germaine Remington TAYLOR (édit.), *The Original Writings & Correspondence of the two Richard Hakluyts*, London, The Hakluyt Society, 1935.

HEAGERTY, John Joseph, *Four Centuries of Medical History in Canada*, 2 vol., Toronto, Macmillan, 1928.

HÉBERT, Léo-Paul, *Le registre de Sillery (1638-1690)*, Chicoutimi/Sillery, Fondation de l'Université du Québec à Chicoutimi/Presses de l'Université du Québec, 1994.

HÉBERT, Léo-Paul, *Le troisième registre de Tadoussac. Miscellaneorum liber*, Montréal, Presses de l'Université du Québec, 1976.

HENRY, Alexander, *Travels and Adventures in Canada and the Indian Territories, Between the Years 1760 and 1776*, publié par James Bain, Edmonton, M. G. Hurtig Ltd., 1969.

HIND, Henry Youle, *Exploration in the Interior of the Labrador Peninsula. The Country of the Montagnais and the Nasquapee Indians*, 2 vol., Londres, Longman, Green, Longman, Roberts, and Green, 1863 (réédition à Millwood, Kraus Reprint Co., 1973).

HURLICH, Marshall Gerald, « Historical and Recent Demography of the Algonkians of Northern Ontario », dans A. Th. STEEGMANN jr., *Boreal Forest Adaptation: The Northern Algonkians*, New York, Plenum Press, 1983, p. 143-200.

JAENEN, Cornelius John, *The French Regime in the Upper Country of Canada during the Seventeenth Century*, Toronto, The Champlain Society, 1996.

JENNESS, Diamond, *The Indians of Canada*, cinquième édition, Toronto, University of Toronto Press, 1977.

JENNINGS, Francis, *Les fondateurs de l'Amérique depuis les premières migrations jusqu'à nos jours*, Paris, Éditions du Rocher, 2002.

JENNINGS, Francis, *The Ambiguous Iroquois Empire. The Covenant Chain Confederation of Indian Tribes with English Colonies*, New York, Norton, 1984.

JETTEN, Marc, *Enclaves amérindiennes : les « réductions » du Canada, 1637-1701*, Québec, Septentrion, collection Les Nouveaux cahiers du Célat, n° 8, série Mémoires de recherche, 1994.

JOLLIET, Louis, « Journal de Louis Jolliet allant à la découverte de Labrador, 1694 », *RAPQ, 1943-1944*, Québec, Rédempti Paradis, 1944, p. 168-206.

JONES, Arthur Edouard, *Mission du Saguenay. Relation inédite du R. P. Pierre Laure, s. j., 1720 à 1730, précédée de quelques notes biographiques sur ce missionnaire*, Montréal, Archives du collège Sainte-Marie, collection Documents rares ou inédits, n° 1, 1889.

KALM, Pehr, *Voyage de Pehr Kalm au Canada en 1749*, traduit, publié et annoté par Jacques Rousseau et Guy Béthune, Montréal, Pierre Tisseyre, 1977.

LABERGE, Joanne, *et al.*, *Itinéraire toponymique du Saguenay–Lac-Saint-Jean*, Québec, Commission de toponymie, 1983.

LAFLÈCHE, Guy, « Les relations des jésuites de la Nouvelle-France. Un document anthropologique majeur de l'américanité française du xviie siècle », *Recherches amérindiennes au Québec*, vol. XXIX, n° 2, 1999, p. 77-87.

LAFLÈCHE, Guy et Serge TRUDEL, *Un janséniste en Nouvelle-France*, Laval, Singulier, 2003.

LA HARPE, Jean-François de, *Abrégé de l'histoire générale des voyages, contenant ce qu'il y a de plus remarquable, de plus utile & de mieux avéré dans les Pays où les Voyageurs ont pénétré ; les mœurs de Habitans, la Religion, les Usages, Arts & Sciences, Commerce, Manufactures ; enrichie de Cartes géographiques & de figures*, tome XIV, Paris, Hôtel du Thou, 1780-1802.

LAHONTAN, Louis-Armand de Lom d'Arce, baron de, *Mémoires de l'Amérique septentrionale, ou la suite des voyages de Mr le baron de Lahontan*, dans Réal Ouellet et Alain Beaulieu, *Œuvres complètes*, 2 tomes, Montréal, Presses de l'Université de Montréal, 1990.

LALIBERTÉ, Marcel, « Sur la piste des Takouamis. Les populations et les axes traditionnels de communication dans les régions à l'ouest du lac Saint-Jean aux xviie et xviiie siècles », *Saguenayensia*, vol. 29, n° 4, 1987, p. 2-10.

LAROCQUE, Robert, « L'introduction de maladies européennes chez les Autochtones des XVIIᵉ et XVIIIᵉ siècles », *Recherches amérindiennes au Québec*, vol. XII, nº 1, 1982, p. 13-24.

LAROUCHE, Léonidas, *Le Second registre de Tadoussac (1670-1700)*, Montréal, Presses de l'Université du Québec, collection Tekouerimat, 1972.

LAVERDIÈRE, Charles-Honoré, *Œuvres de Champlain*, édition de Georges-Émile Giguère, Montréal, Éditions du jour, 1973.

LAURE, Pierre-Michel, *Apparat français-montagnais*, présenté et annoté par David Eaton Cooter, Sillery, Presses de l'Université du Québec, collection Tekouerimat, nº 9, 1988.

LEBLANC, Marcel, « Expédition de l'arpenteur Joseph-Laurent Normandin dans le domaine du roi en 1732 », *Saguenayensia*, vol. 44, nº 3, 1999, p. 11-23.

LE BLANT, Robert et René BAUDRY, *Nouveaux documents sur Champlain et son époque*, vol. 1 : *1560-1622*, Ottawa, Publication des Archives publiques du Canada, nº 15, document nº 192, 1967.

LE CLERCQ, Chrestien, *Nouvelle relation de la Gaspésie*, Paris, Amable Auroy, 1691, éditée par William Francis Ganong, Toronto, The Champlain Society, 1910.

LE CLERCQ, Chrestien, *Premier établissement de la foy dans la Nouvelle France*, 2 vol., Paris, Amable Auroy, 1691.

LESCARBOT, Marc, *Histoire de la Nouvelle-France*, Paris, Adrian Perier, 1617, réédition de William Lauson Grant et Henry Percival Biggar, Toronto, Champlain Society, 1914.

LE TAC, Xiste, *Histoire chronologique de la Nouvelle France ou Canada depuis sa découverte jusques l'an mil six cents trente deux*, Paris, Fischbacher *et al.*, 1888.

LIEBEL, Jean, *Pierre Dugua, sieur de Mons, fondateur de Québec*, Paris, Le croît vif, 1999.

LUDEWIG, Hermann Ernst, *The Literature of American Aboriginal Languages*, New York, Kraus Reprint, 1971.

MACDOUGALL SEEBER, Pauleena, « The European Influence on Abenaki Economics before 1615 », *Papers of the Fifteenth Algonquian Conference*, William Cowan (édit.), Ottawa, Carleton University, 1984, p. 201-214.

MACKENZIE, Marguerite et Bill JANCEWICZ (édit.), *Lexique naskapi*, 3 vol., Kawawachikamach, Naskapi Development Corporation, 1994.

MAILHOT, José, « La disparition des *Oumaniois* et des *Kichestigaux* : une histoire cousue de fil blanc », *Recherches amérindiennes au Québec*, vol. XXXIV, nº 1, 2004, p. 21-30.

Mailhot, José, « À moins d'être son Esquimau, on est toujours le Naskapi de quelqu'un », *Recherches amérindiennes au Québec*, vol. XIII, n° 2, 1983, p. 85-100.

Mailhot, José, « L'étymologie de "Esquimau" revue et corrigée », *Études/Inuit/Studies*, vol. 2, n° 2, 1978, p. 59-69.

Mailhot, José, « La géographie : noyau du savoir montagnais sur l'environnement physique », *Papers of the Sixth Algonquian Conference*, William Cowan (édit.), Ottawa, Musées nationaux du Canada, 1975, p. 314-323.

Mailhot, José, Jean-Paul Simard et Sylvie Vincent, « On est toujours l'Esquimau de quelqu'un », *Études/Inuit/Studies*, vol. 4, n°s 1-2, 1980, p. 59-76.

Mandelbaum, David Goodman, *The Plains Cree, an Ethnographic, Historical, and Comparative Study*, Regina, Canadian Plains Research Center, University of Regina, collection Canadian Plains Studies, n° 9, 1979.

Margry, Pierre, *Découvertes et établissements des Français dans l'ouest et dans le sud de l'Amérique septentrionale, 1614-1698*, 6 vol., Paris, Maisonneuve et Ch. Leclerc, 1879-1888.

Martijn, Charles A., « Voyages des Micmacs dans la vallée du Saint-Laurent, sur la Côte-Nord et à Terre-Neuve », dans *Les Micmacs et la mer*, Montréal, Recherches amérindiennes au Québec, 1986, p. 197-224.

Martijn, Charles A., « The Inuit of Southern Quebec-Labrador : A Rejoinder to James Garth Taylor », *Études/Inuit/Studies*, vol. 4, n°s 1-2, 1980, p. 194-198.

Martijn, Charles A., « La présence inuit sur la Côte-Nord du golfe Saint-Laurent à l'époque historique », *Études/Inuit/Studies*, vol. 4, n°s 1-2, 1980, p. 105-125.

Martijn, Charles A. et Norman Clermont, « Les structures de pierres et la mandibule du site EiBk-3, Basse Côte-Nord, Québec », *Études/Inuit/Studies*, vol. 4, n°s 1-2, 1980, p. 127-132.

McKenzie, James, « The King's Posts », dans Louis-François Rodrigue Masson, *Les Bourgeois de la Compagnie du Nord-Ouest*, 2 vol., New York, Antiquarian Press Ltd, 1960.

McNeill, William Hardy, *Le temps de la peste. Essai sur les épidémies dans l'histoire*, traduit de l'américain par Claude Yelnick, Paris, Hachette-Littérature, 1976.

McNulty, Gerard Edmund et Louis Gilbert, « Attikamek (Tête de Boule) », dans William C. Sturtevant, *Handbook of North American Indians*, vol. 6, sous la direction de June Helm : *Subarctic*, Washington, Smithsonian Institution, 1981, p. 208-216.

MELTZER, David J., *Search for the First Americans*, Montréal, St. Remy Press, 1993.

MORANTZ, Toby, *et al.*, *An Historical Chronology of Eastern James Bay (1610-1870)*, Québec, Rapport remis au ministère des Affaires culturelles, Direction d'archéologie et ethnologie, 1976.

MOREAU, Jean-François, « La *Chasse-gardée* des Kakouchaks : regards anthropologiques. Essai de réflexion », *Saguenayensia*, vol. 36, n° 4, 1994, p. 43-47.

NORMANDIN, Joseph Laurent, *Journal d'exploration du Domaine du roi*, document numérisé et diffusé par Archi-Histo, automne 2000.

NORMANDIN, Joseph Laurent, *Journal d'exploration*, édition critique de Russel BOUCHARD, *L'exploration du Saguenay par J.-L. Normandin en 1732 : Au cœur du Domaine du Roi. Journal original retranscrit, commenté et annoté*, Québec, Septentrion, 2002.

NICOLAS, Louis, « Histoire naturelle des Indes occidentales », BNF-R, mss fr., vol. 24225.

OLDMIXON, John, « The British Empire in America, Containing the History of the Discovery, Settlement, Progress and present State of all the British Colonies, on the Continent and Islands of America », publié par Joseph Burr TYRRELL, *Documents Relating to the Early History of Hudson Bay*, Toronto, The Champlain Society, 1931.

PACKARD, Alpheus Spring, « Notes on the Labrador Eskimo and their Former Range Southward », *The American Naturalist*, vol. XIX, 1885.

PARENT, Raynald, *Histoire des Amérindiens, du Saint-Maurice jusqu'au Labrador : de la préhistoire à 1760*, Québec, rapport de recherche, 1985.

PARENT, Raynald, « Inventaire des nations amérindiennes au début du XVIIe siècle », *Recherches amérindiennes au Québec*, vol. VII, nos 3-4, 1978, p. 5-19.

PAUL-ÉMILE, Sœur, *La Baie James, trois cents ans d'histoire militaire, économique, missionnaire*, Ottawa, Éditions de l'Université d'Ottawa/Maison-mère des Sœurs grises de la Croix, 1952.

PERROT, Nicolas, *Mémoire sur les mœurs, coustumes et relligion des Sauvages de l'Amérique septentrionale*, édition de Jacques Tailhan, Montréal, Éditions Élysée, 1973.

PLANTAVIT DE MARGON, chevalier de Lapause, Jean-Guillaume, « État des postes établis sur la coste du Nord, concédés par brevet de la cour, et qui sont exploités actuellement, et leurs productions », vers 1760, *RAPQ, 1933-1934*, Québec, Rédempti Paradis, 1934, p. 218-224.

PLOURDE, Michel, « Des Iroquoiens à la Pointe-aux-Alouettes au XVIIIe [lire XIIIe] siècle », *Saguenayensia*, vol. 31, n° 2, 1989, p. 11-18.

PORTINARO, Pierluigi et Franco KNIRSCH, *The Cartography of North America 1500-1800*, New York, Facts on File, 1987.

Privy Council, *In the Matter of the Boundary between the Dominion of Canada and the Colony of Newfoundland in Labrador Peninsula*, 12 vol., Londres, W. Clowes and sons, 1927.

RADISSON, Pierre-Esprit, *The Explorations of Pierre Esprit Radisson. From the original manuscript in the Bodleian Library and the British Museum*, édité par Arthur T. Adams, Minneapolis, Ross & Haines, 1961.

Rapport sur les missions du diocèse de Québec, 21 vol., Québec, Brousseau, 1839-1874.

RAUDOT, Antoine-Denis, *Relation par lettres de l'Amérique septentrionalle (années 1709-1710)*, édité par Camille de Rochemonteix, Paris, Letouzey et Ané, 1904.

RICH, Edwin Ernest et Allan Michael JOHNSON, *Moose Fort Journals 1783-1785*, London, The Hudson's Bay Record Society, collection Publications of Hudson's Bay Record Society, n° XVII, 1954.

ROCHEMONTEIX, Camille de (édit.), *Relation par lettres de l'Amérique septentrionalle (année 1709-1710)*, Paris, Letouzey et Ané, 1904.

ROCHEMONTEIX, Camille de, *Les Jésuites et la Nouvelle-France au XVIIe siècle*, 3 vol., Paris, Letouzey et Ané, 1896.

ROGERS, Edward S. et Eleanor LEACOCK, « Montagnais-Naskapi », dans William C. STURTEVANT (édit.), *Handbook of North American Indians*, vol. 6, sous la direction de June Helm : *Subarctic*, Washington, Smithsonian Institution, 1981, p. 169-189.

ROUILLARD, Eugène, *La Côte Nord du Saint-Laurent et le Labrador canadien*, Québec, Laflamme et Proulx, 1908.

ROUILLARD, Eugène, « Une tribu sauvage au Labrador », *Bulletin de la société de géographie de Québec*, janvier 1908, n. s., p. 54-57.

ROUILLARD, Eugène et Lorenzo PROTEAU, *Noms géographiques de la province de Québec et du Canada. Traduction des noms empruntés aux langues amérindiennes du Canada*, Boucherville, Éditions des amitiés franco-québécoises, 1999.

ROUSSEAU, Jacques, « Le Canada aborigène dans le contexte historique », *Revue d'histoire de l'Amérique française*, vol. 18, n° 1, 1964, p. 39-63.

ROUSSEAU, Jacques, « Les voyages du père Albanel au lac Mistassini et à la baie James », *Revue d'histoire de l'Amérique française*, vol. 3, n° 4, 1950, p. 556-586.

ROUSSEAU, Madeleine et Jacques, « La crainte des Iroquois chez les Mistassins », *Revue d'histoire de l'Amérique française*, vol. 2, n° 1, 1948, p. 13-26.

ROY, Pierre-Georges, *Inventaire de pièces sur le Labrador conservées aux Archives de la province de Québec*, 2 vol., Québec, s. n., 1940.

SAGARD, Gabriel, *Le grand voyage du pays des Hurons, suivi du Dictionnaire de la langue huronne*, édition Jack Warwick, Montréal, Presses de l'Université de Montréal, collection Bibliothèque du Nouveau Monde, 1998.

SAINT-VALLIER, Jean-Baptiste de La Croix de Chevrières de, *Estat présent de l'Eglise et de la colonie françoise dans la Nouvelle-France, par M. l'Evêque de Québec*, Québec, Augustin Côté, 1856.

SÉVIGNY, P.-André, *Les Abénaquis: habitat et migrations (17e et 18e siècles)*, Montréal, Bellarmin, 1976.

SHERBURNE, F. Cook, « The Significance of Disease in the Extinction of the New England Indians », *Human Biology*, vol. 45, 1973, p. 485-508.

SHORTT, Adam et Arthur George DOUGHTY, *Documents relatifs à l'histoire constitutionnelle du Canada, 1759-1791*, seconde édition, 3 vol., Ottawa, Thomas Mulvey, 1921.

SILVY, Antoine, *Dictionnaire montagnais-français (ca 1678-1684)*, transcription Lorenzo Angers, David Eaton Cooter et Gerard Edmund McNulty, Montréal, Presses de l'Université du Québec, 1974.

SIMARD, Jean-Paul, « Les Amérindiens du Saguenay avant la colonisation blanche », dans Christian POUYEZ, Yolande LAVOIE, *et al.*, *Les Saguenayens. Introduction à l'histoire des populations du Saguenay XVIe-XXe siècles*, Québec, Presses de l'Université du Québec, 1983, p. 67-94.

SIMARD, Jean-Paul, « M8chau 8raganich et la traite de Tadoussac », *Saguenayensia*, vol. 19, n° 4, 1977, p. 104-110.

SIMARD, Robert, « Les Esquimaux au Saguenay », *Saguenayensia*, vol. 10, n° 2, 1968, p. 45-47.

SULTE, Benjamin, « Les Attikamègues et les Têtes-de-Boule », *Bulletin de la Société de géographie de Québec*, vol. 5, n° 2, 1911, p. 121-130.

TANNER, Väinö, *Outlines of the Geography, Life & Customs of Newfoundland-Labrador*, vol. II, Cambridge, Cambridge University Press, 1947.

TAYLOR, Eva Germaine Remington (édit.), *The Original Writings & Correspondence of the two Richard Hakluyts*, London, The Hakluyt Society, 1935.

TAYLOR, James Garth, « The Inuit of Southern Quebec-Labrador: Reviewing the evidence », *Études/Inuit/Studies*, vol. 4, n°s 1-2, 1980, p. 185-194.

TAYLOR, James Garth, « Did the First Esquimos speak Algonquian ? », *Papers of the ninth Algonquian Conference*, William Cowan (édit.), Ottawa, Carleton University, 1978, p. 96-103.

TESSIER, Albert, « Encore le Saint-Maurice », *Les Cahiers des Dix*, vol. 5, 1940.

TESSIER, Albert, *Trois-Rivières, 1535-1935, quatre siècles d'histoire*, Trois-Rivières, Le Nouvelliste, 1935.

THWAITES, Reuben Gold (édit.), *The Jesuit Relations and Allied Documents*, 73 vol., Cleveland, Burrows Brothers Co., 1896-1901.

TREMBLAY, Roland, « Regards sur le passé. Réflexion sur l'identité des habitants de la vallée du Saint-Laurent au XVIe siècle », *Recherches amérindiennes au Québec*, vol. XXIX, n° 1, 1999, p. 41-52.

TREMBLAY, Victor, *Histoire du Saguenay depuis les origines jusqu'à 1870*, nouvelle édition, Chicoutimi, Librairie régionale, collection Publications de la Société historique du Saguenay, n° 21, 1968.

TREMBLAY, Victor, « Le cas de Nicolas Peltier », *Saguenayensia*, vol. 7, n° 2, 1965, p. 26-33.

TRIGGER, Bruce G., *Les Amérindiens et l'âge héroïque de la Nouvelle-France*, édition révisée, Ottawa, La Société historique du Canada, brochure n° 30, 1992.

TRIGGER, Bruce G., *The Children of Aataentsic. A History of the Huron People to 1660*, 2 vol., Montréal et London, McGill-Queen's University Press, 1976.

TRUDEL, François, « Les relations entre les Français et les Inuit au Labrador méridional, 1660-1760 », *Études/Inuit/Studies*, vol. 4, n°s 1-2, 1980, p. 135-145.

TRUDEL, Marcel, *L'esclavage au Canada français. Histoire et conditions de l'esclavage*, Québec, Presses de l'Université Laval, 1960.

Turner, Lucien McShan, *Ethnology of the Ungava District, Hudson Bay Territory. Indians and Eskimos in the Quebec-Labrador peninsula*, Québec, Presses Coméditex, 1979.

TYRRELL, Joseph Burr, *Documents Relating to the Early History of Hudson Bay*, Toronto, The Champlain Society, 1931.

VAUGEOIS, Denis, *America 1803-1853. L'expédition de Lewis & Clark et la naissance d'une nouvelle puissance*, Sillery, Septentrion, 2002.

VAUGEOIS, Denis, *La fin des alliances franco-indiennes. Enquête sur un sauf-conduit de 1760 devenu un traité en 1990*, Montréal/Sillery, Boréal/Septentrion, 1995.

VINCENT, Odette (dir.), *Histoire de l'Abitibi-Témiscamingue*, Québec, Institut québécois de recherche sur la culture, collection Les régions du Québec, n° 7, 1995.

WALLACE, William Stewart, *John McLean's notes of a twenty-five years's service in the Hudson's Bay Territory*, Toronto, The Champlain Society, 1932.

WHITE, James (édit.), *Manuel des Indiens du Canada*, Ottawa, J. de L. Taché, 1915.

**Index disponible sur
www.septentrion.qc.ca**

TABLE DES MATIÈRES

Liste des sigles	9
Introduction	11
CHAPITRE 1	19
DES MONTAGNAIS	19
Évolution de l'ethnonyme	22
Données sur leur territoire	33
Données sur leur nombre	35
Les Montagnais de la deuxième moitié du xviie siècle	44
Les Montagnais des dernières décennies du Régime français	59
CHAPITRE 2	77
LES PEUPLES DES PAYS DU HAUT SAGUENAY	77
Les Kakouchak	79
Les Takouamis	92
Les Mistassins	101
CHAPITRE 3	113
LES PEUPLES DE LA CÔTE-NORD	113
Les Bersiamites	114
Les Papinachois	124
Les Naskapis	140
Les Oumamiouek	156
CHAPITRE 4	177
DES PEUPLES IMMIGRANTS	177
Les Abénaquis	178
Les Etchemins	185
Les Micmacs	188
Les Monsonis	195
Les Têtes-de-Boule	211
Conclusion	219
Bibliographie	249
Index	263

CET OUVRAGE EST COMPOSÉ EN MINION CORPS 11
SELON UNE MAQUETTE RÉALISÉE PAR JOSÉE LALANCETTE
ET ACHEVÉ D'IMPRIMER EN NOVEMBRE 2005
SUR LES PRESSES DE TRANSCONTINENTAL MÉTROLITHO
À SHERBROOKE
POUR LE COMPTE DE DENIS VAUGEOIS
ÉDITEUR À L'ENSEIGNE DU SEPTENTRION